天津外国语大学国际商学院科研能力提升工程系列丛书

企业战略更新
推动与阻碍

方　琳 \ 著

STRATEGIC RENEWAL OF FIRMS
IMPETUS & FRICTION

本书得到以下资助：
天津外国语大学"十三五"综合投资规划项目"国际商学院科研能力提升工程项目"
教育部青年基金课题"企业渐进式更新机会识别与选择机制及子公司角色影响研究——护佑关系的视角"（12YJC630042）

经济管理出版社
ECONOMY & MANAGEMENT PUBLISHING HOUSE

图书在版编目（CIP）数据

企业战略更新：推动与阻碍/ 方琳著. —北京：经济管理出版社，2018.10
ISBN 978-7-5096-6093-5

Ⅰ. ①企… Ⅱ. ①方… Ⅲ. ①企业管理—战略管理—研究 Ⅳ. ①F272.1

中国版本图书馆 CIP 数据核字（2018）第 240744 号

组稿编辑：王光艳
责任编辑：许　兵
责任印制：黄章平
责任校对：王淑卿

出版发行：经济管理出版社
　　　　　（北京市海淀区北蜂窝 8 号中雅大厦 A 座 11 层　100038）
网　　址：www.E-mp.com.cn
电　　话：（010）51915602
印　　刷：三河市延风印装有限公司
经　　销：新华书店
开　　本：720mm×1000mm/16
印　　张：14
字　　数：259 千字
版　　次：2019 年 8 月第 1 版　2019 年 8 月第 1 次印刷
书　　号：ISBN 978-7-5096-6093-5
定　　价：68.00 元

·版权所有　翻印必究·

凡购本社图书，如有印装错误，由本社读者服务部负责调换。
联系地址：北京阜外月坛北小街 2 号
电话：（010）68022974　　邮编：100836

前 言

在互联网技术催动下,企业之间竞争互动速度、频率以及竞争者、竞争边界都发生着翻天覆地的深刻变化。中美之间的贸易战,不同国家、地区围绕各自利益展开结盟与冲突,企业面临的经营环境已经不能简单用不确定性来表述。未来最大的确定性就是不确定性,复杂与多元化交杂其间,一劳永逸的竞争优势永远不再,反思与坚守长期客户价值,以百米冲刺的速度跑马拉松,持续创新才能不被时代淘汰。近些年的一些失败或成功的企业实例正是很好的证明。

第一个典型的例子是摇摆中艰难前行的惠普。2011年时任惠普CEO宣布放弃智能手机和平板电脑,错过迈入移动领域的机会。尽管惠普试图实现"大象跳舞"式的华丽转型,但是终究因为CEO的走马换将,未能如愿,面临拆分。惠特曼出任CEO后,经过长期的努力和调整,2017年惠普终于回归第一。

第二个典型的例子是二次创业艰难的Twitter。2007年,即时社交网站Twitter成立,获得投资者青睐,并于2013年成功IPO上市,股票发行价为26美元/股。但因为战略不明晰,高层的内耗等原因,股价连续波动,CEO辞职,不得不请回曾经的联合创始人力挽狂澜,应对投资者的财务质疑。不过,美国总统特朗普的Twitter热衷度,或许能够给企业带来新一轮的关注与机会。

第三个典型的例子是乔布斯的回归与离去带给苹果的动荡。1997年前后,苹果公司也曾经几度被判以死刑,但是乔布斯的强势回归,大刀阔斧的产品研发改革,以及随后iPod、iPhone、iPAD一系列革新产品的推出,苹果电脑公司变成了苹果公司,成为移动电子产品时代的弄潮儿。2011年乔布斯逝世之后,苹果公司明显出现了创新乏力的征兆,2016年第二季度甚至出现了利润下滑。中国是苹果公司的核心市场之一,但是伴随着中国智能手机品牌的崛起,iPhone系列旗舰产品在华销售并不理想。2017年,由于竞争对手的接连失误,苹果实现了iPhone 7出货量的增长,但是,2018年在供货商首先看衰的带动下,苹果市值跌破万亿大关,未来前景仍待时间考证。苹果的成功与波动又提出了一个新的

企业战略更新：推动与阻碍

问题：公司灵魂人物或者说高层管理者对企业转型与创新的作用如何估量？

第四个典型的例子是微软公司在纳德拉领导下终于实现成功转型。2008 年，微软发布了第一代 Azure 公有云，开始向云端转型，其间，微软尝试做过手机、网络搜索等，但都没有成功，而且还为这些转型尝试付出了沉重的代价。2014 年，新任 CEO 上任，半年后宣布裁员 1.8 万人，其中 1.25 万人来自之前从诺基亚收购来的设备与服务部门，等于直接否决了微软之前所做的向手机转型的努力。他提出，微软不应该转而发展智能手机硬件，将时间与资源浪费在 Windows Phone 上，而是大力发展应用程序与服务，且不必对"用户在谁开发的设备上使用这些程序和服务"耿耿于怀。2016 年，微软云宣布，微软已经在全球建成了 34 个数据中心区域，比 AWS 和谷歌的云数据中心区域的总和还要多，覆盖上百个国家和地区。接下来就是要让全球的软件开发商、系统集成商、增值分销商等全面向云端转型，形成一个堪比 Windows 时代的全球生态体系。这样，在 CEO 纳德拉的领导下，微软历时 8 年，终于完成了主要业务向微软云的转变，并在 2017 年实现微软市值在时隔 17 年之后再次超过 5000 亿美元，2018 年一度取代苹果，荣登万亿市值宝座。微软的成功再次印证了公司转型中领军人物的重要性，纳德拉的谦逊温和、商业远见与敏锐、果断帮助微软最终实现了转型，当然微软坐拥的 600 亿美元现金也是其进行 8 年尝试并最终成功的资源保障。

从以上的案例可以看出，"企业变革的难度，绝不亚于重新建立一家公司"①。一项针对全球 100 多家企业变革的研究课题②也发现，从实际结果来看，少数公司的变革非常成功，少数公司一败涂地，大部分公司介于两者之间，都不太成功。总结原因，该课题研究认为，"第一个常犯的错误"就是缺少足够的紧迫感。大多数成功的变革行动，都始于某些个人或群体开始认真审视公司的竞争环境、市场地位、技术趋势和财务业绩。通过审核，注意到一些问题，例如，重要专利即将到期，可能导致营业收入下滑（这对于制药企业往往非常重要），或者公司核心业务的利润率已连续 5 年走低，或者某个隐形的新市场正在兴起，但没有得到重视。随后，这一发现会被想方设法地汇报到领导层；如果问题比较重要，涉及公司面临的危机或机遇，汇报与推动行动的努力会更强烈。这是机会的识别与推销，这一步非常重要，因为启动一项战略更新项目需要许多人团结一致，积极参与。缺少合理的动机，大家也就没有参与更新的动力，更新也就开展不起来。

---

① http://www.hbrchina.org/2017-04-10/5145.html.
② 科特（John P. Kotter），哈佛商业评论，http://www.hbrchina.org/2017-04-10/5145.html.

相比变革过程的其他阶段,这个起始阶段看似比较容易,但事实并非如此。在科特(2015)研究的公司中,有一大半就是在这个阶段吃了败仗。总结起来,原因主要有以下四点:第一,管理者不敢让员工走出舒适区,反而成了采取行动的各种枷锁,比如有些时候,耐心不够,认为"准备工作已经做得足够充分了,开始行动吧"。资深员工产生抗拒心理、士气滑坡、事态失控、短期经营业绩受损、股价下跌,或是被人指责小题大做。第二,高级管理层缺乏行动,缺乏真正的领导者。企业里总有太多的管理者,而管理者的任务是控制和降低风险,从利用现有经验技术中获取更高的收益。但是战略更新的本质是量变积累达到质变,创建一个新的体系,因此,一个具有变革精神的领导者必不可少。这个领导者最好来自外部,或者对变革坚决支持的内部人。第三,企业业绩的状况。太差的业绩或许会增加组织变革的紧迫感,督促全员行动起来,但是也可能缺少变革的资源,使得启动变革捉襟见肘。好的业绩尽管储备了丰富的变革资源,但是很可能让组织中缺少一种危机意识,错误地认为行情一切还好,变革的热情同样不会太高。第四,缺少报道坏消息的"鲇鱼",无法引起内部充分的讨论与参与。这个"另类"可能来自内部的一些具有洞察力的一线经理,也可能来自技术研发人员,当然还可能来自外部的利益相关者,比如股票分析师、行业观察员、股东。当然,也可以有意地制造出来。比如,一位CEO故意让公司出现有史以来最大的账面亏损,导致公司要承受来自华尔街的巨大压力;还有一位事业部总裁,明明知道公司的客户满意度很低,却聘请外部机构进行了公司首次客户满意度调查,并将结果公之于众,就是"让保持现状看上去比进入未知领域更危险"。

前景理论(prospect theory)认为,人的决策同时具备确定效应与反应效应,即个体做决策时,通常会偏重于肯定的有利选择,即风险厌恶;但是在不利环境下,通常又会表现出一定的冒险倾向。这就可以解释科特所描述的战略更新启动困难的现象:如果企业的经营尚可维持,企业内部员工感受到有利的环境,而贸然变革的失败代价过大,固守现状成为风险厌恶下的必然选择;但是,如果外部环境足够恶化,或企业内部决策者意识到这种恶化的环境,冒险变革成为首要的选择,战略更新自然也就顺理成章地被推动。

推此及上,更新紧迫感缺乏的根本原因可能在于缺少思辨思想。在西方哲学中,太多是非黑即白的精确观点,无论企业组织还是个体大都习惯于菜单式的标准化问题,行动中的弹性与混沌有限。恰恰与此相反,中国古老的哲学文化中思辨思想光芒闪耀,上至文王演周易,下至黎民把握"度",柔性、试错与和谐充满着中国人的文化与生活,自然也在中国企业组织中普遍充溢。但是与标准中需要弹性一样,混沌中同样需要规矩,如何更好地融合,解决企业创新可持续成长的问题，这也正是最近管理学界探讨中国情境下的管理，还是西方管理的中国情境化的焦点。

本书的基本逻辑也在于此，思辨中讨论战略更新中的动力与阻碍。某一个时期，某一个领域中推动战略更新的主力，或许正是下一波变革中的最大障碍。类似的观点在此前的战略管理论著中也有提及，比如哈佛大学教授唐纳·萨尔（Donald Sull）在《成功的陷阱》中就提到，前一阶段成功的动力或许会僵化为企业失败的枷锁，陷入自己成功编制的陷阱中。基于上述思考，本书讨论到高层管理者、企业资源、企业环境等要素在战略更新中扮演的双重角色及其角色转化的情境，并辅之以企业案例的佐证，以期对管理实践及战略更新研究提供借鉴与参考。

本书的结构安排如下，第一章，回顾企业战略更新的研究历史，这一部分有助于科研同行了解相关的研究背景与脉络；第二章到第七章探讨战略更新六要素的辩证角色；第八章讨论战略更新的业绩结果；第九、第十章简单汇总了战略更新的一些案例。

本书得以完成，感谢宋大海先生提供的鼎力支持。限于本人能力，本书有诸多不足与纰漏之处，敬请广大读者批评指正。作者定当勤恭自省，不胜感激。

作者
2019.8

目 录

第一章 企业战略更新回顾 001

第一节 战略更新源起 / 002

第二节 战略更新概念及研究历程 / 003

一、2000年之前，概念混淆与重视结果 / 004

二、2000~2009年，过程—结果并重与概念反思 / 007

三、2009年以后，概念内涵明晰，多视角研究增多 / 010

第三节 战略更新主要研究焦点 / 012

一、企业战略更新的前因 / 013

二、企业战略更新的收益 / 017

第四节 未来的研究趋势 / 018

第二章 企业战略更新机会识别与选择过程模型 020

第一节 学习视角的战略更新机会识别选择过程研究 / 020

第二节 两个自下而上的战略制定过程 / 023

一、B-B战略制定过程 / 023

二、应急战略 / 025

第三节 跨国公司中的双向护佑过程 / 025

一、自上而下的正向护佑过程 / 025

二、自下而上的逆向护佑 / 027

第四节 护佑理论视角的战略更新过程模型 / 029

一、自上而下型战略更新 / 031

二、自下而上型战略更新 / 032

三、混合型战略更新 / 033

第五节 战略更新过程中的参与要素与案例 / 034

一、各个层级的管理者 / 035

二、环境因素 / 035

三、一个战略更新的小案例 / 036

第三章 企业战略更新中的外部环境影响 ……………… 038

第一节 一般企业战略更新的外部环境因素 / 038

第二节 跨国公司中外部环境衡量 / 041

一、跨国公司中母子公司之间外部环境维度构成 / 042

二、下属单位战略更新与母子公司之间的距离 / 045

第三节 常用的环境扫描机制 / 046

第四节 外部环境影响战略更新的企业实践 / 048

一、第一阶段的成功：响应市场需求 / 049

二、第二阶段的衰落：与环境需要渐行渐远 / 052

三、第三阶段 LC 复兴 / 053

第四章 企业战略更新过程中的高管角色 ……………… 055

第一节 高管及高管团队在机会识别中的角色 / 055

一、高管在战略更新机会识别中面临的挑战 / 055

　　二、高管个性对企业战略更新机会的识别影响 / 058

　　三、高管的战略更新机会识别机制 / 059

第二节　高管及高管团队在机会选择中的角色 / 066

　　一、高管直接还是间接参与机会选择 / 067

　　二、高管在战略更新选择过程中的角色 / 069

第三节　高层管理者的局限与阻碍 / 073

第五章　企业战略更新过程中的中层经理角色 …… 075

第一节　一般组织中的中层经理更新角色 / 075

　　一、中层经理及其作用 / 075

　　二、中层经理在战略更新中的角色 / 076

　　三、中层经理面临的角色冲突 / 077

　　四、中层经理角色冲突的降低 / 079

第二节　跨国公司中下属子公司的负责人角色 / 080

　　一、下属子公司的角色类型 / 080

　　二、子公司自下而上逆向战略更新的途径 / 082

第三节　下属单位的消极作用及防范 / 084

　　一、自我决定理论（SDT）基本观点 / 084

　　二、研究假设 / 086

　　三、偏离行为案例及分析 / 090

第六章　企业战略更新中的资源角色 …… 092

第一节　资源及其类型、特性与价值 / 092

一、资源的理论与资源类型 / 092

　　二、资源的特性 / 096

　　三、资源的价值 / 097

第二节　企业战略更新中的资源构成及刚性 / 098

　　一、职能视角的战略更新资源构成 / 098

　　二、可得性视角的战略更新资源构成 / 099

　　三、战略更新中的资源刚性 / 100

第三节　下属子公司逆向战略更新的资源类型及特性 / 101

　　一、下属子公司逆向战略更新的资源类型 / 102

　　二、下属子公司逆向战略更新的资源特性（VIUTR）/ 104

第七章　企业战略更新惯性与途径效率 ………………… 109

第一节　组织活动系统的研究起源 / 109

　　一、行为活动系统的起源 / 109

　　二、利用活动系统来解释变革与连续性 / 111

第二节　企业战略更新惯性 / 113

　　一、企业活动系统与战略更新机会识别与选择 / 113

　　二、研究方法和数据收集 / 117

　　三、案例研究分析 / 119

　　四、结果与讨论 / 121

第三节　企业战略更新类型效率评价 / 128

　　一、企业战略更新类型与绩效关系 / 128

　　二、测量与数据 / 130

　　三、分析结果与结论 / 131

第八章 企业战略更新对公司业绩及子角色的影响 ……………… 132

第一节 某银行的连续战略更新与业绩波动 / 132

一、该银行基本资料介绍 / 132

二、该银行的战略更新活动介绍 / 133

三、该银行的业绩波动情况 / 136

第二节 重要客户丢失冲击下企业战略更新及其业绩 / 138

一、想象技术公司基本情况介绍 / 138

二、想象技术公司与苹果公司的蜜月与挖角 / 138

三、想象技术公司应对苹果公司的突发情况，决定更新战略及业绩影响 / 139

四、想象技术公司的系列更新及业绩 / 139

第三节 主业专一企业持续战略更新实践与业绩 / 140

一、Z 公司简介 / 140

二、公司的战略更新活动故事 / 141

三、Z 公司自 2007 年以来的业绩 / 143

第九章 超强竞争背景下企业战略更新实践 ……………… 146

第一节 网络平台模式的转变 / 146

一、A 公司发展历程 / 147

二、A 公司网络化平台模式 / 148

三、A 公司网络化平台模式实施典型案例 / 150

四、A 公司转型的业绩 / 151

第二节 活动系统变革中的紧张 / 152

一、企业背景 / 152

二、最初的更新计划设计 / 153

三、变革实施中的紧张 / 154

四、平衡效率与创新的冲突 / 156

第三节 战略定位的持续更新 / 158

一、公司简介 / 158

二、主营业务调整历程 / 158

三、B 公司战略定位的更新历程 / 160

四、B 公司经营业绩 / 163

第十章 平台企业的系统化战略更新实践 ……164

第一节 C 公司基本简介及早期创业故事 / 164

一、C 公司基本简介 / 164

二、C 公司早期创业故事 / 165

第二节 M 及独立的公司合伙人制度 / 169

一、M 的武侠情结 / 169

二、C 公司合伙人制度 / 170

第三节 C 公司旗下业务的平台式扩展过程 / 171

参考文献 …… 181
后　　记 …… 212

第一章
企业战略更新回顾

战略更新（strategic renewal）是企业的核心责任（Schendel, 1990），意在实现资产和市场机会的匹配。作为公司创业研究中的一个子研究（Guth & Ginsberg, 1990; Sharma & Chrisman, 1999），国外对战略更新的研究有近40年历史；国内学者对战略更新的关注并不多，主要有刘艳梅（2006, 2009）、王晓东（2004）和王翔等（2008a, 2008b），其他更多聚焦在"战略变革""战略转型"（如李小玉等，2015）"公司创业"等相近研究。所以，本研究侧重系统回顾国外"战略更新"的研究脉络，达到两个主要研究目的：第一，系统整理已有的战略更新研究概念及内涵、理论基础；第二，初步探讨未来战略更新研究的趋势，为后续研究提供参考。

关于文献的搜索，考虑"战略更新"概念近义词较多，稍有不慎，就有将研究范围无限扩大，难于聚焦的风险，本研究利用谷歌学术以"strategic renewal"为关键词分别在题目、摘要、关键词以及全篇进行搜索，根据被引数量圈定核心文献，其中包括两篇总编综述（来自《战略管理杂志》）、一本专著，进行重点阅读；在此基础上，按照被引次数从高到低的顺序阅读核心文献，再延伸阅读直接相关联的论文，建立文献档案，按照文献时间、研究内容建立备注标签，进行归类整理。

本研究发现，自1979年战略更新概念正式被提出以来，战略更新概念内涵不断清晰，被看作组织中多层面特征被换新或替换的社会化建构过程，这些特征具有实质性影响企业长期发展的潜力。它在目的、诱因、风险程度及影响上与新创事业不同，但是某种情况下又会受新创事业推动；它常常与创新相伴而生，二者却不是互为充分必要条件；它是战略变革中的一部分，强调特征的换新与替换。因此，战略更新的过程实质上是组织自下而上的学习过程，在跨国公司中也可能是一种"逆向护佑"过程。未来有必要在战略更新的绩效影响、背景多元化以及中国情境化方面拓展相关研究。

本研究的管理实践意义在于，在后危机时代，世界经济发生了一系列变革

（方琳，2011）。尽管技术创新、创立新企业可以推进产业升级和产业活力，但是大型企业持续的自我更新是社会经济健康运行的保证。既有的研究和企业实践已经表明，成熟企业重启成长的成功率非常低，许多陷入困境的企业意图变革复活的行动都以失败告终。那么保持组织的持续学习、持续更新，以量变实现质变，培养企业的更新基因，就成为企业运营成功的关键。因此，对战略更新相关研究进行回顾总结，展望未来趋势，将会对企业管理实践有重要指导借鉴意义。

第一节 战略更新源起

战略更新的起源或可追溯到熊彼特（1934）的《经济发展理论》。他强调创新是一个通过对多样化系统进行全新重组的创造性破坏的过程，在这个过程中，创业家识别市场机会，并管理新的资源组合来利用机会。不过，熊彼特看到了大多被新进入者发起的革命性创新，而一定程度上忽略了在位企业的创新（Galunic & Rodan，1998）。最早注意到这一现象的是 Penrose（1959），她研究了重组企业现有资源产生创新租金的重要性。体现在公司变革中就是，改变企业内部的资源分配模式和资源分配规模（Ginsberg，1988），包括市场或者产品的改变，运作经营方式从旧的向新的转变，企业从中获取收益，也即组织战略更新。

在战略管理领域，战略更新或者"更新"概念较早正式出现在 Schendel 和 Hofer（1979）中。他们在文中提出了许多能够调整、拓宽和验证战略管理范式的研究机会，其中一个就是创业和新创企业（new ventures）研究。他们认为，"（新事业的）诞生过程很必要，不过，无论企业规模如何，企业的存活都需要核心思想的更新"。（Schendel & Hofer，1979；Guth & Ginsberg，1990）。1990 年《战略管理杂志》（*Strategic Management Journal*）出专刊讨论"公司创业"，并明确战略更新是公司创业的一种类型。在这期专刊的主编回顾中，Guth 和 Ginsberg（1990）提出，公司创业包括两种现象：第一，现有公司内部新业务的诞生，比如内部创新或者新创企业（venturing）；第二，通过企业赖以立身的核心思想的更新来实现组织转型，比如战略更新。公司内部新创业务的产生或许并不一定能够会导致组织的战略更新（Guth & Ginsberg，1990）。战略更新通过资源的重新组合创造新财富，这些活动可能包括重新聚焦于竞争性业务，对市场或分销渠道进行重大变革，重新定位产品开发，重塑运作流程、并购等（Guth & Ginsberg，1990）。

在 1990 年《战略管理杂志》这期讨论"公司创业"的专刊之后，战略更新的研究开始逐渐增多。2009 年,《组织科学》(*Organization Science*)更进一步为"战略更新"研究出专刊,Agarwal 和 Helfat(2009)单独将战略更新从战略变革中区分出来,首次明确详细界定了战略更新概念内涵及内容主题,并将战略更新的研究价值从个体企业、产业推广到影响整个经济的层面,战略更新研究开始得到越来越多学者的重视。据作者梳理,到目前为止,战略更新研究大致可以分为如下三个阶段和主题,下面详细介绍。

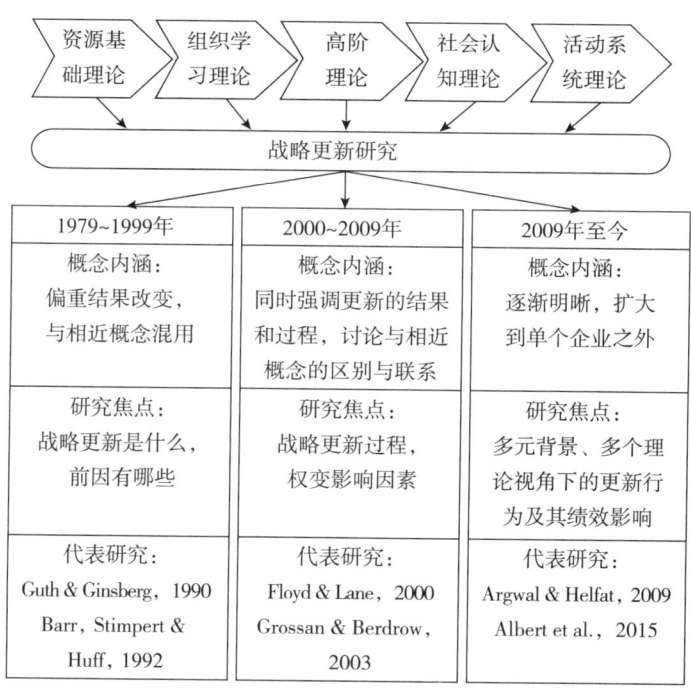

图 1.1 战略更新研究脉络

资料来源:笔者整理。

第二节 战略更新概念及研究历程

"战略更新"一词从被提出以后,尽管时常被讨论使用,但是对它的明确界定不多(Agarwal & Helfat,2009)。纵观研究脉络,战略更新的概念内涵也随着该领域研究焦点转移、研究更加独立深入而逐渐清晰。按时间划分，战略更新研究大致经历3个阶段，即2000年之前，2000~2009年以及2009年以后。

一、2000年之前，概念混淆与重视结果

这一时期的典型特征是，学者们往往注重战略转型的结果，并以此作为战略更新的内涵，因此，学者们往往将"战略更新"与"战略变革""创新"等名词术语混淆使用。

（一）战略更新"结果"观

Schendel和Hofer（1979）强调在位企业为了生存和发展，需要进行"思想的更新"，将战略更新看作战略变革的代名词（Grinyer & Spender, 1979; Miller & Friesen, 1980）。其后，Guth和Ginsberg（1990）延续此思路，但进一步明确，战略更新可能还包括业务更新，具体来说，企业组织通过资源的重新组合创造新财富，这些活动可能包括重新聚焦于竞争性业务，对市场或分销渠道进行重大变革，重新定位产品开发，重塑运作流程，并购等等（Guth & Ginsberg, 1990）。资源组合是途径，获取新财富是业绩目标，具体的活动既包括外部竞争定位的调整，并购活动，也包括内部产品、渠道的再设计以及组织结构的再调整。这样，典型的战略更新被描述为对现有停滞不前业务进行的复活（revival）或者转型（Schendel, 1990），是现有业务的再生（Re-birth），应该被看作公司创业的范畴之内；区别于财务重组、创新等其他活动。

在思想更新、业务更新的基础上，Dougherty（1992）进一步将"组织更新"丰富到战略更新内涵中。他从产品创新角度提出，为了保持产品—市场知识的持续创造和利用，产品创新需要适当的组织结构原则的调整，包括组织中成员角色和责任的重新界定，合作工作，制定适合通过产品创新来实现更新的战略（包括共享的认知以及知识能力的开发等）。这些组织层面要素的改变即为组织更新。

与上述主要强调单层面的更新不同，一些学者认为战略更新结果是多层次的。Bowen、Clarck、Holloway和Wheelwright（1994）在文中暗示，通过项目开发实现企业更新，衡量项目成功与否的标准，不仅包括是否推出新的产品或流程，更重要的是获得新的知识、技能和系统，也即能力的改变，而且后者往往比前者更重要。因此，Bowen等（1994）指出，企业战略更新的结果至少包括两个层次：表面上是新的产品、流程，更深层次也更重要的是新的能力、竞争力的获得。同样，Zahra（1993, 1995, 1996）认为，更新意味着通过创新复活公司的

业务，改变其竞争态势。这可能意味改变公司的业务范围或者竞争方式，或者两者都改变，从而复活公司的经营；也可能意味着构建或者购买新的能力，并创造性地利用它们来为股东增加价值。（Zahra，1995；1996）。Sharma 和 Chrisman（1999：19）认为，战略更新包含组织业务层面或公司战略层面战略或结构的重大变革。Covin 和 Miles（1999）则直接认为，战略更新包含的是整个公司的创业行为。

综上所述，"结果观"的战略更新内涵至少包括三个层次：第一层次的核心产品/流程以及市场定位的改变，这是通常可见的部分，在企业的市场竞争中体现得最为明显。第二层次的资源组合、能力/竞争力的更新，尤其是一些经验、惯例等无形知识的积累，它对整个组织的影响往往具有跨期性和滞后性。第三层次包括组织结构和战略思想的改变，这往往是前两个层次发生的转型被组织制度化的结果体现；单纯该层次上的改变将使组织面临极大的失败风险。这一阶段的研究，更多关注第一层次战略更新的内涵，少数研究注意到了第二层次变化，较少研究关注第三层次上的改变。

图 1.2　战略更新结果构成

资料来源：笔者整理。

（二）"战略更新"与其他概念的混淆

或许因为"结果观"中战略更新内涵的多层次性，使战略更新概念同其他相近概念之间的混淆不可避免。Simons（1994）将"战略更新"等同于"战略变革"，在稍后出版的书中，他交替使用"创新"与"更新"，显然将二者等同。但是，他把讨论范围局限于在位企业内部的创新，包括解除创新思想的禁锢，鼓励扩大创新搜寻范围，因而，Simons 实际上将更新限定为在位企业内部自我发展式的创新行为。

Baden-Fuller 和 Volberda（1997）同样没有明确界定战略更新，在文中，二位学者习惯于将更新与变革、更新与复活（revitalization）等词混用。从内容的角度来讲，两位学者依据竞争力基础观点提出，战略更新包括对组织竞争力和惯例的改变。更进一步，两位学者提出，诸如复苏（Reanimating）、新创事业（Venturing）、复原（Rejuvenation）以及重组（Restructuring）都是战略更新机制。Barr，Stimpert 和 Huff（1992）在文中强调，心智变革引发企业活动的变革，比如"效率"内涵解释的变化、因果关系观点的变化；企业在面临环境变革时，存在"更新"与"衰落"两种结果。从这个意义上来说，Barr 等人仍将变革与更新等同，并强调变化了的结果。同样混用的还有 Huff，Huff 和 Thomas（1992），他们认可战略更新具有演化、渐进性特征，但是同样强调，企业内部的战略更新是战略"再定向"（Redirection），仍是战略变革的替代词。

表 1.1　第一阶段战略更新概念研究

作者	战略更新定义	研究方法
Guth & Ginsberg, 1990	战略更新包含通过资源的重新组合创造新财富	总编综述
Schadel & Hofer, 1979	战略变革的代名词，在位企业的"思想更新"	理论推演
Dougherty, 1992	组织结构原则的调整，包括组织成员角色和责任的重新界定，合作工作，制定适合通过产品创新来实现更新的战略	理论推演
Barr, Stimpert & Huff, 1992	高管心智模式的变革以及由此产生的组织行为的变革	案例研究
Huff, Huff & Thomas, 1992	战略"再定向"（Redirection），战略变革的代名词	计算机模拟
Zahra, 1993, 1995, 1996	更新意味着通过创新来复活公司的业务，改变企业形象	理论推演与实证
Bowen, Clarck, Holloway & Wheelwrigh, 1994	衡量项目成果与否的标准，不仅包括是否推出新的产品或流程，更重要的是获得新的知识、技能和系统，也即能力的改变，而且后者往往比前者更重要	实证研究
Simons, 1995/2004	在位企业内部自我发展式的创新行为	实证研究
Baden-Fuller & Volberda, 1997	战略更新包括对组织竞争力和惯例的改变	理论推演
Sharma & Chrisman, 1999	包含组织业务层面或公司战略层面战略或结构的重大变革	理论推演
Covin & Miles, 1999	整个公司的创业行为	理论推演

资料来源：笔者整理。

总体来说，该阶段的战略更新内涵比较模糊，尽管对战略更新的某些特征有了一些认识，比如渐进性、多层次性，但是还没有太多共识的观点出现，且缺乏严谨正式的界定。

二、2000~2009年，过程—结果并重与概念反思

这一时期战略更新研究同时强调更新的过程与结果，探索战略更新的独有特征，将其逐渐从相近的概念中区分出来，成为一个独立的研究范畴，典型的代表研究是 Floyd 和 Lane（2000）。

（一）战略更新的社会建构性

2000 年之后，不断有学者在前人研究的基础上强调战略更新具有社会建构特性，这意味着组织通过学习来获取新知识的过程。首先，这种学习可能是高管层面的认知和思维模式的改变，进而带动行为的改变，最终实现组织的战略更新，比如 Barr，Stimpert 和 Huff（1992）。他们通过对美国两家铁路企业 25 年发展历史的案例比较发现，高管的学习以及因此产生的保持企业更新与外部变革一致的行为使本来相似的两家企业在 25 年后面对迥然不同的业绩结果，而连续的更新可以通过渐进的和"更加明显"的方式来实现。其次，新知识的产生离不开管理者认知的参与，尤其是不同层级上管理者的认知（Mezias，Grinyer & Guth，2001），典型的代表就是 Burgelman（1983，ASQ，1991）以及后来的 Crossan 和 Berdrow（2003）。Burgelman 引入演化经济学的思想，在其以英特尔为长期考察对象完成的系列论文中提出，企业内部的新事业可以通过组织内部自下而上的学习选择机制变成公司层面的业务，在此过程中，一线管理者是战略主动性的发起者，高层管理者具有选择决定权，中层管理者在这一过程中至关重要，扮演着中间桥梁作用（Burgelman，1983，ASQ）。正是在这种内外部的选择过程中，企业的战略发生着改变（Burgelman，1991）。Crossan 和 Berdrow（2003）在 Crossan 等（1999）4I 框架基础上，提出一个学习通过直觉—解释—整合—制度化的过程，最终实现战略更新。

Floyd 和 Lane（2000）进一步在定义中明确了更新的内容。他们将战略更新界定为一个包含着对新知识和创新行为推动、容留和利用的演化过程，目的在于对组织内部的核心竞争力和产品—市场领域实现改变。可以看出，Floyd 和 Lane（2000）指出了战略更新的三个特点：

第一，从驱动角度来看，两位学者在 Burgelman（1991）观点的基础上提出，

组织领域的成功变革由内部自下而上的学习和内部选择来推动,强调内因驱动。

第二,从结果角度来看,两位学者将战略更新的范围扩展到了包括核心竞争力的变革和战略定位的变革;前者是要素市场的变革,而后者是产品市场的变革。这一观点既延续了之前"结果观"的研究,也得到了后续学者的支持,比如 Dannel(2002)、Ravasi 和 Lojacono(2005)。

第三,从过程角度来看,两位学者提出更新是基于社会建构的新知识产生,因而更新过程应被看作社会关系交换的系统。通过互动学习进行知识建构是一个长期的过程(Crossan & Berdrow,2003;Jones & Macpherson,2006),因为,更新不仅仅需要关注新条件,还要能够将环境变革与公司战略联系起来,并逐渐调整二者之间的联系(Barr,Stimpert & Huff,1992:32),尤其是,如果这种更新活动成为公司长期创业的一种常态,而不是单一活动行为(Stopford & Baden-Fuller,1994)。与此同时,战略更新也意味着企业必须打破路径依赖性,从知识利用转向知识探索(March,1991;Vera & Crossan,2004),而不是简单地走向成熟(Floyd & Lane,2000)。

(二) 战略更新与新创事业

最早对更新和新创事业进行区分的是 Guth 和 Ginsberg(1990),他们认为二者都是公司创业(corporate entrepreneurship)的类型,不同在于新创事业在于开拓新的,比如新的业务部门,与外部企业合资,等等;而更新更强调通过对既有思想的改变来实现企业转型。这一观点也得到了 Sharma 和 Christman(1999)的肯定。Verbeke、Chrisman 和 Yuan(2007)进一步在跨国公司背景下全面区分二者关系。三位学者认为,更新与新创事业是下属子公司拥有的两项典型的动意(Birkinshaw,1997,1999),但在目的表现、诱发前因、风险特征及影响因素等方面存在较多区别。首先,二者的主要目的不同。下属单位的更新主要目的在于影响下属公司现有业务,而新创事业的目的在于在下属公司内部创建新的业务。其次,在诱发前因上,更新通常多是对当前业绩低于预期水平的回应;而新创事业则大多是对公司基本业务之外市场机会的回应。再次,基于上述特征,在风险上,新创事业不会让企业现有业务直接面临风险,但是更新有可能使企业面临着整体失败的风险。最后,在受环境的影响上面,公司环境、子公司内部环境以及子公司所在的当地环境都会积极正向推动下属单位的战略更新行为,但是相较而言,仅有子公司的创业文化和专有化资源会推动公司内部对外部机会的响应,开创新事业。

不过,也有学者提出了不同的观点,比如,Prashantham(2008)认为,在国际化背景下，不相熟悉的参与者之间搭建社会资本，进行国际化新机会的探索（开创新事业），即使不能够利用新开发的产品进入国际化市场，但是也很可能实现公司的国际化成长，这对公司来说也是一种战略更新现象。也就是说，战略更新与开创新事业之间不是非此即彼的二选一关系，在某些背景下，具有新创事业推动战略更新的可能。

（三）战略更新与创新

战略更新也常常与"创新"混用，尽管区分二者很有价值，但是有学者发现，二者之间联系的纽带更加紧密，并且战略更新的实现依赖创新活动的持续开展，甚至在大多数情况下，战略更新都会伴随创新发生。Girod，Ramirez 和 Ruddle（2005）从共演化的视角出发提出，战略更新依赖于对管理/流程创新与结果创新的共演化的成功管理，即使创新活动没能推出成功产品（市场接受认可），但还是可能积累了知识/竞争力，为战略更新打下良好的基础。因此，企业在进行创新以及战略更新评价时，需要选择合适的评价标准，或者说创新的筛选者。Girod 等学者的研究还提出了战略更新的一个重要特征是跨期的连续性。成功的战略更新也许不会立刻带来可见的、显著不同的公司或商业战略，比如说，更新投资在 T 期没有导致战略变革，但是产生了新竞争力，那它也是一笔好投资，只不过可能在 T+1 期实现战略变革（Barr et al.，1992；Crossan et al.，2003）。不过，尽管如此，战略更新与创新之间既不是必然的充分条件，也不是必要条件（Sharma & Chrisman，1999），这主要是创新的程度及数量都存在较大的差异。

表 1.2　第二阶段战略更新概念研究

作者	战略更新定义	研究方法
Floyd & Lane，2000	一个包含着对新知识和创新行为推动、容留和利用的演化过程，目的在于对组织内部的核心竞争力和产品—市场领域实现改变	理论推演
Volberda，Baden-Fuller and Van den Bosch，2001	战略更新是企业进行的改变其路径依赖性的行为；是一个持续的历程，而非从一个状态向另一个状态的片段性的转换	总编综述
Dannel，2002	现有竞争力的重组获取新资源和竞争力的路径依赖过程	实证研究

续表

作者	战略更新定义	研究方法
Crossan & Berdrow, 2003	通过学习的新竞争力获取及战略改变	案例研究
Flier, Van den Bosch & Volberda, 2003	战略更新是将组织竞争力与其所处环境匹配, 从而提高其竞争优势的战略性行为	实证研究
Ravasi & Lojacono, 2005	通过创造性的、路径打破性的产品设计来实现的改进的竞争性和成长	案例研究
Girod, Ramirez & Ruddle, 2005	直接用 Floyd 和 Lane（2000）的定义	实证研究
Verbeke, Chrisman & Yuan, 2007	战略更新与新创事业根本不同, 它主要是替换/再提升现有的产品线、现有市场、现有的结构关系和现有的资源构型	实证研究
Prashanthan, 2008	是一个推动、采纳和利用新知识和创新行为, 目的在于改变组织的产品—市场定位	理论推演

资料来源：笔者整理。

三、2009 年以后，概念内涵明晰，多视角研究增多

这一阶段，概念内涵日渐明晰，并扩大外延阶段。这一时期典型的代表研究是 Agarwal 和 Helfat（2009）以及 2009 年"组织科学"（Organization Science）出版的战略更新研究专刊。追根溯源，Agarwal 和 Helfat（2009）给出了比较宽泛的战略更新正式定义。首先，二位学者界定"战略"，有别于非战略的更新。他们发现，所谓的"战略"应该是对企业未来有实质性关联的（Agarwal & Helfat, 2009），而"战略更新"中需要更新的"战略"要素包括目标、关键产品和服务、业务范围与多元化、组织结构、管理协调系统、核心资源/能力、核心人力资本、研发（计划/活动）等。其次，Agarwal 和 Helfat（2009）区分了"更新"与"变革"。他们提出，"更新"包含"更新的动作与过程"（过程维度），"正在被更新的特质或状态"（内容维度）以及"被更新了什么"（结果维度）。因而它的近义词是"Refresh"和"Replacement"，前者意味着重新恢复力量或者活力，后者则是替代被破坏、衰退或者坏掉的部分。"变革"则意味使得或者变得不同，可能包括重新恢复或替代，但却不是必然的；它可能还包括扩展、添加或者删除，而这些都与更新无关。因此，某种程度上来说，更新是变革的一种类型。

具体到组织中，Agarwal 和 Helfat（2009）提出，更新或者说重新恢复与替

代应该包括六个方面的内容：第一，更新不必包括恢复到初始特征状态；第二，重新恢复或替代的可以是部分也可以是整体；第三，重新恢复或替代有可能在规模或范围上扩展到初始特征之外；第四，重新恢复可以通过对现有特征的重新构型来实现，添加或删减可有可无；第五，更新可能重新恢复或替代的是对当前有用而对未来没用的功能；第六，战略更新往往隐含着蓄势待发，是企业实现再成长的基础步骤。可以看出，与"变革"相比，"更新"强调的重点在"新"上，与之相对的必然有个"旧"。从"旧"到"新"的变革可以被称为"更新"，其他的"变革"则不是。

总结以上内容，两位学者认为战略更新应该具有以下四个重要的特征：第一，战略更新应该具有实质性影响企业长期发展的潜力；第二，战略更新包括过程、内容和更新结果；第三，战略更新包括组织特征的替换（replacement）或换新（refreshment）；第四，这些替换或者换新旨在为企业未来成长或发展奠定基础（Agarwal & Helfat, 2009：282）。因此，他们将战略更新定义为组织特征被替换或换新的过程、内容和结果，这些组织特征具有实质性影响企业长期发展的潜力。两位学者不排斥不连续性的战略转型，只要符合定义中发生了特征的被替换和被换新，战略转型也可以产生战略更新（Agarwal & Helfat, 2009：283）。Tushman、O'Reilly 和 Harreld（2013）则进一步对过程特征进行限定，除了强调互动以及渐进特征外，三位学者还认为，战略更新不是一个事件、一组步骤或一个项目，而是一个被设计的社会过程（engineered social process），定位于一个整体的意愿和战略意图，在长期里展开和适应调整；这个过程植根于一系列具体的战略挑战中（绩效缺口或战略机会）。因而，战略更新是为应对战略挑战而进行的长期的、有规划的、渐进性的社会化过程，其对企业的长期生存发展具有重要影响。

在此基础上，2009 年及之后的战略更新研究外延得到更大扩展。首先，研究聚焦从单个企业扩展到产业层面，甚至更宽，比如 Kim 和 Penning（2009）的单个企业更新向整个行业扩展。其次，时间维度受到重视，战略更新活动之间的相互依赖性开始被关注，比如 Albert 等（2015），Worch Kabinga、Eberhard 和 Truffer（2012）和方琳等（2016）。

表1.3 第三阶段战略更新概念研究

作者	战略更新定义	研究方法
Argwal & Helfat, 2009	组织特征被替换或换新的过程、内容和结果，这些组织特征具有实质性影响企业长期发展的潜力	总编综述

续表

作者	战略更新定义	研究方法
Kim & Penning，2009	企业的技术创新会带来产业形成新的主导设计，即产业更新	实证研究
Poskela & Martinsuo，2009	将战略更新操作化为一个新产品概念开启新产品开发机会或者市场的可能性，提高市场经验的可能性以及技术经验的可能性	实证研究
Worch，Kabinga，Eberhard & Truffer，2012	战略更新包括产品、服务、市场、技术或者战略定位的转移	实证研究
Tushman，O'Reilly & Harreld，2013	战略更新不是一个事件、一组步骤或一个项目，而是一个被设计的社会过程，定位于一个整体的意愿和战略意图，这些在长期里都会展开和适应	
Albert et al.，2015	战略更新是组织持续适应环境的渐进过程，在这个过程中，企业探索机会，从而引起组织的行为选择和结果的变革	理论推演

资料来源：笔者整理。

综合以上结果观、社会建构观，在 Argwal 和 Helfat 定义的基础上，本研究提出，战略更新是组织中多层面特征被换新或替换的社会化建构过程，这些特征具有实质性影响企业长期发展的潜力。

第三节　战略更新主要研究焦点

从现有文献来看，已有的战略更新研究集中在以下三个问题。第一，什么因素会刺激企业进行战略更新？主要是战略更新前因的研究。第二，企业如何进行战略更新？体现在战略更新的过程研究。第三，企业如何通过更新获得绩效收益？这体现在战略更新与企业业绩关系的研究。战略更新过程的回顾综述见本书第二章，这里主要侧重于第一和第三个问题的回顾综述。

一、企业战略更新的前因

关于战略更新前因,根据文献回顾,本研究将其归纳为四种类型:外生论、内生论、共演论以及活动系统论。

外生论	内生论	活动系统论
主要观点: ● 市场需求 ● 竞争传染 ● 技术机会	主要观点: ● 业绩压力 ● 管理者特征 ● 管理者与组织学习能力	主要观点: ● 活动系统内的相互依赖性内容
代表研究: Knott,2003 Knott & Posen,2009 Adner & Levinthal,2001	代表研究: Guth & Ginsberg, 1990 Crossman & Berdrow, 2003 Hayden, 2012 Kuusela, Keil & Maula, 2016	代表研究: Rivkin & Siggelkow,2007 Worch等,2012 Albert等,2012 方琳等,2016
共演论		
观点 ● 内外部因素共同演化的结果		
代表研究:Grinyer & McKiernan,1990 　　　　　Flier, Van den Bosch&Volberda,2003		

图 1.3　战略更新前因研究

资料来源:笔者整理。

(一)战略更新"外生"论

该类型的研究学者大都认为,企业"被动"进行战略更新,其触动因素主要来自企业所处的外部环境,比如外部的市场需求、技术机会、竞争等。Knott (2003)通过计算机模拟提出,企业外部环境中的技术机会、不同企业知识储备的异质性会激发起创新—模仿—再创新的循环,实现持续的更新。更进一步,利用 1981~2000 年 25 个行业 2785 家企业的 23543 个数据,Knott 和 Posen(2009)发现,企业通过研发(R&D)进行的战略更新投资的目的在于恢复或重塑自己被侵蚀的竞争优势,而不是另辟新领域。无独有偶,Kim 和 Penning(2009)对网球拍行业内部企业研发行为的研究也发现,单个企业的技术创新行为会通过优秀运动员的示范使用和广告宣传激发其他企业的竞相模仿，企业这种"逃避竞争"或者"竞争传染"的取向激发了旨在进行战略更新的R&D投资，以便保持各自在市场竞争中的既有地位，这也是"红桃皇后"（Red Queen）现象（Barren & Hansen，1996）。从时间维度上来看，企业战略更新过程中不同阶段的前因存在差异。Adner和Levinthal（2001）通过计算机模拟发现：在技术开发的早期，满足市场需求驱动着创新；在技术开发的后期，市场价格稳定，绩效也基本实现，同业企业为争夺技术疲劳的顾客展开的竞争是创新的驱动力。

"外生"论的局限在于，它无法回答"面临着同样的外部环境，不同的企业为什么会有不同的活动和命运？"。

（二）战略更新"内生"论

外部环境的改变并不必然激发企业进行更新的行为，如果企业业绩同时出现严重下滑则会大大增加更新的可能。早期的战略更新研究都或多或少暗示，在位企业为了生存和发展才会进行战略更新（Guth & Ginsberg，1990），对企业当前现状不满的压力是推动战略更新的一个重要因素（Huff，Huff & Thomas，1992）。

不过，企业启动战略更新与否还可能会受到资源、管理层等多个因素的调节。Kuusela、Keil和Maula（2016）利用信息和通信技术行业530家企业收购和剥离行为的数据研究（1992~2014）发现，当企业面对业绩低于预期表现时，进行资源消耗型变革（收购）和资源释放型变革（剥离）的频率受到企业拥有的财务松弛资源（financial slack）的调节。如果是在多业务单位、多利益冲突的组织中，董事会规模和股权的增加可能会压制企业的变革更新（Desai，2016）。此外，行业环境的动态与否以及管理层的稳定情况也会调节企业启动重组的意愿（Karim，Carroll & Long，2016）。

高管团队异质性、高管注意力、中高管构成的多样性、高管经验与愿景等高管层面的人口特征，会成为企业战略更新与否的前因（Hayden，2012）。更具体来说，高管的某些倾向会影响企业选择不同的更新路径，比如拥有安格鲁—萨克森公司治理定位的高管更可能采取利用性和外部成长的战略更新轨道，而拥有莱茵（Rhine）公司治理定位的高管更可能采用探索性和内部成长的战略更新轨迹（Kwee，Van den Bosch & Volberda，2010）。

更多学者从管理者动态学习能力以及由此带来的组织学习能力与组织吸收能力的提升中寻找在位企业战略更新的前因。Barr、Stimpert和Huff（1992）较早发现，即使面临类似的外部环境，内部管理者的学习能力、认知水平的差异使两家企业的命运截然相反。本质上来看，这是在强调高管学习（吸收能力），由最初的行为改变（一阶变革）累积到心智的改变（二阶变革），最终引导组织更新。Friedman、Cameli 和 Tishler（2016）对小型创业企业的研究发现，CEO 可以通过推动 TMT 成员间行为整合和包容性，进而提高组织整体适应环境战略更新的能力。不但高管的主动学习与调整，而且中层管理者甚至一线管理者的学习也至关重要，比如对市场需求和企业自身能力缺口的洞察（Crossman & Berdrow，2003）。

个体学习累积形成的组织既有或潜在的吸收能力也会推动或者限制企业战略更新选择。Capron 和 Mitchell（2009）通过对国际电信行业的访谈加问卷的调查发现，企业现有能力和社会背景与外部能力和背景的缺口（冲突）程度影响企业从内部研发还是从外部获取新资源的选择。也就是说，企业现有的知识储备（吸收能力）会直接影响企业获取新资源的能力，体现在二位学者所强调"选择合适的资源获取模式的能力"，即选择能力将决定企业获取战略更新的能力。不过，两位学者隐含的假定是管理者完全理性且外部资源必然可得。Ben-Menaham、Kwee、Volberda 和 Van den Bosch（2013）利用对壳牌石油的深入观察进一步提出，吸收能力中的潜在吸收能力帮助企业感知和预测环境变化，推动企业的战略更新的进程，使企业战略更新能够与环境变化趋于一致。Poskela 和 Maritinsuo（2009）从产品开发推动创新的角度也提出，组织中的控制机会也具有不同的推动学习探索，提升吸收能力的可能。

（三）战略更新"共演"论

随着企业更新行为复杂度提升，也有学者提出，战略更新应该是多种因素"共演化"的结果（Flier，Van den Bosch & Volberda，2003）。比如，早期 Grinyer 和 McKiernan（1990）通过建立模型预测研究发现，组织内外部激发战略变革的因素为企业高管提供了进行战略更新的机会，而这些机会恰恰被管理者抓住并利用。Flier、Van den Bosch 和 Volberda（2003）综合环境选择、制度环境以及管理者意图三个方面的因素，以金融服务行业作为研究对象，采用长期案例研究方法，从共演化的角度来解释大型在位企业如何更新自己适应环境。研究发现，从环境选择的角度来看，在位企业倾向于利用性的更新行为，影响战略更新的内容维度；国家制度环境可以解释企业偏向内部还是外部更新活动的程度，而在同一制度环境下，企业的战略更新行为会趋同；由于受到管理意图的影响，在位企业的更新行为在时间维度上表现出企业特有的模式，也就是说，管理意图更多影响战略更新的过程维度。但是 3 个因素之间的互动影响，恰恰解释了个体企业战略更新行为相对于单一视角理论预测的偏离。

(四) 战略更新"活动系统"论

以上关于前因的研究似乎都有意无意地将更新与其他因素隔离开来，从更新之外来寻找更新的刺激因素。事实上，一些研究越来越试图证明，更新活动本身就是下一个更新活动的诱因（Albert et al.，2015；Worch et al.，2012；方琳等，2016）。企业是相互作用的行为系统（Siggelkow，2011），活动系统的相互依赖性能够解释企业战略更新中探索活动程度上的变异（Rivkin 和 Siggelkow，2007）。战略更新活动同样具有相互依赖性，前一个活动的进行可能产生新的能力缺口（Worch et al.，2012），激发弥补缺口的新一轮更新活动。这样，活动的结构性相互依赖性会激发企业沿着惯性方向运转，而具有权变特征的相互依赖性（相互依赖性内容）则会推动企业进行适应性更新（Albert et al.，2015；方琳等，2016）。

表 1.4　战略更新前因代表性研究

	主要观点	代表研究
战略更新"外因"论	企业间知识储备的异质性，"竞争传染"激发了旨在进行战略更新的研发投资	Knott，2003；Knott & Posen，2009 Kim & Penning，2009 Barren & Hansen，1996
	技术生命周期不同阶段的战略更新的前因不同	Adner & Levinthal，2001
战略更新"内因"论	业绩下滑的压力推动企业战略更新，但会受到松弛资源、管理层稳定情况的调节	Guth & Ginsberg，1990 Huff，Huff & Thomas，1992 Kuusela，Keil & Maula，2016 Karim，Carroll & Long，2016
	管理层人口学特征激发战略更新：公司治理定位、高管团队异质性、中高管构成的多样性等	Kwee，Van den Bosch & Volberda，2010 Hayden，2012
	管理者的动态学习能力以及由此带来的组织学习能力与组织吸收能力引导组织更新	Barr，Stimpert & Huff，1992 Friedman，Cameli & Tishler，2016 Crossman & Berdrow，2003 Capron & Mitchell，2009 Ben-Menaham，Kwee，Volberda & Van den Bosch，2013 Poskela & Maritinsuo，2009
战略更新"共演"论	战略更新应该是多种因素"共演化"的结果	Grinyer & McKiernan，1990 Flier，Van den Bosch & Volberda，2003

续表

	主要观点	代表研究
战略更新"活动系统"论	相互依赖性（相互依赖性内容）会推动企业进行适应性更新	Rivkin & Siggelkow, 2007 Albert et al., 2015 Worch et al., 2012 方琳等，2016

资料来源：笔者整理。

二、企业战略更新的收益

企业进行战略更新大多暗含重启成长，改变业绩下滑的目的，但成功的战略更新并不等于卓越的绩效，因而，二者关系如何以及如何才能实现卓越绩效也成为部分战略更新学者讨论的主要内容。事实上，Agarwal 和 Helfat（2009）一再强调，更新的结果只是意味着组织中的某些战略特征被替换或被刷新，并不表示这可能带来什么功能性。在没有进一步调研的情况下，也无法预知这种更新所带来的绩效影响。Poskela 和 Martinsuo（2009）的研究从另一个角度印证了这个观点。二位学者将战略更新操作化为一个新产品概念开启新产品开发机会或者市场的可能性，提高市场经验的可能性以及技术经验的可能性。换句话说，"更新"的业绩结果更多意味着一种可能性，二者之间的关系仍然是模糊的（Sáez-Martinez & González-Moreno，2011）。

表 1.5 战略更新—绩效关系研究（部分）

对业绩的影响	主要观点	代表研究
积极影响	进行战略更新能够增加企业的长期成功，但是受到权变因素影响；重组可以获得短暂的双元收益	Klammer, Gueldenberg, Kraus & O'Dwyer, 2016 Gulati & Puranam, 2009
消极影响	多元化直接影响绩效	Hart, 1992 Antoncic, 2006
权变影响	收购经验、知识储备优势等会影响收购后的价值获取	Puranam, Singh & Chaudhuri, 2009 Benson & Ziedonis, 2009 Sáez-Martinez & González-Moreno, 2011 Cuypers, Cuypers & Martin, 2017 Linton & Kask, 2017

资料来源：笔者整理。

现有的研究结果不过有三种可能：积极影响、消极影响与权变影响。比如，Wiklund（1999）利用瑞典小企业的数据，发现创业导向（包括战略更新）与企业绩效之间是显著的，长期内不断增加的。这种积极关系突出表现在先动优势、利用新出现的机会，更新能够使企业领先于竞争对手，获得竞争优势从而获得超优业绩。Gulati 和 Puranam（2009）发现，组织重组后可能实现补偿性适合（compensatory fit），获得短暂的双元收益。他们以 2001 年思科的重组过程作为案例研究对象发现，如果组织追求双元性价值，那么正式组织与非正式组织之间的不一致性正好可以成为用重组方式追求双元性的基础，为公司创造价值。Klammer、Gueldenberg、Kraus 和 O'Dwyer（2016）延续上述研究，对澳大利亚、德国、瑞士 500 家在位成熟企业的调查发现，战略更新对组织的业绩感知和长期寿命有积极正向的影响，但是对于实际财务业绩的影响有限。几位学者同时也指出，似乎高绩效的企业更倾向于进行战略更新。与之相反，Hart（1992）认为，创业战略往往与低绩效相连。Antoncic（2006）在其针对斯洛文尼亚企业的调查中发现了战略更新带来消极绩效影响的直接证据。

更多的研究认为，战略更新与企业绩效间的关系受到权变因素的影响。收购双方的技术关系会通过选择整合方式的形式影响被收购企业在整合后的创新能力（业绩）（Puranam, Singh & Chaudhuri, 2009），尤其是收购者内部的知识比较优势（Benson & Ziedonis, 2009）、收购双方的收购经验（Cuypers, Cuypers & Martin, 2017）。Sáez-Martinez 和 González-Moreno（2011）发现企业之间的合作与外部环境的技术密度会调节战略更新与业绩之间的关系。他们对西班牙中小企业调查的数据显示，如果在低技术密集度的环境中，企业间技术合作的业绩就不会太理想。Linton 和 Kask（2017）对瑞典 67 家小企业的调查发现，创业对绩效的影响取决于企业奉行的战略。采用差异化战略的企业进行创新和主动出击会有比较高的绩效结果，反之，采用混合战略的企业就一定要风险厌恶、低创新，才能取得高绩效。

第四节　未来的研究趋势

互联网、信息技术革命带来的企业运营环境的颠覆性改变，尤其区块链技术不断完善对交易关系的再界定，使得持续调整自身以适应外部环境变革的需求日益增加，"红桃皇后"式的更新将不断加速。作为公司创业研究的一部分，战略更新研究将会受到越来越多学者的关注，未来该领域将会呈现以下趋势。

第一，在战略更新前因研究领域，仍将有持续的研究投入，研究的重点将从关注外部动因向内部化、系统化、整合化方向发展，更加关注多种因素的共同作用机制。多理论视角的探讨将会助益于更深入探讨战略更新的潜在动因，除了传统的资源能力视角、高阶理论、学习理论等，心理学、社会学、系统论等其他理论的引入将帮助该领域获得更深的洞见。

第二，研究对象的背景更加多元化。早期的战略更新研究更多关注单一"普通"企业的更新活动，或者是大型的在位企业，现有的研究触角将研究对象在地域和规模上都进行了扩展，比如 Desai（2016）关注多业务公司的战略更新决策，Blomkvist、Kappen 和 Zander（2010）关注跨国公司集团中的"明星"子公司对母公司的技术更新贡献研究，类似研究背景的还有 Verbeke 和 Yuan（2012），聚焦于跨国公司中的子公司创业精神。除了关注大企业，也有学者注意到，对于中小企业来说，同样面临着战略更新的问题，因而讨论中小企业中高管如何帮助提升组织的更新适应能力（Friedman，Cameli & Tishler，2016）。

第三，未来更多的研究需要深入探讨战略更新引起的绩效机制。现有的相关研究无论在绩效衡量上，还是研究样本的代表性上，都无法提供信服的证据支撑二者之间积极、消极或权变的关系。而其与绩效之间的权变因素较多地体现了特质而不是普遍性，更无法对企业实践构成实际的指导意义。

第四，更新研究的中国情境化。如同回顾，现阶段的大部分更新研究都是国外学者的研究，其中，尤其以美国与荷兰鹿特丹商学院的战略更新研究中心最多，研究对象多是美国或者欧洲企业。尽管中国企业与国际接轨，具有一些普遍的管理特性。但是，特定的成长历程、文化氛围、股权结构等都成为其具有专有特征的前因。在世界经济转型期，中国日益庞大的企业规模和数量使针对中国企业的战略更新研究，尤其是长期案例研究变得十分迫切。

第二章
企业战略更新机会识别与选择过程模型

企业战略更新过程复杂而反复，试错学习与徘徊迷茫交错其间，本章将在介绍几种相关的战略更新过程的基础上，从护佑理论视角绘制战略更新过程模型，并提出战略更新五要素。

第一节 学习视角的战略更新机会识别选择过程研究

这一领域战略更新过程代表性研究主要有两个，较早的一个是 Huff、Huff 和 Thomas（1992），他们利用计算机来模拟压力和惯性的互动，实现战略更新的过程。Huff 等（1992）首先模拟设定压力（对当前战略的不满，暗示着更新的需要）与惯性（对当前战略的承诺）的 3 组不同初始值（压力大于惯性，压力小于惯性和压力等于惯性），模拟推演战略更新过程的四个阶段。第一个阶段，在现有战略内的渐进性适应，一阶变革，变化比较小。此时行业比较稳定或成熟，企业惰性强（惯性占优）；除非外部压力足够大到超出企业适应的能力范畴，才有可能进入下一阶段。第二个阶段，决定是否需要进行重要战略变革，典型特征是压力问题不断出现，创新也不断涌现。组织中的重要人物开始不得不思考悬而未决的压力问题，全盘思考当前战略的利弊，组织内也会有更多的理性思考和沟通。第三个阶段，新战略畅想与选择阶段，可能会出现不同战略选择之间的竞争。第四个阶段，新战略宣布，进入暂时的组织平静调整期，反对和支持新战略的双方暂时进入蜜月期，等待着对新战略的试错和评价。可以看出，Huff 等（1992）以压力和惯性的互动作为分析单位，提出的战略更新 4 阶段模型是一个

"顺利"的理性模型。尽管更新过程存在反复，比如在第三阶段如果没有一个好的创意，战略更新过程会重新回到第一阶段。但总体上来看，Huff 等（1992）的研究有两个局限。第一，采用模拟方法来进行研究，其潜在假设将战略更新看作理性过程。事实上，战略更新过程充满不确定性，仅惯性和压力两个变量无法完全解释。第二，三位学者忽视了管理者在战略更新中的角色，他们强调压力来自环境与组织的不匹配以及个人的不满意，但并没有具体区分个人角色。

Floyd 和 Lane（2000）对 Huff 等（1992）研究进行了完善，引入心理学以及组织学习的理论明确了战略更新中管理者的角色及冲突。他们沿着一个较为简化的战略更新过程，具体讨论了每个阶段上高层、中层和一线管理者的角色以及面临的角色冲突。比如，在竞争力界定流程上，高层管理者扮演着批准认可角色，具体包括表述战略意图、监控、赞助和支持；中层管理者扮演着捍卫角色，具体表现为培育、提倡、向高管提供多种备选项的角色；一线管理者则扮演着试验角色，具体表现为联结技术能力和市场需求、学习改进、主动发起动意、承担风险等不同角色。二位学者进一步提出，不同的战略更新流程之间存在五方面的差异，即与现有的战略关系、时间、核心价值观和信仰、信息要求、情绪。这样，在外部环境（技术环境）变革的背景下，战略角色冲突出现就不可避免，其中，中层管理者面临的内部角色冲突最为严重。不过，Floyd 和 Lane（2000）的流程更接近于组织的 3 种竞争力更新机制，他们并没有讨论 3 个次级战略更新流程之间的纵向关系，更多是静态地讨论某一个更新阶段上的角色互动与冲突，没有考虑加入时间纵向维度后，不同层级管理者之间的角色变化与互动，也就没有办法清楚地回答"战略更新到底是如何进行的"。

稍晚一个过程模型是 4I 过程模型。该模型的雏形较早被 Burgelman（1983）描述过，然后被 Crossman 等人（1999，2003）完善成 4I 框架，之后又变成 5I。Crossan 和 Berdrow（2003）将组织学习理论（Crossan, Lane & White, 1999）4I 框架引入战略更新研究中，借助加拿大邮政公司（CPC）变革案例描述一个学习如何最终成为组织战略更新的过程。他们提出，组织内学习包含四个阶段，涉及组织中的个体、群体和组织三个层次。首先，个体层面的直觉是一个植根于个人经验中的潜意识的模式或可能性的识别，影响个人的直觉行为，并在员工的互动中影响他人，其投入主要是经验，而产出则包括某些形象或比喻描述。第二步，向自己或他人解释洞见或想法，也可能包括试验（Zietsma et al., 2002）。这是从前语言状态向语言状态的转化，需要选择合适的表述语言，其投入主要是语言、认知地图，产出主要是对话。在这一步，学习开始向群体层面转化。第三步，在群体中构建共同认识，并相互调整协调行动，即整合阶段。其投入包括对话和联合行动，结果包括共同认识、协调的行为。如果这一阶段顺利，那么这个学习的成果将有可能进入到制度化的阶段。第四步，制度化以确保行为惯例化。这可能包括界定任务、具体化活动、建立组织机制保证特定活动的重复发生，这是最终将个体与群体学习嵌入组织制度（包括组织系统、组织结构、组织程序以及组织战略）中的过程。二位学者强调，这个战略更新过程是动态的，拥有后馈和前馈的过程，这在一定程度上代表了战略更新过程中探索与利用两种不同活动之间的紧张。后馈代表着利用性活动，保证利用惯例和良好的组织来有效率地运作，而前馈则代表从个体向群体的探索活动，尽管无形又不具体，但是对组织未来至关重要。Jones 和 Macpherson（2006）认为，Crossan 等人及 Zietsma 的研究主要是针对大型企业组织内部的学习，对本身缺少人力资本、缺少知识积累但又面临更新压力的中小企业来说并不完全适用。因此，他们在对 3 个中小企业战略更新的过程进行观察后认为，外部知识是中小企业更新知识的重要来源。这种外部知识进入组织内部，并最终内化到组织系统中的过程通常需要所有者兼管理者进行相互链接（interwinding）的活动，这样 Jones 和 Macpherson（2006）在中小企业背景下，将原来的 4I 扩展为 5I。这是加强了对高管学习认知更新重要性（Mezias，Grinyer & Guth 2001）的认识。

类似的研究还有 Ravasit 和 Lojacono（2005），二位学者提出产品设计驱动战略更新的过程框架。该研究以设计哲学为桥梁，将更新过程分为两个层级 4 个阶段，即产品开发层（产品设计创新）以及更高层级的组织开发层（公司战略转型）。前者包括新创意的产生和创意的评估选择；后者包括设计哲学的重新评估和新思想的传播扩散 2 个阶段。一定意义上说，这种设计哲学是公司层面在产品开发方面的"整合"标准，产品设计只有在这一阶段通过评估，协调形成共识，才能最终被"制度化"，"后馈"到整个组织中传播扩散。

Dougherty（1992）列出通过普通产品创新来实现组织更新的模型。Dougherty 提出，在产品创新的过程中需要 4 种知识。第一，感染知识，意味着对顾客问题的了解与技术解决方案的联结，也代表着个体借助个人关系互动的某种探索行为。第二，可行性评估知识，意味着对洞见和创意机会的预测评估、专家判断，主要依靠的是专家和专业经验，具有某种"研究"的意味。第三，市场技术知识，意味着整合能力，将资源、技能和经验联合起来提升企业优势的知识，这代表着企业内部的知识推销与契合。第四，契合外部趋势的知识，意味着预测产品和技术的生命周期与可能的变化场景，这代表着企业需要持续进行外部环境的"战略侦察"（Dougherty，1992）。为了配合上述知识的再界定，组织也需要更新 3 种组织原则，即组织中成员角色和责任的新界定（更加投入），合作工作，制定通过产品创新来实现更新的战略化（共享认知与能力资源投入）。该研究的局限在于，它确实没有考虑整个过程中的前后衔接关系以及可能的权变因素，更接近于清单式的产品创新说明书。类似的，Bowen、Clark、Holloway 和 Wheelwright（1994）则提出成功的项目开发可以获得制胜的产品和流程以及独特的能力，甚至能够发起整个企业的变革。能够具有如此能力的项目必须连接起 7 个核心要素，即核心能力、引导性愿景、组织和领导力、所有权和承诺、极限挑战、构建雏形和整合。

第二节　两个自下而上的战略制定过程

一、B-B 战略制定过程

B-B 模型是由 Bower（1970）提出的，并经 Burgelman 完善的战略制定过程模型，在这个过程中非常强调来自下层的力量对公司战略的影响。Bower（1970）延续了 Chandler（1962）的战略结构思想，进一步从管理学层面，考察公司内部的管理层行为和组织过程，建立了被称为"过程学派"的研究。他的过程模型被随后的在不同环境下对多个战略过程进行实证研究所证实，比如，Burgelman（1980）对大型多元化企业中的包含了公司内部创业的战略过程进行的研究，证明了 Bower（1970）及其学生的研究，但同时 Burgelman 也认为，这一模型有必要进一步扩展。Burgelman（1983，AMR）提出了公司战略行为、公司环境和公司战略的互动模型，并认为，无论是结构追随战略还是战略追随结构，这两种战略过程都是正确的。战略活动的过程是引导性战略行为和自发性战略行为的混合，现有的战略导致了结构环境的建立，来管理引导性战略行为，从这一点上来说，结构跟随战略是正确的。但是，与此同时，结构干预自发性战略行为与战略概念之间的关系，其中结构充当了过滤器的作用，在这种情况下，战略跟随结构的观点也是成立的。长期来看，公司战略概念的变化来自自发性战略行为，这进一步改变引导性战略行为。Burgelman（1983，MS）提出，企业为保持生存需要在战略行为中保持多样性和秩序（order）。多样性来自一线管理者，而秩序则是在组织中加入战略概念。Burgelman（1983，ASQ）在对一家大型多元化公司 6 个处于不同阶段的内部创业项目进行考察后认为，创新项目在转变为公司业务的过程中，同时还受到来自公司战略环境决定因素以及结构决定因素的选择影响。而 Bower（1970）研究中考察的决策尽管也因为动用了大量资源而被看作战略决策，但是实际上并没有识别出这两个公司层面的因素。这样，Burgelman（1983，ASQ）就拓展了 Bower（1970）的成果。

Bower（1970）再加上 Burgelman（1983，ASQ）提出的战略化环境，就形成了 Bower-Burgelman（B-B）的战略制定过程模型。这个战略机会识别并利用的过程分为 4 个层次构成，分别被称为：界定（definition）和推动（impetus），这两个流程是相互锁定的自下而上的核心流程，属于运营层面，这包括大量的机会试错与筛选；结构性环境决定力（structural context determination）和战略性环境决定力（strategic context determination），这是两个并列的公司层面的机会识别流程，主要扮演机会的评价与推介博弈角色。在这个过程中，遵循变异—选择—留存的演化逻辑，一线管理者是战略主动性的发起者，中层管理者充当了重要的中间人角色，而高层管理者则主要是对选择进行肯定。

在这个模型中，多种力量争夺的焦点或者说主要的影响手段集中体现在资源分配流程上。在这个流程中，自下而上的机会识别活动竞争稀缺的公司资源和高层管理者的关注，以便在公司环境——结构环境和战略环境中生存。自下而上的资源分配有助于降低有限理性带来的战略决策的局限性，但是，萨尔（Sull）也提出，依靠管理者角色作用自下而上的战略过程也会面临失败的可能。萨尔举出了三种失败的可能情况：第一，缺少现有顾客而失败；第二，对减少投资的问题回避，陷入赌徒困境；第三，中层经理的阻碍。在传统组织中，中层经理的建议与倾向往往是高管决策的重要参考，缺少了中层经理的支持，自下而上的流程不太可能联通高层。但是，在新的扁平化网络社区组织或者量子组织中，中层经理或许就不那么重要，甚至可以忽略了。

B-B 模型的提出及发展得到了有力的实证支持，这其中几个研究比较典型。从 1988 年开始，博格曼（Burgelman）受到当时英特尔公司 CEO 安迪·格罗夫的邀请，对英特尔公司内部的战略管理过程开展了长达 12 年的跟踪研究。Burgelman（1991）利用生态学观点，阐述内部选择机制如何连同外部选择机制来解释组织的生存和变革。Burgelman（1994）提出，英特尔内部的选择环境帮助企业退出了存储器业务，转攻微处理器。这个选择环境中非常重要的一条是"将每个晶圆边际收益最大化"，这是一条典型的资源分配原则。在上述研究的基础上，Burgelman 和 Grove（2007）进一步讨论公司的长寿"秘诀"，他们认为这依赖于将自发性和引导性战略流程与不同形式的战略动态性相匹配，在此期间，战略领导者（通常是高管）扮演着循环过程平衡双方力量的角色。此外，Noda 和 Bower（1996）对原来处于 AT&T 系统中的南方贝尔（Bell South）和美国西部（US West）两家公司拆分后 10 年的发展历程进行对比发现，尽管发展环境近似，但是独立后 10 年的经营业绩却相去甚远，排除其他因素，两家公司在战略性机会识别与利用的过程上差异较大。这再次验证了机会识别过程的战略影响力。

二、应急战略

严格意义上来说，应急战略是自下而上的机会识别行为取得成功的表现。应急战略最初来自明茨伯格等 Mintzberg 和 Waters（1985）的研究。在现实的企业战略形成过程中，有两个极端，即深思熟虑战略（deliberate）和应急战略（emergent）。在对一个项目组织进行追踪调查时发现，战略的形成可以是由前任经营者来设定的，也可能最初时仅仅是星星之火，但以燎原之势在整个组织中快速推广；还可以是由各种各样参与者各种行为自发性的汇聚；等等。换句话来说，企业的战略不只可以在被执行之前形成，实际上是有多种形成方式。多种形成方式的原因主要来自三个方面：组织战略突现性的本质以及在集体环境中识别意图的困难；尝试协调聚合与分裂现有需求行为的循环；实现无固定结构的组织要求，以及这种要求对正式领导结构提出的挑战。

第三节 跨国公司中的双向护佑过程

跨国公司越来越成为一种重要的企业形态，在此背景下，组织结构层级的增加复杂了机会识别的过程，因此，本书专门介绍两种跨国公司背景下的战略机会识别过程。

一、自上而下的正向护佑过程

古尔德等（2004）提出母公司对下属单位的护佑战略框架，母公司对下属子公司的护佑风格包含战略规划、战略控制和财务控制三种。这三种护佑风格的差异体现在 5 组"透镜"上，借此，下属子公司被赋予差异化的战略机会识别与利用角色。

（一）第一组透镜

母公司的心智图。所谓心智图就是母公司经理们拥有自己的经验法则和心智模型，借此对信息加以解释和综合。每个公司都可能会有这种占主导地位的思维模式，沉淀为公司基因，这种心智图扮演着机会认知的过滤器（Kiesler & Sproull, 1982）。如果把每一个创新探索都看成一条鲤鱼，过滤器就是它们面临的龙门，跳过去了就有机会成为战略性新事业，跳不过去往往就会被淘汰掉。

（二）第二组透镜

母公司的结构、系统和过程。这是母公司借以创造价值的机制，包括管理层级的数目、矩阵结构的设置（缺乏）、人事任命过程、人力资源系统、预算和计划过程、资本支出的审批系统、决策制定结构、转移定价系统以及其他协调和联结机制（古尔德等，2004）。这些主要是公司内部自上而下设立的正式结构性管理控制机制，当然，也有学者强调某些共享价值观等非正式自上而下的管理控制机制（Nohria & Ghoshal, 1994）。

（三）第三组透镜

母公司的职能部门、总部的服务部门和资源。这些是总部用来支持直线部门创造价值的参谋部门和核心资产（古尔德等，2004），也是下属子公司选择留在公司内部而不是独立门户的主要原因所在。公司持有的专利、品牌、特定的政府关系或者某种稀缺的实物或金融资产等诸如此类的资源（古尔德等，2004；方琳、王迎军，2008），能够帮助下属单位在进入新的国际市场时，克服其海外经营缺陷和新事业缺陷。

（四）第四组透镜

母公司的人员和技能。这个与第一组透镜有部分重合，但是范围更宽，包含了更多的中高层技术人员，尤其是一些杰出的项目经理，他们能够很好地扮演信息"掮客"角色，并在战略主动性的早期慧眼识珠，避免有潜力创意的夭折。比如一个杰出部门的领导，拥有特殊才能的技术经理、并购班子。

（五）第五组透镜

分权合约。这是母子公司之间的"君子协定"，规定了母公司可以施加影响的事项，以及通常授权让业务单位经理管理的事项，涉及权限、职务描述和办事程序，有时也表现为一种潜在的非正式的规定。下属单位是扮演机会利用者角色还是扮演机会探索者角色，基本上可以在这个分权合约上体现出来。

可以看出，利用上述五种透镜，母公司更多实现了机会的筛选与利用，是一个明显的自上而下的战略管理过程。但是，创新管道中的机会从哪里来？战略主动性如何激发？正向护佑研究没有解决这个问题。这样，当母公司不再能够担当起竞争优势唯一来源角色时，如果仍然坚持这种战略框架，就将使公司错过很多有价值的机会，并有可能导致公司的失败。近年来，不少久负盛名的大型公司先后陷入困境，一定程度上都可以看作其战略管理过程的失败，尤其是僵化的体制往往使公司中自上而下的战略制定和实施成为一种习惯。

二、自下而上的逆向护佑

在传统的护佑框架中，母公司主要通过自己的五组透镜来自上而下地对下属单位进行管理。但是，事实上，下属单位子公司也可能逆向护佑母公司，带来公司的战略更新。方琳（2010）提出下属单位通过学习取得成功后，自下而上地通过流程/惯例向母公司转移人员、信息、技术和实践等，进而导致母公司战略方向改变的行为，即逆向护佑。

这个含义的界定明确了以下五点：①逆向护佑是下属单位的行为，而不是管理者个体的行为；②下属单位向母公司逆向护佑是通过转移人员、信息、技术和实践来进行的，这也是逆向护佑的资源基础；③逆向护佑的作用途径或者说通道（channel）是公司内部可以自下而上通达的组织流程和惯例；④构成逆向护佑的标准是公司战略方向的改变，这种改变可能是一种完全的向新方向的转换，与此同时放弃旧有的方向；也有可能是对现有战略方向的扩展，增加了新的重要领域；⑤有关战略性影响的量化界定比较困难，现有的研究也大都采用质化界定，即使进行问卷调查也是让被访者做出主观性的"非常重要—无关"之类的主观判断。

在此基础上，方琳（2010）对古尔德等（2004）的战略管理框架进行了完善。在完善后的护佑战略管理框架中，母公司通过自己的五组透镜来与下属单位逆向护佑的4种构成要素互动。比如下属单位的做事方式或者主导逻辑，既有可能继承自母公司长期以来形成的公司文化，受到高层管理者"心智图式"的影响；反过来，下属单位也可能将自己在当地学习过程中调适过的新做事方式传递给总部，进而影响总部的做事方式。

在新的框架下，母公司对下属单位的管理主要在于识别出下属单位在当地经营中形成的专有优势，并推动这些专有优势转化为公司层面的优势，即逆向护佑。当然，这些识别有可能是母公司主动进行的自上而下的识别，也就是母公司驱动的逆向护佑；也可能是下属单位推动母公司进行的被动识别，也就是下属单

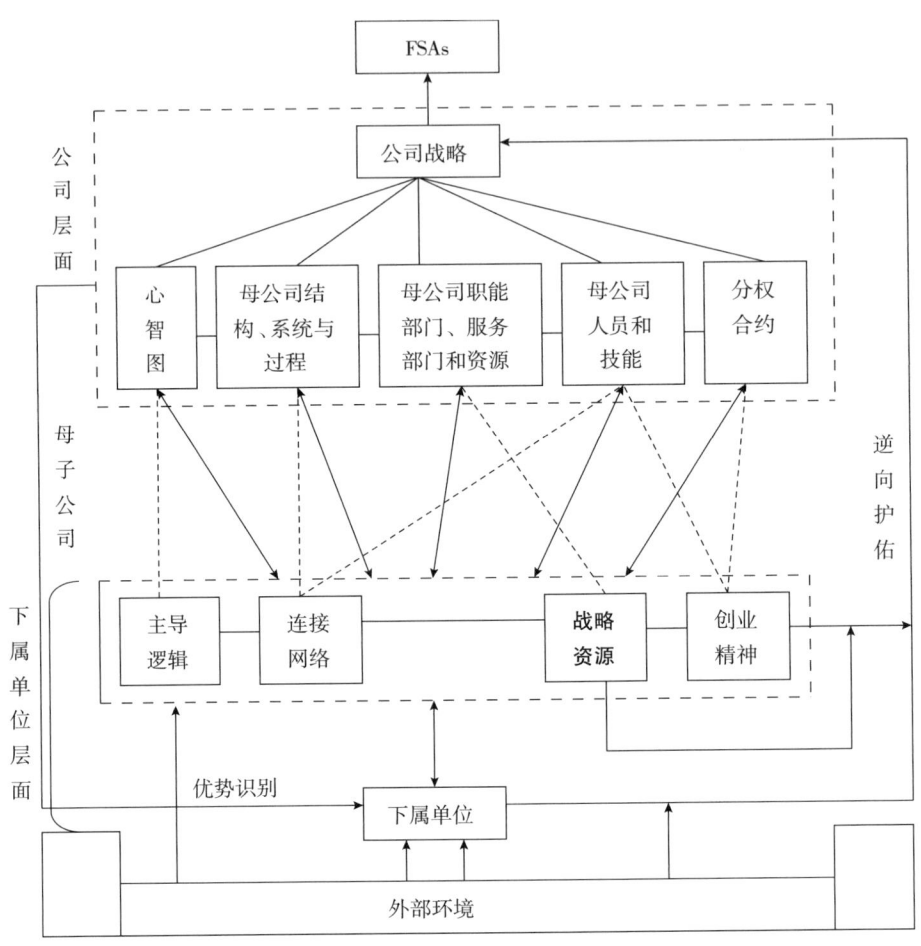

图 2.1 逆向护佑框架

注：在母子公司互动层的点虚线表示了下属单位逆向护佑的四组要素与母公司五组透镜之间的对应。图中对"战略资源"字体加粗，表明该要素在四组要素中的基础性地位。

资料来源：方琳（2010）。

位驱动下的逆向护佑；当然，还可能有第三种情况，那就是双方同时行动形成的混合动力的逆向护佑类型。

第四节 护佑理论视角的战略更新过程模型

根据以上回顾，本研究总结提出护佑理论视角的战略更新过程模型。整理如图 2.2 所示。

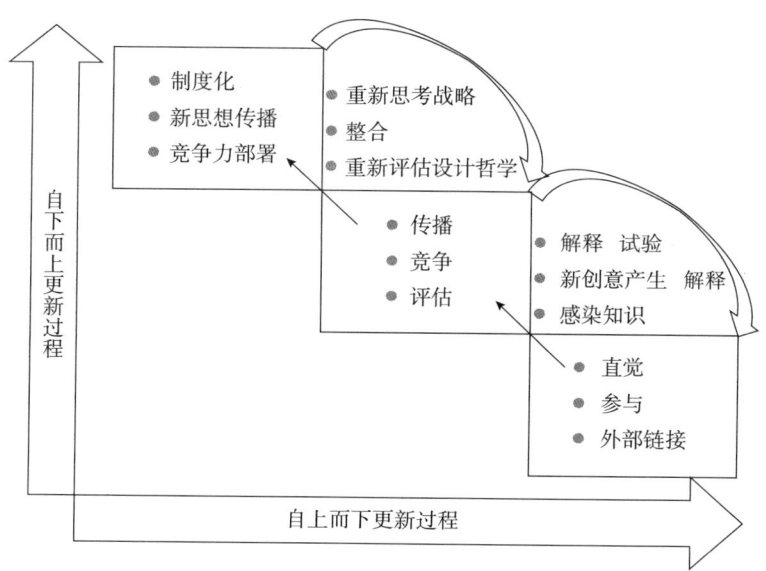

图 2.2 护佑视角的战略更新过程模型

资料来源：笔者整理。

从图 2.2 上看，单纯从组织学习的视角来看，战略更新过程研究接近于自下而上的渐进性社会学习构建过程，起点通常是在内外部背景下个体自主或者被动的外部学习，学习的对象主要来自顾客，也有竞争对手或者其他相关者。经过实践检验获得成功的学习动意会面临内部战略逻辑、公司哲学的评估以及其他类似动意的竞争，最终的胜出者将更新公司的战略逻辑、经营哲学，并在全公司推广，战略更新最终实现。在母子公司结构的集团组织内部，这个过程通常表现为某种"逆向护佑"的形式（方琳，2010；方琳等，2009），承担创新角色的子公司基于自身当地化试验的成功业绩会率先发起更新请求，得到母公司认可后，进而在整个集团中推广实施，最终公司战略更新实现。

护佑理论视角的战略更新过程强调逆向护佑的渐进式学习推销，这点与组织学习视角一致；但是护佑理论，尤其是传统的护佑理论不否认自上而下的战略更新，比如，基于高层管理者的某种洞察力发起的整个组织的学习更新。所以，护佑理论的视角实际上是包容了自下而上的自发学习、自上而下的指导学习以及上下互动的共同学习3种战略更新的方式。

战略更新过程是由多参与者在一定情境下进行的系统性过程，充满了知识关系交换与学习互动。战略更新的情境既包括组织外部环境，也包括组织内部环境。根据专注于组织与外部环境依赖与权力关系讨论的资源依赖理论的思想，组织需要依靠来自外部的资源输入，同时会将内部的产出输出到组织外使得企业价值最终实现。为了降低外部资源与市场的不确定性与模糊性（其中主要是资源），组织会倾向于通过并购、合资、联盟等途径来降低自身的环境依赖性。组织内部环境则集中体现在高层管理者和中层管理者的洞察力与环境敏感度及其互动关系上；在复杂的跨国公司或者多业务公司中，子公司或者其他同等级别机构扮演着中层经理的角色，完成扎根当地市场竞争，嗅探反馈潜力先机，初期试验和中期推广介绍等任务。中层管理者具体落实在其下属分支机构，比如全资子公司、分公司或者有一定投票权的合资公司中，本研究统称为下属单位。在接下来的章节中，本书会分别讨论战略更新中的这些环境因素的影响，包括高层管理者、中层管理者以及一般环境因素。

在超强竞争环境中，企业大胆探索创新未必能够使业绩飘红，但是固守窠臼注定会惨淡经营。事实上，学者们一直试图在战略更新与企业业绩之间建立直接联系，或者积极或者消极或者某种权变的关系，以图向企业实践者提供一个明确的交代，但是都未能如愿。这一方面暗示，在企业实践中，任何经营活动（包括创业创新）的业绩效果都被管理者迫切关注，营利动机也被西方管理学家看作企业经营创新的最原始动力；另一方面也表明，企业更新活动与绩效之间的关系比较复杂，难以在多重简化过滤的理论研究模型中推导出一个简单、实用的结论。本研究主张立体、多重指标衡量战略更新结果及其权变影响，或许得出结论的可能性更大一些。

战略更新的类型或许有多种，比如渐进式与突变式变革，产品更新、市场更新与地域更新等，从图2.2可知不同层级的管理者在战略更新过程中的角色及影响力，本研究因此重视按照更新方向来进行划分，即自上而下型、自下而上型、混合型，这也得到了Volberda等（2001）研究的支持。

一、自上而下型战略更新

如同图 2.2 过程所描述，自上而下型又包含两种情况，即高管主动学习型与被动学习型。这体现了高层管理者不同的环境和学习态度，在环境压力下，前者管理层意图指导战略更新过程；后者高管被动思考应对适应性措施，启动自上而下更新活动。常用的更新方式就是外部并购，快速获取新业务，克服新优势培养过程中的时间压缩不经济性。

高管的被动学习基于这样的假设，管理者认为他们本质上应该是外向定位或者是消极的，他们的角色就是帮助业务单位经理收益放大市场力量或市场信号，内部研发投入不足或者主要偏重于利用性开发。比如，高管会为业务经理设立基于利润的目标，并以此来奖励中层和业务层面管理者，不考核内部的新产品开发或者研发速度。

这种被动学习也是对市场演化消极回应的表现。通常，对自己的下属公司，高管更多强调跨越胜任力边界会面临的风险，并不鼓励业务单位经理广泛搜寻新想法、新业务模式。如果市场变异，高管通常会采取从其他企业或者资本市场直接购入新业务单位来实现弯道超车。比如 ING 银行对 Barings 银行的并购。从高管的角度来看，并购行为冲动并非来自下层，而只是高管自身的创业行为。相反，在 1990 年代早期的 ING 内部，许多业务单位中，员工相当保守，不愿意创新，业务单位经理更关注今天，不考虑明天未来如何。对现有业务的扩张和收缩也基本上遵循相似的逻辑，本质上都是外部导向或者市场导向的。对业务单位的评价标准是典型的利润驱动：盈利超过平均水平的保留，否则卖出。

这种战略更新的管理成本一般会比较低，在稳定、成熟的市场上，高业绩的垄断企业常常采用此种方法。高管往往在市场上"买卖"活跃，随着市场预期好坏，买进或者卖出要素单位。业务单位需要在短期内表现良好，否则就可能被关停、出售。企业的长期成功依赖于要素市场交易的活跃程度。可以看出，高管的上述做法存在着矛盾：纯粹的利润考核与协同效应创造之间的两难。在这种情况下，高管的干预往往达不到预期的效果。创造性往往来自不受限制的高管，一线管理者的创新性探索常常受到严格的限制。

这种战略更新适合于成熟稳定、成长缓慢的行业环境，可以让企业避免钻牛角尖式的失败。金融行业的企业会经常采用这种方法，但是随着环境的动荡性增加，这种方法的适用性会大打折扣。

与被动学习不同，在高管的主动学习中，高管通常确信自己拥有控制环境的权力。在这种背景下,战略更新往往是战略意图驱动下自上而下的行为。高管的核心角色就是提供多业务单位的更新目的或战略意图。这样,多业务企业往往审慎规划战略变革,适应竞争环境,高管往往采用某种结构性分离的方式来保持探索与利用间的平衡:在一些业务单位进行新能力探索,在另一些业务单位中利用现有能力。这种更新方式的内在假定是,企业是有目的的、适应性的企业。高管设定目标、扫描环境、搜寻替代方案、进行决策,并监控实施过程。这是个理想的战略过程:战略制定,然后战略执行。这种高管指导性的战略更新与经典的行政管理理论比较一致。Prahalad 和 Hamel(1990)也赞同,战略更新依赖于 CEO 或者公司管理层的战略意图,建立在出色的行业预见力基础上。高层管理者在这个过程中积极参与、投入资源;中层经理没有太多自由,他们主要的任务是适应接受规则。

高层的主动学习往往伴随着战略更新过程中的种种干预、限制:业务单位的结构安排、内部资源分配方式。高管可能会有倾向的组织设计和资本分配规则,建立组织层级,精细化内部协调,避免业务单位各自为政。这样的风险就是"分析瘫痪":无法适应动荡、快速变革的环境。所以,这种指导性的更新特别适合企业正经历行业稳定成长或者衰落的环境,层级化的收益可以充分实现。

二、自下而上型战略更新

这种更新途径的基本逻辑是,一线经理拥有最新的知识和经验,最容易获得创新迫切需要的管理和信息源,高管扮演着回顾性合法者或者法官和独裁者的角色,支持底层的创意。在这种战略更新模式中,一线经理的角色非常活跃。高管的角色是创建一种培养和筛选有希望的战略更新动意的战略背景,确保一线经理保持高昂的创新积极性。与之前的更新途径相比,这种类型的更新过程会使公司内部的探索与利用的组合更加平衡。

为达到这种均衡,高管需要适当调整考核标准,比如在利润、市场份额等短期目标与长期目标之间更加平衡,增加新产品和服务的引进率,新创意产生收入的份额比例,等等。高管也会干预业务单位的结构安排,建议或者指导业务单位的组织方式。20 世纪 80 年代,英特尔实现从晶体管向微处理器的转型,这最初的动意即来自基层经理的主动探索,在得到公司中层的支持推动后,依靠出色业绩赢得了越来越多的资源分配,最终得到高层认可,英特尔也借此进入长达数年的黄金年代。企业内部的选择标准(通常是高管设定的)与外部市场的选择压力(产业市场如何演化与技术如何变革)越一致,那么公司用来把握产业竞争优势来源的能力（表现为内部选择机制）就越强（Burgelman，1983）。

除了考核标准，如何激活"老树"发出"新芽"是高管迫切需要解决的问题，这就是要努力寻找创新多样性发生的"推进器"，保证可持续的创新流。为了做到这一点，极端的例子就是将赋予期望的创新单位与现有的公司主体隔离。通用汽车当年在面临创新乏力的时候选择在底特律以外建立土星汽车的研发单位，基本是另起炉灶设计生产汽车。无独有偶，微信能够在QQ业务强大的腾讯出现，也得益于马化腾在收购了张小龙的团队之后，并没有强迫其来到QQ总部所在地深圳上班，而是允许其继续留在广州，成为事实上的公司外飞地。正是这种松散的地域分布，使广州研发中心受到深圳惯性思维的影响比较小，也为微信这个开创性产品的诞生提供了可能。

与之前的更新途径不同，这种更新方式事实上鼓励更多的跨单位学习。但是由于高管团队的关注不够，缺少重要资源，高管往往很难处理。缺少实现大量协调与整合的条件，注定这种战略更新途径很难实现大规模的专注性更新。不过，如果环境动荡性增强，这种方式的效果往往非常惊人。有研究认为，组织受到强有力内部选择制驱动，往往选择在比较窄的范围内多元化，这样可以在迅速变换的轨道上有效运作。

三、混合型战略更新

这个过程包含典型的忘却、新的思考方式与新思维、不同的技术路径、特定的公司创业等活动。公司创业的研究认为，这个更新过程是一个整体过程，最终将导致整体业务的改变：要求系统性而不是片段化的变革。在变革过程中，组织很可能在两个极端间（探索—利用）不断循环，表现为在探索与利用之间的不平衡。

在这种混合型的战略更新路径中，高管仍然相信自己可以影响环境，但是也认为需要与一线人员紧密合作。在这个过程中，一线经理的参与至关重要，这样，这个更新过程就是一个整体性的过程，在集体认知和更新过程之间建立起了紧密的联系。驱动更新进行的问题依赖于组织参与者的社会化建构的事实。在这种通过集体认知建构的事实中，个体感知不断地被与他人/其他层级的认知一致度的确认、调整或者替代。Weick将这种感知称为制定（enactment），组织成员积极通过社会互动建构环境。既有的建构模式会影响企业未来的建构事实。在这种观点中，创新被共享的、集体的战略参考框架的发展所驱动。不过，缺点也在于，这种共享的战略计划很难改变，从而贻误必要的战略更新机会，降低最终的更新业绩，甚至导致更新失败。

如果不是多业务单位的企业，比如说小企业，特别是初创企业，这种混合型战略更新的转换特征会非常明显。某一个创业家会推动并集合公司内有类似思想的个人，发起对整个公司的突破性变革。

在多业务的公司中，混合型的战略更新需要三个条件：第一，变革型的领导团队。高管团队，尤其是 CEO 往往是变革型的领导者，他们驱动着整个变革过程。第二，中层经理的创业角色。这种更新过程要求全员参与，强调中层经理作为创业者，在各个组织层级之间起重要的链接作用。第三，集体感知是知识整合过程的重要要求，也是整合过程的重要构成部分，可以最大化组织学习。比如乔布斯 1997 年回归苹果之后，在苹果内部集合了设计研发的一些优秀员工，建立了海盗俱乐部。

长期来看，自上而下的更新过程放大了市场压力，在某种情况下可能仍然会被使用；混合型的更新过程要求上下齐动员，高管将自己看作克服市场选择，强迫快速适应和学习的角色，看起来很理想，事实上不能持久，结果路径似乎在萎缩，应对技术变革不连续性的能力比较差。基于复杂理论的自下而上型更新过程很可能非常有效，将来会是主要更新形式。因为这样允许小规模的试探，又不破坏现有的经验；高管间接的管控业务单位经理，允许他们与当地自组织形成一致的模式。在这种类型中，高管主要塑造更新背景，加速共演化的进程。

第五节 战略更新过程中的参与要素与案例

从图 2.2 可以知道，战略更新机会与识别过程中的参与要素可以分为两类：第一类是人的因素，包括各个层级的管理者/经理，尤其是高管与中层经理，这是企业战略更新过程中最主要的主动因素；第二类是环境因素，包括外部环境（如市场压力、外部技术知识丰富度）和内部环境（资源基础、活动系统等），这是企业战略更新的压力和依赖来源。管理者是组织学习实现战略更新活动的主体或者战略代理人（Mantere，2008[①]），机会识别中的学习试错、发展推销、商业化和扩散活动需要建立在资源基础之上，缺少资源支持的学习活动如同没有燃

---

① Mantere, S. Role expectations and middle manager strategic agency [J]. Journal of Management Studies, 2008, 45 (2): 294-316.

料供给的星星之火，不可能形成推动公司战略变革的燎原之势。活动系统内部固有的相互依赖性积淀为企业"基因"，潜移默化中激励员工地一个又一个成功的创新。本书辩证看待这些战略更新要素，这是本书主要探讨的内容，本节将简要介绍这两类因素。

一、各个层级的管理者

高层管理者，尤其与公司有某种"基因渊源"的高层管理者是公司的灵魂，其哲学价值观思想在战略更新机会的形成与选择过程中至关重要。这种影响与体现往往具有长期性、滞后性。有一段时间，国内热衷于对比分析联想与华为何以起点类似，现状迥异？其中绕不过的一个比较点就是，两家公司的灵魂人物20多年来一直坚持的战略方向。

中层管理者是企业战略更新的桥梁，他们是公司知识社区的实际联系人。中层管理者（下属单位）在战略更新中发挥着重要的推动、评估、识别作用。根据既有的研究及实践经验，在创新与变革中，中层管理者面临着最为严重的角色冲突，为减少角色冲突压力，他们有不少都希望保持现状。因此，在组织创新中，最大的障碍正在中层，中层积极性的调动是战略更新成功与否的关键。

二、环境因素

时势造英雄，企业也必须因时而变。外部环境一方面为企业带来资源和机会，另一方面也是危机和压力。1978年，国家提出改革开放政策，并在其后的时间内不断完善政策，受此推动，中国涌现出了一个新的庞大群体——中国企业家群体，支撑起曾经的制造业大国的光环，这是资源和机会。40年后，国内改革进入新阶段，国际环境日益复杂化，去落后产能、升级创新、智能制造、规避国际投资的政治风险，这是传统企业的危机和压力，当然也是新的机会。

企业内部环境对资源和机会加以利用，实现工具是资源分配原则与活动系统。除非在混合更新结构中，旧的资源分配规则与活动系统往往同突破性创新动意的要求不能完全契合，针对创新的矛盾由此产生，变革的压力开始积累。创新动意与内部环境的动态适应性互动将成为战略更新成功的关键。柯达曾经是数码相机的发明者，但是最终迫使柯达破产的主要因素恰恰是数码相机对胶片相机的广泛替代。尽管拥有潜力无限的新发明，享有形成先动优势的可能，但最终却没能让这些突破性创新改变公司内部的环境，传统成像技术仍然控制着最优的资源，紧锁的活动系统无法为新创意进行更新升级，最终柯达无法将有利的先机转化为战略上的优势，现在被淘汰也是不可避免的。

三、一个战略更新的小案例①

罗氏医药总部设在瑞士巴塞尔，长期致力于药品研制和医疗诊断。一直以来，其创新成果累累，令竞争对手羡慕不已。尤其是在医药界利润最高的抗癌药物研发方面，罗氏凭借众多耀眼的科学发现，成为该领域当之无愧的全球佼佼者。罗氏 CEO 曾公开表示，企业的持续成功取决于其创新突破能力，通过源源不断的创新突破，扩充制药和诊断产品阵容，方才铸就辉煌。罗氏医药的创新过程是典型的"自下而上的过程"，但是战略层面的选择机制也一直保持着"思路清晰"。罗氏的更新做法很好地体现了战略更新要素的积极角色。

（一）充分重视一线人员的创新主动性，赋能员工

罗氏在组织架构上强调给予研发团队最大程度的自主权，将研究部门划分为完全独立的研究小组。罗氏反对"中央集权"，提倡"权力下放"，要求给予员工充分的自由，鼓励员工的自主创新。但与此同时，员工要敢于冒险，要求员工必须具备主观能动性。罗氏一直告诫员工："别等上司来提拔你!"罗氏也有接班人计划，但不能指望由导师来规划他们的职业生涯。有好想法，自己就去努力实现。

（二）组织结构调整，最大限度降低中层管理者的消极影响

罗氏的研发部不设全球主管，所有制药研发团队（包括负责对外合作的业务部门）直接向 CEO 汇报，诊断研发团队向诊断负责人报告。自下而上的学习往往激发出不合组织传统规则的创新与技术，尽管它们有可能帮助公司在未来的竞争中大放异彩，但在研发初期却非常脆弱，需要来自高层的支持与保护，免除被旧有的体制和规则屏蔽掉的风险。

（三）高管包容、多元化

每当有一批优秀的科学家告诉 CEO Schwan ×× 研究是一派胡言之时，他都

---

① 本案例编译自 Claret J., Dickson T. 优化组织管理 开启突破创新：罗氏 CEO 访谈录［J］. 麦肯锡季刊，2016 年 5 月 13 日。

会喜出望外，因为他知道这里有突破的空间。要做到多元化绝非易事，罗氏自己的方法是，实行权力下放，辅之以针对性的政策，从多个维度促进多元化。罗氏曾将400个高管职位中的女性比例由13%扩大至20%，该比例已达22%。此外，罗氏还将来自新兴市场的高管人数提高30%，改变传统上以欧美籍为主的单调状态，加强对新兴市场的重视。

（四）加强内外沟通，链接更多创新知识资源

罗氏明白，99%的创新都在罗氏的门墙之外问世，所以要成功就不仅要尊重内部创新，同样还要尊重外部创新。罗氏非常重视对外界保持开放包容心态，利用外部链接获得创新知识。

第三章
企业战略更新中的外部环境影响

外部环境是组织边界以外但会影响组织决策的各种物质的和社会的相关因素集合。从交易成本的观点出发,市场低效率的环节会聚合成企业,企业能够在经营运作活动中创造新的价值或者以比市场更低的成本创造一样的价值。资源依赖理论认为,组织对于外部环境有依赖性,通过外部组织获取所需的资源,并输出产出完成企业价值链的最后一个环节。这样,组织对外部环境中单位或个体的依赖程度差异,因而外来的"权力"对组织活动的影响不同,为此,组织需要采取必要的战略措施,管控这种"权力"影响。

第一节 一般企业战略更新的外部环境因素

影响企业决策的相关外部因素包括两个层面。第一个层面是任务环境,也是与组织紧密联系的一个层面,这个层面的环境直接影响企业战略活动。任务层面的环境因素可能包括竞争对手、供应商、顾客以及监管机构(Elenkov,1997)。第二个层面,或者说比较外层的环境因素包括经济、政治与社会因素,这类因素通常被称为一般环境因素,这些环境因素对企业的影响比较间接。外部环境是企业经营不确定性的主要来源,为企业带来战略更新的压力和资源。

经济学视角的研究关注外部环境因素对企业战略更新行为的影响,主要包括产业经济学、演化经济学和内生成长理论。每个理论模型依赖不同的假设,得出不同的结论,但都将企业行为(比如战略更新)和业绩看作经济条件的函数。这些外生经济条件包括需求、技术机会和可用性(appropriability),创新随着需求水平和购买者异质化程度的升高而增加。技术创新视角延续Solow(1957)技术进步推动单位资本增值的观察,关注技术机会和技术可用性对企业更新行为的驱动角色。但是，上述研究的内在假设是，创新行为随着行业逐渐接近均衡状态而趋于停止（Knott，2003）。事实上，在创新—模仿的循环中，竞争优势不断被侵蚀，没有绝对的均衡，所谓的持久竞争优势必须依靠持续创新创造的迭代优势累积而成。Blomkvist、Kappen 和 Zander（2010）[①] 对瑞典海外子公司的研究发现，当地市场的丰裕度和规模确实会提高子公司进入全新技术的可能性。

2018 年，中国奥佳华智能健康集团在以色列设立了一项 1000 万美元的专项基金，用于投资当地医疗类项目。同时奥佳华计划在当地开设一个创新中心，专注于数字医疗、医疗指标的家庭检测、运动表现检测以及家用美容器械等领域。做出这项投资的一个非常重要的原因是，以色列在全球人工智能创新研究中的领先地位，这个国土面积不到珠三角的一半，人口只有北京 1/3 的国度，2017 年已有超过 430 余家人工智能创新型企业，与 2014 年相比增长迅速尤其在健康、农业等领域，都有重要的研发成就，有助于企业更快地接触最新技术，推动内部的创新活动。

管理学者从战略管理的角度提出，竞争以及技术知识储备的异质性会带来持续的更新行为。来自同质化竞争对手的竞争压力是推动战略更新的重要驱动因素。Knott（2003）假定，企业技术模仿具有有限理性及随机选择性，通过蒙特卡洛模拟、OLS 回归证明，行业中企业知识储备的异质性会促使创新启动，激发新一轮的创新—模仿—再创新的循环。行业内企业数量、知识溢出能力的差异以及企业间距离的差异导致企业间知识储备的持续异质性，创新活动会持续进行，否定产业经济学、演化经济学主张的行业均衡之时，也就是创新停止之时的观点。但是 Knott（2003）利用模拟方法基于产业层面的分析很难剖析产业环境因素与具体创新类型之间的匹配关系。Knott 和 Posen（2009）综合产业经济学、演化经济学和内生成长理论，关注市场环境下的技术机会（企业研发花费的产出弹性）和可征用性（竞争对手结构化溢出的产出弹性）与企业研发行为的关系。利用 Compusat 数据库搜集 1981~2000 年 25 个行业 2785 家企业的 23543 个数据分析发现，企业通过 R&D 进行的战略更新投资的目的在于恢复或重塑自己被侵蚀的竞争优势，而不是另辟新领域（Knotted，2003）。也就是说，企业"逃避竞争"的趋向激发了旨在进行战略更新的 R&D 投资，主动而独创的更新目的并不会因为外部竞争产生。

[①] Blomkvist, Katarina, Philip Kappen and Ivo Zander. Quo vadis? The entry into new technologies in advanced foreign subsidiaries of the multinational enterprise [J]. Journal of International Business Studies, 2010, 41: 1525-1549.

类似地，Kim 和 Pennings（2009）观察网球拍行业持续的新产品开发活动，认为行业通过创新企业的战略行为及随后引起的"竞争传染"（competitive contagion）实现持续创新。当新产品发布包括由顶尖职业运动员参与的营销活动时，单个网球拍创新激发竞争者模仿性回应，进而推动市场采用新标准。企业因此需要将行业内企业，尤其喜欢模仿的企业，作为自己战略更新的一部分加强管理。换句话说，领先者的战略更新行为会激发追随者的模仿创新，行业竞争环境成为企业战略更新的一个诱因。

网络时代下，信息流动分享的成本接近零，分享速度堪比光速，企业通过先行创新获得比较优势，缺少足够的时间回收创新成本，同质化与高山寨的产品就已经量化入场，快速拉低单价，竞争传染加速带来大量同质化竞争，企业在比差中容易丧失"匠心"，反而打击抑制现有企业创新活力。为了维持先行优势，一方面需要持续的研发投入；另一方面就需要企业提高创新模仿的难度，更多的价值链创新、生态系统创新出现。

与关注竞争压力驱动的"供方"角度不同，差异化需求同样可能成为企业战略更新的前因。Adner 和 Levinthal（2001）通过计算机模拟，从需求角度分析企业技术生命周期演进的驱动力。模拟结果表明，技术开发早期，满足市场需求驱动企业的持续创新行为；技术开发后期，市场价格稳定，绩效目标也基本实现，供应方（同业企业）为争夺技术疲劳的顾客展开的竞争是继续更新的诱因。这表明，战略更新生命周期中，驱动力随时间阶段发生改变，前期以需求方的驱动为主，后期以竞争驱动为主；与此同时，由于企业内部不同活动的交错，也暗示在某一时间点上，企业更新的驱动力可能同时来自需求方和供应方。

环境变革类型决定企业内部紧密的相互依赖性是推动创新还是产生环境。Siggelkow（2001）将企业内部相互依赖性区分为内部适应—外部适应。如果企业内部的活动选择之间相互强化，则企业实现了内部适应；如果这些选择的构型在当前的环境条件下取得了高的绩效水平，那么企业就实现了外部适应。外部的环境变革也可以分为两种类型，即适应保持型变革和适应破坏型变革。前者保持企业活动的内部适应，但同时也降低了企业活动系统集合整体的外部适应性；后者同时破坏了企业的内部适应和外部适应。当企业遭遇到适应保持型变革时，活动之间的紧密适应就会导致惯性。即使此时企业财务绩效已然降低，旧有系统内部的强适应性，也使企业很难觉察到自己的问题；久而久之，渐进式的变革会进一步恶化企业业绩，强化管理者信仰：旧系统仍然适用。事实上，在内部适应方面确实如此，但在外部适应上已面目全非。相反，如果面对破坏适应型变革，企业看到业绩恶化，内部适应性破坏，紧密内部适应的活动系统就会帮助其快速响应。在这种情况下,紧密适应的企业就有高动机去适应。

此外,有研究也表明,政治管制、政治关联等因素也有可能推动企业战略更新活动(Hillman,2005;Zheng,Sing & Mitchell,2015)。Zheng 等(2015)利用中国电视行业 1993~2003 年的数据认为,企业管理者如果有在政府工作的经历,就比较容易建立政治关联。建立起政治关联的公司更容易生存下去,无论企业最初的业绩如何,政治关联都能够推动企业业绩的提升。苏屹等(2018)[1] 针对创业板上市企业的调查分析也发现,企业家地方政治关联可以加强企业创新意愿,同时有利于企业获取金融资源和政府补助,金融资源和政府补助可以激发企业的创新意愿,金融资源和政府补助在其中发挥着中介桥梁作用。不过,针对家族企业的研究发现,政治关联会抑制企业的创新意愿,良好的制度环境能够更好地推动创新[2]。

综上而言,驱动战略更新的外部因素可能包括技术进步、竞争传染或逃避、需求变化、政治因素等,其共同点在于企业被动更新以适应外部环境的变化要求,企业间更新行为选择趋同,偏渐进式更新而非突破式。在此背景下,管理者的角色被忽略,或者其内在假定管理者近乎完全理性,可以恰当识别外部环境刺激,采取适宜更新行为。

第二节　跨国公司中外部环境衡量

前面分析了普通组织面临的共同外部环境压力,这假定企业所有经营活动在同一地点展开,至少组织的不同组成部分感受到环境压力在内容、规模与程度上没有差异。事实上,复杂企业(比如跨国公司)的经营业务范围、经营地点的多样性、分散性,感受到环境压力的大小、内容、时间点都存在较大的差异,这也造成企业内部战略更新的认知错位与不一致。与母公司距离较远、地域当地化回应要求比较高的下属子公司自我更新的压力要远远大于母公司及其他子公司,进而影响母公司的既定战略改变,比如母公司改变对子公司的初始任务设定,赋

---

[1] 苏屹,林周周,陈凤妍,雷家骕. 企业家地方政治关联对企业创新意愿影响的实证研究 [J/OL]. 管理工程学报:1-10 [2018-12-05]. https://doi.org/10.13587/j.cnki.jieem.

[2] 严若森,肖莎. 政治关联、制度环境与家族企业创新绩效——基于社会情感财富理论 [J/OL]. 科技进步与对策:1-9 [2018-12-05]. http://kns.cnki.net/kcms/detail/42.1224.g3.20181026.1029.022.html.

予更多战略使命，吸纳子公司负责人进入公司层面管理团队等。

一、跨国公司中母子公司之间外部环境维度构成

与一般企业不同的是，在跨国公司背景下，尤其需要全面考察母子公司之间的"距离"。它是衡量复杂的跨国公司中下属单位受到外部环境影响程度大小的一个重要指标。母子公司之间的距离越远，下属单位创新行为受到当地外部环境影响越大，越有可能进行自下而上的战略更新活动。在文献分析的基础上，本研究提出以下三个距离：

（一）地理距离

地理距离研究集中体现在国际商务的相关文献中。国际商务研究的基本假设就是，企业经营在地理位置上是分散的。这种地理距离可能就是简单的指两地之间的公里数。比如 Harzing 和 Noorderhaven（2006）以在澳大利亚和新西兰这样地方经营的跨国公司下属单位为对象，考察地理上的孤立对于下属单位机构在 MNC 中扮演的角色的影响。他们所谓的距离就是地理距离，指的是澳大利亚和新西兰距离其他大陆非常远，比如从澳大利亚到中国香港需要飞 8 个小时。除了公里数，地理距离还考察两国之间的陌生度、有没有共同国界、有没有出海口、国家规模、运输或者沟通联系情况、气候的差异等（Ghemawat，2001）。

（二）制度、文化距离

在国际商务研究中，几乎没有其他概念框架能比文化有更高的接受度（Shenkar，2001：519）。关于跨文化差异的研究，至今引用率最高的仍然是霍夫斯泰德当年以 IBM 全球 40 多家子公司为对象进行的跨文化调查，Hofstede（1980）列出了国家之间文化差异的 4 个维度，即权力距离、个人主义、男性度、不确定性回避度。1988 年，他在考察了中国长期计划体制的基础上，又添加了"长期导向"（Hofstede & Bond，1988），主要关注对传统、长期的前向价值的承诺。Kogut 和 Singh（1988）则在 Hofstede（1980）的基础上，利用其国家间文化的分类维度，提出了"文化距离"的概念。之后，许多学者的研究基本上部分甚至全部使用这些维度，还有一些学者根据研究目的的不同，提出了一些单独的维度。比如用种族语言来衡量文化的多样性（Gundlach & Marcus - Velasco，2000），或者选择种族、语言和宗教分布（Alesina et al.，2002），或者社会中深嵌的规范和价值观维度（De Jong & Semenov，2002）。

制度距离是指两个国家之间在管制、认知和规范制度上的相似性或者非相似性的程度。（Kostova，1996）这一概念根源于制度理论，用来解释跨国公司中国家之间差异的概念。制度距离越远，对 MNE 来说，就越难以在当地建立合法性，将战略性惯例转移到海外下属单位（Kostova，1999）也会变得困难（Kostova & Zaheer，1999）。通常来说，制度距离有三个维度。①管制性维度，主要关注在规则的设定、监督和强化。这是建立在指导逻辑的基础之上，并且使用法律授权作为合法性的基础。②规范性维度，规定了期望的目标，以及实现这些目标的合适方式。其合法性植根于社会信仰和规范。③认知维度，强调成员对环境的内在的表述（Xu & Shenkar，2002）。Ghemawat（2001）使用行政/政治距离来表达类似的意义，但是，相对来说，后者偏重于强调国家与国家之间宏观的距离，对于国家内部的区别并没有凸显出来，而这方面的制度距离同样重要，因为国家内部的变异即使不能多，也不会比国家之间的变异解释力少。

从现有的研究来看，文化距离和制度距离的研究有一定的重叠。相对于文化关注的比较广泛的衡量指标而言，在考察跨国公司内部母子公司之间的距离时，制度距离提供的一些指标更有针对性。因此，本研究将文化距离（Hofstede，1980；Hofstede & Bond，1988）、制度距离（Scott，1995；Kostova，1996）和行政、政治距离（Ghemawat，2001）合并成制度、文化距离，其中主要的衡量指标参照制度距离的三个维度。

（三）经济距离

波特（Porter）从考察国家竞争优势的角度间接讨论了国家与国家之间的经济距离，模型中的要素条件、需求状况、支持和相关产业这 3 个方面都从不同的角度反映了跨国公司下属单位所在地与母国之间的经济差异，这对于下属单位能否从当地获取独特而有价值的资源至关重要。Ghemawat（2001）提出了更加宽泛的经济距离衡量指标，主要包括消费者收入、自然资源、金融资源、人力资源、基础设施、中间投入、信息或者知识等数量和质量上的差异，其实都可从属于波特提出的要素条件维度。McGahan 和 Porter（1997）对上市公司的盈利能力的影响因素调查发现，产业因素能够解释其盈利能力的 19%，而且在服务业、租赁/娱乐、批发/零售和交通运输业，产业的影响力要比在制造业更高。这进一步提出，在衡量母子公司之间距离的时候，还有必要考虑进去产业层面的因素。基于此，本研究在经济距离维度上，主要考虑要素条件、需求条件、产业及相关产业三个方面加入产业和相关产业这个次要维度。

企业战略更新：推动与阻碍

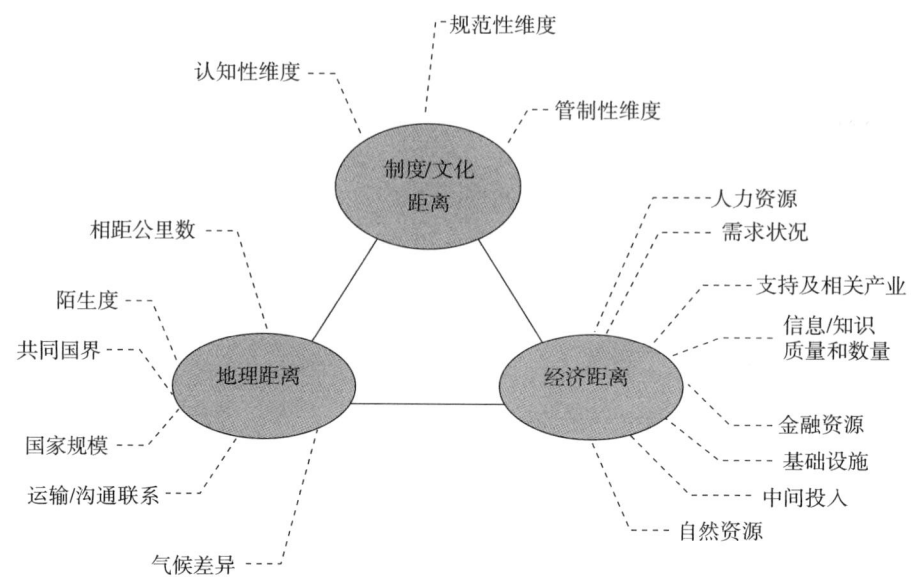

图 3.1　母子公司之间距离衡量标准

资料来源：修改自方琳（2010）。

当然，本研究提出的母子公司距离框架更接近于一般性概括，具体到某个公司可能存在较大的差异。同时，母子公司之间的距离应该是综合考虑了所有距离维度之后的一个总和，受到一些偶然因素影响，某个距离维度存在被抵消或过度拉长的可能。比如，随着经济实力的不断增强，中国无论在需求条件还是在要素条件、产业条件上都在大幅度缩小与美国等老牌资本主义国家的经济距离；信息与人员交流往来的频繁也在加速减少文化理解上的差异；日益发达便捷的交通条件也让地理距离不那么重要。综合起来看，无论美国跨国公司在中国，还是中国跨国公司在美国，中美两地之间的距离应该都是很小了。但是事实上，两国之间制度的差异以及一些国家首脑在自己任期内奉行的政策原因，两国在 2018 年时有摩擦和冲突，跨国企业经营者不得不战战兢兢，密切关注事态发展，制度距离一个维度就抵消掉了所有其他维度，并大大拉远了两地的亲近度。考虑到政治政策与个体认知都存在一定的路径依赖性，可以预期，未来在相当长一段时间内，两地的较大距离仍将保持。

二、下属单位战略更新与母子公司之间的距离

距离意味着差异，但是差异并不会必然带来冲突和成本。作者认为，在母子公司关系中，距离，作为一种外部环境影响因素，会让下属单位打上当地化的烙印，从而带来母公司和下属单位之间的差异。这种差异在一定程度上具有不可回避性，因为，下属单位若希望在当地成功，就必然会增加对当地的回应度，根据当地情况对母公司的原有做法进行适应性调整。但是，这种差异对绩效的影响是复杂的，并不能单纯关注成本、障碍（Li & Scullion，2006）或者过于强调差异带来的"感知缺口"（gap）（Birkinshaw, Holm, Thilenius & Arvidsson, 2000）。就下属单位的逆向战略更新行为而言，距离产生的影响主要体现在两个方面：第一个方面是影响下属单位在当地的战略性资源的获取（外部作用机制）；第二个方面是影响下属单位与母公司的联系（内部作用机制）。

母子公司的远距离会影响下属子公司在当地获取战略创新所需要的资源。在国外经营面临着特定的成本，下属单位必须克服"新进入者缺陷"（Zaheer，1995），有两个选择，要么转移公司专有的竞争优势到国外下属单位中（Dunning，1981，1988），要么利用下属单位所在国专有的优势（Kogut，1991；Porter，1990）。积极的一面是，距离可能使下属单位获得更多的自主性，在当地建立SSAs，进而影响母公司的战略决策。在距离母国比较远的市场上经营，母子公司之间的联系纽带可以帮助下属单位从母公司那里获得大量的资源支持，克服其在海外经营的缺陷和新建缺陷（Zaheer，1995）。同时，由于所在国与母国存在一定的距离，聪明的母公司为了国际化扩张的成功，有可能会授予下属单位较大的自主权。消极的一面是，距离可能让下属子公司成为"孤儿"。经济距离使下属单位在当地运作系统的建立中面临着巨大的挑战，母公司成功的经验可能根本就无法在当地复制，至少在初期是这样。几乎所有的企业都发现，供应链和分销渠道上的重大分歧是商业的重大障碍。当可口可乐最初来到中国时，由于中国的物流基础设施薄弱，它不得不改变在母国的"店铺直送"模式，而采取批发和店铺直送的混合模式。又因为中国各地的分销网络又有差异，所以，几乎是在每个地方的具体分销方案都需要根据当地情况来设计。这样，当母子公司所在地之间的距离比较远时，跨国公司的对外投资更倾向于采用合资方式，并且，如果当地的合作方拥有更多的股权，那么跨国公司建立的合资公司的成功概率就比较高。

距离影响的第二个方面体现在母子公司的内部联系上。拉大的距离可能让母

公司向下属单位的知识转移中面临着困难，从而降低下属单位能够从母公司获得的支持。Bhagat 等（2002）企业间跨越边界的知识转移，在非相似的文化环境中比相似文化环境下更加复杂且困难，因为，文化差异往往使得知识具有黏性（De Long & Fahey, 2000; Szulansky, 1996）。而在地理上孤立的群体则往往会被隔离在知识共享的循环之外（Birkinshaw, 2000）。或许母公司早期可以通过外派管理人员来实现整合逻辑下的内部有效沟通，但是不免存在母公司过多干预的风险。母公司对下属单位误解的增加和承诺的降低。过远的距离使母公司认为，下属单位对公司网络承诺的降低，下属单位所在的市场变得不重要，从而想当然来处理下属单位，或者将下属单位边缘化，或者将其关闭。比如下属单位自身处于世界的边缘（比如澳大利亚或者新西兰），或者当地的价值观与母公司有严重的分歧。那么，在那里的活动被误解或者被看作不重要（Brown, 2004; Galunic & Eisenhardt, 1996; Prahalad, 2004），自然连带影响下属单位在公司网络中的合法性，合法性的缺失或者降低伴随着下属单位权力的流失，因为"权力很少流向那些在社会中失去了合法地位"的参与者。

第三节　常用的环境扫描机制

不少企业"成也环境，败也环境"。企业需要加强对环境扫描和分析，从中获取竞争信息、技术信息、监管信息，在环境与企业战略之间保持一致，持续更新，提升企业业绩。环境扫描是管理者感知外部事件和趋势的一种方法（Hambrick, 1982; Culnan, 1983），由信息需要、信息搜寻和信息使用三个部分组成。信息需要通常确定了扫描的聚焦点和范围，尤其是特别关注的环境领域；信息搜寻是指搜寻环境的组织方法和环境监控的系统；信息使用通常是用在决策中，比如战略规划、组织学习等。环境扫描目的在于减少企业面临的战略不确定性，明确战略变革的时机和方向。外部环境扫描的任务常常被看作高层管理者必须完成的日常任务，并且有研究表明，高管扫描环境的频率与他/她感知到的战略不确定性有积极的联系，环境扫描有助于提升组织业绩。有学者按照个人—非个人与内部—外部两个维度将环境扫描区分为 4~5 种类型（Daft et al., 1988; Elenkov, 1997）。由于环境扫描的主要执行者来自管理者，因此，本研究更倾向于按照管理者对环境认知的分析能力与否来区分环境扫描机制。基于此，在组织内部，常被用来进行环境扫描的机制包括以下四类。

第一，间接浏览。Aguilar（1967）最早提出这种观点，意指组织认为环境的不可分析性高，并不准备深入理解环境时采用的一种间接的获取环境信息的方法。在这种情况下，组织对于信息的需求并不清晰，甚至是模糊的，大量获取到的信息也都是非常规化的、非正式的，信息获取往往偶然性较大。由于认识到环境的可分析度低，组织对信息质量要求不高，通常都是有限的"软性"信息，并不要求广泛而"硬性"数据支持。信息的搜寻也是充满偶然性和机会主义倾向，更多依赖非常规的联系和外部随机的信息来源与人员。信息的使用主要是为了降低环境模糊性的程度。典型的间接浏览例子常发生在小企业中。比如通过个人与有限的顾客、与供应商、与其他企业的联合会等形式获取信息。微信、博客、领英等新的社交媒体出现后，凡是参与到使用社交媒体的个体都或多或少参与一些非紧密朋友群，这样的陌生群本身就可以看作信息的间接浏览形式。

第二，限制条件浏览。也是由 Aguilar（1967）提出，指的是如果组织觉得环境可以被分析，但是不愿意去搜集信息和影响环境的情况下的一种信息获取方式。信息需要集中在一小部分相对清晰、明确的问题或领域，行业已经对其基础假设和规范形成广泛共识。信息的搜寻工作采用标准化程序，通常使用内部资源，也有一部分来自广泛被认可和使用的外部报告、数据库。可以看出，这样的环境扫描是"限制条件的"，只局限在常规性文件、报告、出版物和信息系统中。由于已经假定环境被熟知，没有必要通过环境扫描来降低模糊性。在这种情况下的组织学习是利用性学习，关注于已有知识的深化应用。一个典型的例子是，企业可能专注于本行业领域内的经验积累、顾客学习，但是忽略来自跨行业的竞争对手的颠覆性竞争。比如金融行业，曾经一段时间，传统的银行之间掀起了一段社区银行布局的竞赛，力图用广布网店形式增大自己的客户覆盖率。但是网络金融领域的企业却通过红包激励以及增加签约商户的方式直接改变了客户的支付方式，越过现金与人工服务。这一局限也限制了使用这种环境扫描的普遍性。

第三，行动。如果组织发现环境的可分析能力差，但又希望积极地深入了解环境，以便影响环境事件的发生过程与结果，那么行动就是企业常常采用的一种方法。这个时候，对信息需求就是进行环境试验和测验所需要的所有信息。信息的搜寻则主要通过外部来源和通道，尤其是组织业已建立起来的环境干预渠道，也包括组织采取的反馈措施。行动型组织"构建"他们自己的环境，他们通过试验新活动观察结果来试验、测试、模拟环境，他们往往忽略了传统上看重的前因、规则和预期等。典型的行为表现是提供各种形式的新产品/服务测试，借以搜集环境反应信息。比如，不少厂家通过网上电商渠道提供免费试用产品，然后通过试用者写使用评价、论坛讨论、问卷调查等方式来搜集反馈意见，同时也向市场传递新产品信号，影响改变市场环境。

第四，搜寻。最早由 Daft 和 Weick（1984）提出，两位学者将其称为"发现"。通常是在组织认为环境可以被分析，并希望积极深入了解环境来收集确切的环境事实数据。在这种方式下，信息需求目标被明确界定，要求的信息必须广泛、详细、无限度。组织的信息搜寻工作旨在找到"硬"的、正规的、量化的数据，通常来自严格的、客观的市场调查与研究作业。组织很可能有自己的扫描机构和人员来系统地分析数据，进行市场预测、趋势分析和报告撰写。这种环境扫描机制在许多大型企业中往往以正式的市场搜集分析部门存在。在这种环境扫描机制下，得到的信息往往是组织"准备好"要收到的信息，当然，这也意味着组织也不得不同时准备好迎接"大吃一惊"的颠覆性信息。

综上所述，四种不同的环境扫描机制侧重的信息需求，所用的信息搜寻方法不同，自然得到的信息结果也会各有聚焦。为了适应当前环境中对企业持续更新的需要，组织有必要多种方式组合使用，减少完全意料之外信息出现的可能性，提高组织战略与环境适应的匹配度。

第四节　外部环境影响战略更新的企业实践[①]

Liz Claiborne 公司（以下简称 LC）创立于 1976 年，初始资本只有 250000 美元，1981 年，收入达到 116000000 美元，当年上市。5 年后，公司进入福布斯 500 强名单，这也成为当时第一家由女性开创并进入福布斯 500 强的企业。到 1989 年，福布斯报道称，这个公司在当时进入 500 强名单的制造业中，年终平均回报率最高。之后，这家公司继续快速发展，到 1991 年，销售收入第一次超过 20 亿美元，股价也创纪录达到 1000 美元每股。不过，从 1992 年开始，问题也开始浮出水面。在接下来的 3 年里，公司市值从 35 亿美元下跌到 1994 年底的 13 亿美元。到 1994 年，P. Charron 进入公司并在一年后成为新的 CEO。在他的带领下，公司进行了一系列运营和营销上的变革，LC 开始复兴，到 1997 年 5 月，这个公司基本回到接近历史最高水平的状态。

[①] Siggelkow, N. Change in the Presence of Fit: The rise, the Fall, and the Renaissance of Liz Claiborne [J]. Acadenly of Management Journal, 2001, 44: 838-857.

第三章　企业战略更新中的外部环境影响

深入探析该公司的发展路径，可以看出，公司的成功与失败和环境的变革特征具有巨大的联系。

一、第一阶段的成功：响应市场需求

总体上来看，LC 第一阶段的成功与其成功定位有关系。与其他设计师时尚商店不同，Claiborne 按照顾客的实际体型设计服装。她有一个典型口号，美国妇女是"梨形身材"。此外，Claiborne 率先选择海外生产，降低了生产成本。最后一点，服装展示集中排列，便于混合搭配。这样，公司收获了一批忠实客户，她们将 Claiborne 夫人看作自己的朋友，信任她的设计品位。具体来说，第一阶段的成功体现在了设计、展示、销售、零售、营销和生产/分销选择。

第一，LC 定位在一个持续成长的市场利基上。从 1960 年到 1990 年，美国的劳动力构成特征发生了巨大变化，妇女劳动力人数从 2190 万人上升到 5350 万人，工人总数的 45%。但是在 20 世纪 70 年代中期，职业妇女的服装选择非常单一，主要就是一些深蓝色西服和高级订制服装（haute couture）。Claiborne 夫人之前有 16 年的运动服装设计经验，在她工作的公司倒闭之后，她抓住机会同丈夫一起进入这个领域。她的团队有两个人非常重要，一位是 Leonard Boxer，他有服装生产经验，曾在别的公司运作过海外生产，与海外供应商有密切联系。另一位是 Jerome Chazen，他拥有营销经验。这样，公司第一年实现收入 220 万美元，开始盈利。

第二，设计定位。1980 年，Claiborne 夫人描述自己的产品为"经典，足够穿多年"，在价格上不折中，但是也不离经叛道。在她的第一个系列中，没有一件超过 100 美元。尽管这些衣服不适合那种正式的"精英"（dress for success）模式，但是也不至于不能够在办公室里穿。消费者逐渐意识到 LC 的价格非常具有竞争力。

Claiborne 夫人有两个目的：提供超值商品，让购物变得轻松。这通过一种"按色卡配对"来实现。她设计了全系列的服装，包括裤子、衬衣、裙子、套头衫，这些衣服间颜色与号码都统一，可以互相混合搭配。每个颜色又被赋予不同的色彩故事。这样顾客既可以一次买整套，也可以分开购买，更可以用旧衫搭配新裤子，因为颜色和尺寸都是标准的。

第三，展示设计。与百货商店传统上分类摆放货架不同，LC 采用事件场景集中展示的方式，并最终说服百货商店进行尝试。为了帮助零售商展示产品，LC 会向零售商分发展示表格来指导商品摆放。给不同组衣服命名，将衣服名字粘到衣钩上，可以让顾客快速归类。此外，LC还有20多人的摆放专家，在全国巡回检查，帮助货品正确摆放。有150名零售专家驻店工作，并受到LC的严格培训，帮助实施商品摆放、销售指导、传递顾客反馈等。

为了进一步控制商品展示，LC还努力建立自己的专属区域。1987年，LC在波士顿开了第一家店中店。在7200平方尺的利兹世界（Liz World）中，展示了LC全系列的服装。在接下来的几年里，LC开了超过200家店中店形式的概念店。而这些开店的成本基本上都转嫁给了百货商场。

第四，销售流程。LC觉得自己的商品只有整体展示销售时才有优势，因此她们拒绝那些不愿意这么做的百货商店。这样，LC的百货商场客户就必须同时买很多上衣及其配套的下装，不允许挑挑拣拣。

LC从来没有自己的路演销售队伍，这也使它成为全美时装公司中的一个另类。这样，零售商如果希望看看LC新款服装，不得不亲自到她们在纽约的展示中心。这种集中销售地点也使LC与零售商在较高层级上建立了关系。这样，尽管是零售店的采购员下订单，但是每个商店的总裁会一年多次拜访LC，并与其管理层交流。

除了要求零售商全系列采购以外，她们还采用严格的不可取消政策：如果春装在商店的销售不太好，零售商不能砍掉之前预约的夏季订单。另外，在生产的一端，她们往往按照少于订单5%的数量来生产。这样做有两个好处：第一，保证了75%的原价卖空率，而同行业其他竞争对手只能达到50%；第二，在自己的客户中制造了紧张情绪。

第五，顾客联系和营销。LC的咨询顾问和零售专家每天同顾客交流，举办利兹（Liz）周等店内活动，搜集顾客反馈。总体上说，LC每个月都会在全国召开100场左右店内顾客联谊活动。此外，LC建立了自己的零售更新反馈系统（Systematic Updated Retail Feedback，SURF）系统可以提供全国16家展示商店的销售详情。LC有很高的名字识别度和广泛的产品覆盖率。但是招聘政策仅限于新进员工。

第六，生产和分销选择。LC采用合同外包形式来组织生产，是当时最大的委外加工服装企业，主要在中国台湾、中国香港和韩国生产。到1994年，有超过80%的产品依赖于国外生产。它与38个国家的超过500个供应商订立合同，这些供应商大多来自中国内地、韩国、斯里兰卡、中国香港和印度尼西亚。前十大供应商的供应量占其总采购量的24%，每个不到5%。

刚开始时，LC只对接包方提供支持，并不参与生产。直到1992年，LC在佐治亚州开了自己的第一家工厂。这种本地化生产的优势在于大大缩短了单纯外包商通常的交货周期（往常亚洲供货商需要 60 天，调整后基本在 20~25 天）。

LC 向零售商的供货频率也与竞争对手不同。首先，别的服装厂按照四季来供货，而 LC 又增加了两个季节点：早春与早秋。这样，它向零售商供货 6 个小批次衣服而不是 4 个大批次衣服，这就为零售商节约了采购成本，也能够让自己的工厂运作更加有效率。其次，它供货的时间比别的竞争对手晚，目的是使衣物到商店的时间恰好赶上穿。比如，别的厂家 7 月份供货秋装，LC 基本每两个月为新季节供货一次，它的秋装基本在 8 月底 9 月初才供货。

通过以上可以看出，LC 采取了一系列措施来保证它的女性职业装提供者的定位得以实施。若想实现 LC 的混搭设计定位，需要自己提供全系列的产品。因此，它推动进行整体展示而不是经典款展示。整体展示与混搭设计是相互补充的。为实现整体展示，LC 建设了概念点克莱板（Claiboards）、零售联合会，设立销售顾问、利兹周的百货店展示等等。当然，还需要百货商店整系列的采购。为此，它制定了严苛的客户政策，只销售完整的产品系统。这样，终端顾客在百货商场里总是能看到完整的系列产品，进一步强化了顾客对品牌的信任和价值认知。能够整系列采购的大客户不多，所以 LC 集中主要精力做好大客户影响，全力培养双方之间的信任，因此，它只在纽约展示销售，百货商场的高管会定期拜访采购，强化双方之间的信任。那些不愿意去拜访的顾客往往都是小顾客，自然被 LC 淘汰出局。最后，LC 的 6 季节供货方法也有助于削弱强制零售商整系列采购、不准取消订单等政策的刚性，毕竟每一个季节相对来说产品数少一些。不可取消政策又强迫零售商做好长期规划，这有利于 LC 公司的供应商安排好生产，因为供货商的生产周期比较长。这种长周期供货系统对零售商的一个反补是，零售商可以享受到成本优势。LC 始终保持不足开工，生产量低于采购量，这样能够提高卖空率。

可以看出，LC 的各项决策之间也存在着权衡，产生了一些弊端。它们把生产主要分配到远东，在设计、分销和信息技术上投入较少。可能产生以下问题：前置时间太长；零售商不能重复订货；没有货可以订。

但是上述弊端都被环境给综合掉了，因此，这些政策的外部适合性没有受到影响。第一，重新订货并不太重要，因为 LC 的客户主要是追求时尚的客户，重复购买的可能性不大；第二，在 20 世纪 80 年代，LC 的主要零售渠道——百货商店自身经营不错，不太关注减少商品目录的问题；第三，当时的信息和设计系统刚刚起步，有无这个影响不大。这样，在当时的环境下，LC 的活动系统是具有竞争力的，一定程度不可替代和模仿，因为全盘复制的难度非常高。所以在 20 世纪 80 年代，LC 的业绩飙升。但是到了 20 世纪 80 年代末和 20 世纪 90 年代初，技术进步、顾客需求以及百货商店自身的经营问题开始出现,降低了 LC 系统的外部适应度。

二、第二阶段的衰落:与环境需要渐行渐远

(一)顾客需求和产品组合的变化

20 世纪 90 年代初,工作场所的"休闲风"兴起,LC 最初忽视了这一潮流。越来越多的公司允许员工休闲打扮来上班,但是职业女性很难在 LC 找到有吸引力的休闲装。LC 最终还是响应了顾客的这一需求。另外,1992 年 5 月,LC 以 3100 万美元收购了 Russ Togs 公司,这家生产中等价位的妇女运动衫,经营有 Russ Togs 和 The Villager 两个牌子。这个收购旨在将 LC 带到全国和区域型连锁百货商店。但是结果并不尽如人意。外部环境对重新订货的便利度要求越来越高,但是 LC 显然还没有调整过来。

(二)零售渠道的改变

LC 传统上的主要零售渠道——百货商店在 20 世纪 80 年代末和 90 年代初开始遇到经营困难。一些敌对的接收和杠杆收购挤压了许多卖货零售商店的流动性,往往濒临破产。最典型的例子是联邦百货商店,在 1990 年 1 月申请破产保护,1 年以后 R.H.Macy 宣布破产,1991 年 2 月 Carter Hawley Hale 申请破产保护。因此,百货商店开始千方百计节省现金。第一,商场砍掉了向厂家提供的零售支持。在展示和店面存储上花费的精力大幅减少。LC 已经习惯了让零售商来补贴概念店和展示支持,碰到这样的变故一时难以应付。由于这一点对 LC 销售至关重要,零售商的这一举动对 LC 影响特别大。第二,零售商向 LC 要求价格折扣,但是被 LC 傲慢地拒绝。已经取得的成功使 LC 变得傲慢,它的 CEO 甚至宣称自己是服装业的 IBM。公司内部的自满情绪使公司员工几乎对外部环境不敏感。尽管一波波的业绩下降消息传来,但是通常都被归为外部原因,而不是内部的问题,这是公司内部对待业绩下降的普遍态度。事实上,由于 LC 服装销售量下降以及持续下跌的边际利润,对零售商来说,已经越来越没有吸引力,最终甚至连销售货架都少了。第三,为了降低流动性问题,零售商进一步要求制造商削减采购目录,主要进便于销售的物品。

(三)除了来自零售商的要求,LC 面临着强劲的竞争对手

信息技术、设计、生产技术以及广泛的行业标准的确定,使小规模订货生产已经有了可能。一些在国内生产的服装企业,市场响应率非常高。与此同时,LC 那些内部高度适合的活动组合就显得与外部环境格格不入了。

(四)试行"快速响应系统"

1991 年,由于重新订购需求日益增加,LC 开始在其休闲事业部试行这一项目。公司管理层将之描述为"玩不完整的游戏":LC 只是改变了它整个活动系统的一个元素,其结果是导致整体的绩效进一步下降。LC 承诺利用这个快速响应系统提交电子订单,可以在 2 周内完成交付。但是在生产端,没有进行任何改变。企业有一个存储仓库,仍然是按照订单进入顺序来销售。由于仓储成本从来没有被 LC 算入盈利能力衡量指标,仓储的无效率一直都处在隐藏状态。同时,由于 LC 已经有 30000 万~50000 万美元的利润节余作为流动性资金缓冲,所以他们从来没有感觉到流动性问题。在这种情况下,松弛资源恰恰为企业挖了一个甜蜜陷阱。此外,LC 的前置时间是 9 个月,而同业是 6 个月。

三、第三阶段 LC 复兴

到 1994 年,LC 的销售收入和净收入直线下跌了 35%,公司新雇用了 CEO Paul Charron,他曾经在宝洁、通用食品工作,之前在 VF 做执行副总裁。入职之初,Charron 就确定了变革的三条途径:①将展示和设计复活并现代化;②产品组合转换;③公司生产和分销的广泛重组。

(一)展示设计的复活

1995 年,Charron 创建了新的店内营销部门利兹精锐(Liz Edge)。公司雇用了 125 个销售助理,每人负责 4 个地方的店内运动服展示。同时,LC 开始在全国的百货商店安装店内设施(Liz View)。1997 年 4 月,200 个 Liz View 商店已经完成,到 1997 年底又装了 400 个。在此刺激下,销售收入平均上升了 19%。除此之外,LC 开始进行培训(Liz & Learn),提供销售支持和激励。另外,Charron 的调查发现,当前顾客的行为已经发生了改变。顾客挑选外衣的自信已经显著提高。另外,职业妇女、足球妈妈等在一天中扮演很多角色,但是却没有太多时间换衣服。这样,多用途的衣服和易脱穿的衣服更重要。

（二）产品组合的改变

调整产品组合的具体定位，Russ 针对折扣客户（在沃尔玛之类的商店销售），The Villager 作为一个新品牌，瞄准中等阶层；Emma Jame 瞄准上层中产阶层。

为了提高总体的品牌认知，公司进行全国范围内的广告宣传，另外还在第五大道 650 号开了 19000 平方尺的旗舰店。

（三）生产和分销渠道的变革

1995 年，Liz First 项目被发起，目的在于提升效率，消除 40% 的存储冗余，削减 25% 周转时间，年均减少销售、一般管理费用 10000 万美元。两个途径实现上述目标：第一，削减了一般供应商，并开始在西半球生产；第二，回归 4 季的生产—设计大循环。

到 1997 年，Liz First 的优势开始显现：产品目录冗余砍掉 47%，零售管理超过 1200 家商店，运营费用削减了 8200 万美元，某些特定流程的周期缩短了 40%。

可以看出，LC 的最初成功—低谷—再次复兴的经营中，每一次起落都与环境变化密不可分，可谓"成也萧何，败也萧何"，但是核心未变：顺应环境，走向成功；忽略环境，举步维艰。在 LC 的经营起伏中，环境的响应与自我更新依赖于高管。高层管理者的更换成为企业更新的契机，并最终赢得复活战。

综上所述，对企业产生影响的环境可以分为两个层次，对企业战略更新行为直接作用的环境权力包括技术进步、竞争压力、需求变化和政治因素等；在母子结构的跨国公司中，这些环境还包括地理距离、文化距离等多种特有环境因素。为此，按照组织对环境信息解读能力的大小，组织内部往往有间接浏览、条件浏览、行动和搜寻等多种环境扫描机制，以保证与外部环境的一致性。企业实践的成功与失败案例再次印证了关于环境作用力的研究。

第四章 企业战略更新过程中的高管角色

企业行为是企业高管的认知与可观察到的特征的体现（Hambrick & Mason，1984；Hambrick，2007），战略更新过程更离不开高管的参与、协调与决策选择。战略更新过程本身是一个受制于管理行为与环境压力的动态过程（Child，1972，1997；Hrebiniak & Joyce，1985；Miles & Snow，1978）。本章将从三个方面探讨战略更新中的高管角色。

第一节 高管及高管团队在机会识别中的角色

一、高管在战略更新机会识别中面临的挑战

高层管理者在战略更新机会识别中的角色主要是进行战略控制，解决员工和组织进行创新过程中面临的战略挑战。这些挑战可能包括：

（一）信息过载与注意力缺乏的矛盾

互联网技术普及以来，社会已经进入信息超载的时代，组织中员工，从基层员工到高管 CEO，每天需要面对的不再是信息匮乏和不足，而是有过多的信息。整日被台式电脑、笔记本电脑、平板电脑和智能手机上许许多多的信息和通知轮番轰炸，想集中注意力却力不从心。要是犯了拖延症，随手点几下就能浪费大把时间。由商务专业人士、科研人员和咨询顾问组成的非营利组织"信息过载研究小组"（Information Overload Research Group）发布报告称，美国的知识工作者浪费了 25% 的时间，用于处理自己庞大且持续增长的信息流，由此造成的年均经济损失高达

9970亿美元。

在《专注造就卓越领导》一文中，戈尔曼认为，领导者的主要职责是将直接注意力放到真正重要的事务上，保持专注是他们的第一要务。根据精神学的研究成果，戈尔曼发现"专注"不仅仅是过滤分散注意力的东西，更是培养对重要事务的洞察意识。管理者要培养三种专注力：对自我的专注，对他人的专注以及对更广阔外部世界的专注。前两种帮助人们培育情商，最后一种专注则帮助人们制定战略、进行创新和管理。

（二）机会主义与惯性思考

惯性思考往往依赖于组织业已建立的文化、制度与惯例，诚如我们常常从新闻媒体那里听到的组织"体制压力"。组织经历了从小到大的成长壮大，为了获得外部的认可与可信赖度，需要不断完善内部的制度和规定，保证产品与服务质量的稳定性、可责性与可靠性。符合制度要求的行为和做法会得到表扬与奖励，被保留下来，相反的行为则逐渐被限制甚至禁止。尤其是在曾经取得了辉煌业绩的企业，过去的成功及因之产生的经验会在不自觉中成为企业实现下一次成功的枷锁，锁住企业继续进行创新性探索的脚步。这可能表现在从上至下的员工的头脑和行动中。即使偶尔有新进员工或者空降CEO企图改变员工的惯性行为，也未必能够在短期内实现，因为这就如同将已经休克的植物人唤醒一样困难。扁鹊见蔡桓公的故事就告诉我们，在医生看来，防微杜渐或许是治疗惯性思考的最好方法。因此，改变惯性思考，保持组织创新活力，成为当前环境下每位CEO必须面临的挑战。惯性的形成过程也提醒高管们，刺激创新活力的行为措施本身也会因为长期的使用或者某种机制的固定建立与执行而产生惰性，效力下降，保持多样化刺激、适时激励、防微杜渐的活力则是挑战中的挑战。

组织的创新越来越需要内部知识社区的推动。知识社区是致力于推动知识分享、创新和系统变革的社区型存在，这个存在帮助组织建立发起和保持持续学习社区的能力。根据知识理论观点，组织中员工之间以及组织与环境之间的互动创造并获取到知识和洞见，这些互动的形式可能包括对话、评价、群体研讨，当然也包括演示和共同开展研究项目。实现如此社区的建立和运转需要保证信息的公开、完全的流动，需要松弛资源的留存，需要组织内部信任机制的建立，这样，组织中的知识社区才有可能运转起来：在合适的时候找到合适的信息，强化网络，刺激创新，与外部变化中的环境保持同步。但是，事实上，完全满足上述条件并不容易。其中，信息私藏与公开的冲突就非常明显，而信息的不对称往往成为机会主义的"温床"。如果社区及外部环境缺少信任机制，缺少相关的违约惩罚约束，机会主义就会越演越盛，知识社区最后徒有其名，而无法真正发挥企业内部"创新发生器"的作用。约束员工的机会主义行为需要高管的率先垂范与持久坚持，不能只是面子工程。如果 CEO 及高管团队更迭频繁，规范与制度缺少连续性，也将威胁内部知识社区的持久作用。

（三）支持不够与失败困扰

根据 CB Insight 对 101 家创新创业公司的调查发现，42%的失败因为没有弄明白客户需求，29%因为资金后续供应不上，23%因为没有组建能战斗、能战胜的团队，19%是因为创意产品缺少市场竞争力。可以看出，对于创新创业的成功来说，支持的人员以及合适的团队成员及其智慧至关重要。如果放到公司内创业中，这些资源及人员的支持都来自公司内部，比如大量松弛资源的存在，允许灵活工时，等等，而这些都需要公司高层的直接关注及设立规定。比如，在谷歌创始人埃里克·施密特撰写的《重新定义公司——谷歌是怎么运营的》一书中，他提到，为了支持员工主动开展创新活动，公司允许工程师拿出 20%的时间来研究自己喜欢的项目。无论你想把这 20%的时间用在何处，只要不妨碍你的正常工作，那就没有人能阻止你忙自己的事。公司会提醒那些想要用 20%时间做项目的人先造出产品原型，因为原型可以调动众人的兴趣。想到好点子没有什么难度，而吸引几位同事参与你的项目、让他们把自己 20%的时间投入你的 20%中就困难多了。研究团队设立了一种名叫"演示日"的方案。概念其实非常简单：一支团队用一周的时间为新的构想建立原型，并且在周末之前向大家做原型展示。新的一周开始之前，工程师们必须将日程上的会议和发布活动全部搞定，无一例外。这不仅为"演示日"提供了条件，还能形成一股让每个人都全心投入的推力。一周伊始，大家便行动起来了。20%时间制最为宝贵的地方不在于由此诞生的新产品或新功能，而在于人们在做新的尝试时所学到的东西。绝大多数的 20%时间项目都需要人们运用或磨炼日常工作之外的技能，也常需要他们与在工作上不常打交道的同事相互协作。运用这样的实践，谷歌也因此诞生了很多有创意的产品，比如语音服务（Google Now）、谷歌新闻（Google News）、谷歌地图（Google Map）上的交通信息等，全都是 20%时间的产物。不过，施密特本人也强调，这个 20%实际上应该是 120%，因为这部分时间通常是在晚上或者周末，当然能够利用到员工的这些时间，也得益于谷歌非常丰厚与周到的员工福利保障。

（四）如何看待创新创业的失败，如何对待失败的员工，是每位高管面临的挑战，他们的态度直接决定了员工的冒险程度

Tomas Chamorro-Premuzic（2013）[①] 曾在《哈佛商业评论》上提出管好具有创新精神员工的 7 个规则，其中第一条就是容许他们失败。他有一个很好的比喻是，要像父母宠爱喜欢捣蛋，把事情搞得一团糟的孩子一样宠爱这样的员工，给予他们无条件的支持和鼓励，让他们放手做，允许他们失败。原因非常简单，创新来自不确定性冒险和实验，事前谁也不知道会怎么样（如果已经完全知道了，那就不叫创新了）。这些创新型的员工就是天生的实验员，所以，管理者给予他们的就是让他们放手试、放手做。当然，这个过程肯定是要企业和管理层承担成本的，毕竟失败的概率非常高，但是再高，也比缺乏创新的成本低。困难的是，如何在允许失败与鼓励成功之间保持适度的平衡，如何在承担试验成本与业绩之间保持平衡，这需要机制的建立与高管注意力的投入。

二、高管个性对企业战略更新机会的识别影响

一定程度上说，企业行为是高管个体性格特征的体现，战略更新行为也不例外。作为主要的认知和注意力规划者，CEO 肩负着为企业设定战略方向和规划，并引导其最终实现的主要职责（Calori，Johnson & Sarnin，1994；Gioia & Chittipeddi，1991）。这主要是因为 CEO 对企业行为具有主导性影响（Finkelstein & Hambrick，1996）。他们的个性特征对战略行为产生主要影响（Peterson et al.，2003）。正如 Hambrick、Finkelstein 和 Mooney（2005）所提到的那样，"事实上，在组织科学领域，我们无法想起比高管个体特性更加丰沃的领域……执行官是有限的、有缺陷的人，但是他们的工作肩负着重大利益"。CEO 的个体特性，比如控制点（Miller & Toulouse，1986），自恋（Chatterjee & Hambrick，2007），核心自我评价（core self-evaluation）（Resick et al.，2009；Simsek，Heavey & Veiga，2010）已经被证明，会影响战略行为和结果。

CEO 的核心自我评价得分越高，对企业创业导向有更强的积极影响。在动荡环境中，这样的积极连接比较明显，反之在稳定环境中就不太明显。这一研究来自 Simsek 等（2010）对 129 家公司的 CEO 及其 TMT 的观察。与此同时，高管对

[①] Tomas Chamorro-Premuzic. Seven Rules for Managing Creative-But-Difficult People [J]. Havard Business Review, 2013, April 2. 2017. 5. 2. download from: https: //hbr.org/2013/04/seven-rules-for-managing-creat.

于不连续的新技术的投入和关注还受到"吃瓜群众"投入的影响和外部环境的影响。Gerstner 等（2013）针对生物医药企业在 1980~2008 年采用不连续技术的调查显示，这些企业的 CEO 如果比较自恋，那么他们对于采用不连续的技术方面就会表现得比较野心勃勃。但是这一关系会受到外部观众投入程度的影响，也就是外部的利益相关者对这一现象点赞与否、推动与否。如果外部观众对这一行为表现出的投入程度比较高，CEO 预期自己的积极进取会获得广泛的尊重，因而就会采用坚决的行动，积极投资新技术；反之，CEO 的热情就会受到影响。总结起来，能够驱动企业进行战略更新的高管特征因素包括感知的环境动态性、高管团队异质性、高管注意力、中高管构成的多样性、高管经验与愿景等（Hayden, 2012）。

高管特征有时候表现出多样的形式，比如 Govindarajan（2016）将之称为"计划性机会主义"。计划性机会主义中的"机会主义"会先让人们认识到未来的不可预测性（受非线性变化和偶发事件左右），而"计划性"则是领导应对未来变数的方式。计划性机会主义要求领导者对微弱信号——新趋势的早期迹象体察入微，从中推断出人口学、技术、顾客口味和需求，经济、环境、监管和政治力量方面的重大改变。关注微弱信号，就会得到全新视角和非线性思维，有助于组织想象未来多种可能并做出相应计划。计划性机会主义是一套系统性流程，既能发现即将发生的改变及改变可能带来的机会，也可以展开实验，提炼并拓展非线性商业想法。它能为企业完成三大重要事项：①为新想法创造循环系统；②培养甄选并落实新想法的能力；③建立支持持续改革的适应性文化。它还让组织能主动出击，而非被动应对。

三、高管的战略更新机会识别机制

基于上述分析，本研究在文献分析的基础上，总结几种高管的战略更新机会识别机制，这些机制已经得到了一些学者的实证验证。

（一）建立机会识别中的控制机制

管理者影响战略选择的能力在创新开始阶段是最大的。因此，管理者需要在动意阶段就要积极投入大量的时间来管理或者确认选择，以减少重复设计的成本耗费。解决这种问题的方法是建立合适的控制机制。管理控制系统就是管理者用来保持或改变组织行为正式的、获取信息的惯例和程序（Simons, 1987a）。无论是演化性变革还是革命性变革，控制系统都被用作重要的管理杠杆。在战略变革中，高管常用控制系统来确定组织信仰，设立可接受战略行为边界，界定衡量关键业绩指标，推动讨论战略不确定性。另外，高管还用它们来克服组织惯性；沟通新战略计划；建立执行目标和时间表；确保对新战略动议的持续关注，激发组织的创新活力。西蒙斯（1995/2004）因此，管理控制系统也被看作创新与意图目标之间多种要求的职能系统（Poskela & Martinsuo, 2009）。Poskela 和 Martinsuo（2009）利用芬兰133家企业的问卷调查数据发现，投入控制、内在任务动机对实现战略更新的重要性，其他控制机制则表现出比较复杂的影响。流程正式化和基于结果的奖励对长期的前端创新持中立角色。另外，技术不确定性是流程和结果控制与战略更新之间关系的重要调节变量。

按照与战略的关系、高管使用情况，管理控制系统可以被分为四种类型，即信念系统、边界系统、诊断控制系统、交互式控制系统。①交互式：利用该系统鼓励和指导探寻新的机会；②边界系统：利用该系统为探寻机会的行为确立界限；③诊断控制系统：利用该系统推动、监控和奖励某一特定目标所取得的绩效；④交互式控制系统：利用该系统激发组织不断进取并促进新创意、新战略的诞生。

这四种控制系统与企业商业战略紧密联系，其中，诊断控制系统处理例行化常规问题，节省管理者注意力；边界系统则提醒创新探索可能面临的各种风险，为行为设立停止键；而信念系统和交互式控制系统则释放创新探索活力，推动管理者，尤其是高层管理者将注意力关注在对企业至关重要的战略不确定要素上。如果从中国阴阳的角度来说，前二者一定程度上是阴，对行为进行约束管理；后二者是阳，对行为进行鼓励和支持。控制系统使用的过程实际上是战略制定并不断被修订以更好适应环境的过程。尤其是交互式管理控制系统，类似于心理学上的有意识探索过程，是组织的主动学习、主动制定战略的过程，也是企业能够发现战略、适应外部环境重大变革的过程。正如战略不确定对每个企业都是独特的一样，每个企业需要根据自己的企业特征、环境竞争特点选择适合的交互式控制系统。比如，如果企业竞争依赖某些特定的技术，注意寻找和利用新技术的应用方法，交互式项目管理系统可能最有效。反之，如果对技术的依赖度低或者产品品种多，客户不会钟情于任意一个品种，这时，高层管理人员必须重点寻找满足顾客需求的独特办法，如推出新产品或者采用新的办法推销现有产品，那么交互式品牌收入系统或者交互式利润计划系统都可以起到作用。而在政府负责调节的行业里，如公用事业设施和作为研究基地的制药公司，管理人员必须特别注意公众的情绪、政治方面的压力和即将出台的法规和管理规定，那么交互式情报系统很重要。价值链复杂的企业适合用交互式利润系统，反之交互式品牌收入预算系统则更合适。

此外，管理人员（或组织）使用控制系统的时机和意图不相同，需要具体问题具体分析。从组织生命周期上来看，在企业起步阶段，规模小，基本不需要控制系统。随着企业不断成长、成熟，就需要逐步建立诊断控制系统、行为边界系统、信念系统、战略边界系统和交互式控制系统。根据 Simons（1995）对 10 家新任高管的追踪研究发现，临危受命型的管理者倾向于在上任之初不久就会建立新的行为边界系统、信念系统，并结合诊断控制系统加以反馈监督执行；高位继承型的管理者则会在上任之初利用诊断控制系统不断酝酿营造需要更新的氛围，改变激励措施，为变革造势。进入任期的第二年后，两种类型的管理者都会开始大量采用交互式利用控制系统，确定事情的优先顺序。

能够实现战略更新的交互式控制系统具有五个特征。①一个控制系统要能够被交互式地使用，该系统必须能够依据当前的最新信息对未来情况进行预测。交互式控制系统关注的是变化。②一个控制系统要能被交互式地使用，该系统所包含的信息简单易懂。③一个控制系统要能被交互式地使用，该系统必须不仅可以被高层管理人员使用，而且可以被组织各级管理人员使用。④一个控制系统要能被交互式地使用，该系统必须能促发重新修改行动计划。⑤一个控制系统要能被交互式地使用，该系统必须能收集和产生与战略不确定因素带来的影响相关的信息，这种战略不确定因素是由组织采用的战略所决定的。

（二）建立推动双元兼容性的结构

双元性（ambidexterity）借用自人体特征，指人具有两手都可用，两手同样灵活的特征，用到组织中，双元性要求企业同时做好许多完全不同的双重任务，比如效率和弹性，适应性和一致性，整合和回应，探索和利用。双元性最早出现在 1976 年邓肯的书中，他强调利用"双元性结构"来分开管理对时间和管理能力要求不同的活动，这一观点直到 1996 年被 Tushman 和 O'Reilley 在《加州管理评论》的一篇文章中再次被提起时，才陆续得到更多的关注，但是这些研究主要都是"结构双元性"。后来，Birkinshaw 和 Gibson（2004）在 AMJ 的文章中对在同一组织背景下如何实现适应性和一致性，强调调整环境背景来平衡这两种不同能力活动之间的紧张，也即"背景双元性"。作为一种组织能力，需要特别关注管理者的能力。因为管理者尤其是高层管理者实际上是需要在相互具有竞争性的目标之间进行决策，March（1991）认为，这样十分困难，但不是绝对不可能。比如说，管理者可以一段时间积极推动一个目标实现，然后再推动另一个，也可以找到一个创造性的方法，同时推进两个不同目标①。这些活动很大程度上是由 TMT 的"内部流程"所驱动的，让他们处理大量的信息和决策选择，解决冲突和模糊性（Tushman & O'Reilly，1997）。对于多业务单位实现双元性十分困难，在中小企业中更是如此。尽管很多研究提出中小企业具有创新活力，快速适应环境的弹性，但事实上，这也意味着中小企业是非常脆弱的企业，他们的平均存活率不超过 3 年。在当前互联网背景下，即使用大量风险资金支持，某些中小企业的持续时间也不会超过一年。Lubatkin、Simsek、Ling 和 Veiga（2006）② 利用 139 家中小企业的数据发现，在推动中小企业保持双元性（利用和探索）的过程中，CEO 及其 TMT 的作用非常重要，他们能够帮助协调二者在本质上完全不同的行为要求。研究发现，成功协调了这两种行为矛盾的 CEO，也能够因此而提升所在企业的业绩表现。

具有双元性特征的结构安排如下。①任务分割（task partitioning）。如一个工作群采用"有机"结构，而其他群采用"机械"结构（Adler, Goldoftas & Levine, 1999；Hedlund & Ridderstrale, 1997；McDonough & Leifer, 1983）。②时间分离（temporal separation），在这个系统中，整个业务单位今天关注于这组任务，明天关注不同的任务（Adler, Goldoftas & Levine, 1999；Hedlund & Ridderstrale, 1997；McDonough & Leifer, 1983）。

这两种系统都可以实现在单一业务单位中关注竞争性目标（忽略掉因此而产生的协调成本），但是对一线管理者提出更高要求，需要由他们来决定划分工作群及调整时间。

（三）建立推动双元兼容的流程系统

背景双元性（contextual ambidexterity）是组织的一种行为能力，它同时推动整个组织单位的一致性和适应性能力。一致性是指组织单位内所有活动模式的连贯性，这保证这些活动共同朝向同一目标。适应性能力指的是企业重构自己的行为来快速满足任务环境变革需求的能力。究其本质来看，这种适应性能力具有负责性、因果模糊性、高度分散以及时间耗费大等特点。背景双元性的建立可以实现鼓励员工个人自己来判断如何更好地在相互冲突的需求之间分配时间，以同时

---

① Birkinshaw, J., Gupta, K. Clarifying the Distinctive Contribution of Ambidexterity to the Field of Organization Studies [J]. The Academy of Management Perspectives, 2013, 27 (4): 287-298.

② Lubatkin, M. H., Simsek, Z., Ling, Y., et al. Ambidexterity and Performance in Smallto Medium-sized Firms: The Pivotal Role of Top Management Team Behavioral Integration [J]. Journal of Management, 2006, 32 (5): 646-672.

实现一致性与适应性。这是一个多元性框架，在这个框架下，适应性与一致性，利用与探索都是独立，但是又相互关联，是不可替代的要素。一旦建立了背景双元性，组织中的每个个体都可以在其各自专业领域内向现有顾客传递价值，与此同时，每个个体还都会寻找变革机会，并采取行动。

根据 Ghoshal 和 Bartlett（1994）的观点，能够提供双元性支持的组织背景应该具备四个行为框架特征：纪律、弹性、支持和信任。这 4 方面特征被业务单位中管理者的微观和宏观行为所塑造和强化。

纪律指引员工自愿、努力去满足所有来自他们或明显或潜在承诺的角色预期。建立清晰的业绩与行为标准，开放、坦诚和迅速反馈的系统，处罚批准应用的一贯性等，都会有助于纪律的建立。

弹性引导员工自愿追求更多雄心勃勃的目标。建立共享远景，培养共同身份认同，组织目标设定的充分参与，都会有助于建立组织的弹性。

"支持"引导员工去帮助和赞赏他人。那些允许行动者获取可用的资源，开发动意的自由以及高级职能部门更多提供帮助和引导，而不是发布命令，都会有助于支持氛围的创建。

"信任"引导员工相互依赖承诺。决策过程中的公平与平等，攸关员工个人事项的活动和决策的参与，职能员工素养都对信任氛围的形成具有重要影响。

组织背景的上述 4 个特征是相互依赖的。组织需要培养员工的纪律和弹性来鼓励员工追求野心勃勃的目标，同时也需要支持和信任来确保行为发生在合作型的环境中。换句话说，组织背景可以被操作化为"连续的自我更新的阴阳"（Ghoshal & Bartlett, 1997）在一组硬要素（纪律和弹性）和一组软要素（支持和信任）之间的平衡。过于偏重硬要素会导致员工之间的筋疲力尽和不切实际的幻想，但是过于偏重软要素则会在组织内部形成"农村俱乐部"氛围，没有办法来进行工作了。

（四）建立支持战略更新的强大同盟

仅有最高层领导的积极支持并不够，成功的战略更新需要持续扩大的领导阵营。有研究表明，如果这股力量未能在变革初期发展到一定规模，变革就不可能取得重大成果。无论组织规模大小，即使是成功的变革领导团队，第一年可能也只有三五个人。但在大公司里，这个阵营必须扩大至 20~50 人，否则就无法在随后的阶段取得重大进展。同盟的核心通常是由高管组成的，但有时也会包括公司董事或某一关键客户的代表。这个同盟不可能包括公司所有高管，因为总有一些人至少在起初时不相信变革。

这是战略管理学者比较关注的"企业 CEO 如何推动战略决策"问题。Friedman、Carmeli 和 Tishler（2016）认为，转型领导力推动了决策过程中 TMT 成员之间的行为整合和广泛性，进而提升了组织适应环境的能力。他们针对中小企业 CEO 的调查支持了这个结论。Tripsas（2009）强调，新 CEO 对于闪存行业企业的产品市场和身份转换至关重要。Kor 和 Mesco（2013）认为，高级管理者的管理资本、社会资本以及认知三要素共同构成高管的动态管理能力（dynamic managerial capability），如果 CEO 与高管团队其他成员的动态管理能力一致，就有可能激发高管团队改变企业中的主导逻辑，进行演化性适应的组织更新。

在成功的转型案例中，董事长、总裁或分公司总经理以及其他若干人（可能是 5 个人、15 个人，也可能是 50 个人）会形成一个同盟，立志为追求卓越的业绩而共同推进改革。但是，在那些最成功的案例中，支持变革的阵营总是相当强大，无论是从个人的职位、名声、人脉，还是从所拥有的信息和技能上来说，情况都是如此。由于这一变革指导同盟包括高管层以外的成员，因此在运作中往往会脱离常规等级体系。正是因为目前的体系行不通，变革往往要突破正式的职权界限、一般预期和传统规程。

为了保证这个联盟不断扩大，对变革更加坚定，一个可行的方式是定期到公司外进行静思会。这种活动一般持续 2~3 天，每隔几个月举行一次，团队规模一般在 5~35 人。他们的主要活动是将这些管理者召集起来，帮助他们对公司的问题和机会进行统一认识，并建立起基本的信任和沟通。

在这一阶段，失败的公司往往是低估了发起变革的难度，因此也低估了建立强有力的指导同盟的重要性。有些公司的高管层缺乏团队合作经验，所以会低估这种同盟的重要性；有些企业希望，领导同盟团队的是来自人力资源、质量管理或者战略规划等支持性部门的主管，而不是一个关键业务部门的主管。但实际上，无论支持性部门的主管有多么能干与投入，如果缺乏强有力业务部门的领导者，这个同盟永远都不可能获得变革所需的实权。如果没有形成足够强大的指导同盟，变革行动虽然可能暂时取得明显进展，但反对力量迟早会集结起来，阻止变革。

（五）组建跨部门团队，实施计划的机会主义

根据 Govindarajan（2016）的研究，实施计划的机会主义有助于组织识别出早期的战略机会信号。这需要公司按照以下三步开展活动：

1. 提出对未来的假设

微弱信号只有激发出有助于填补当前市场缺口或建立全新市场的想法，才算

得上是重要的。要将想法转化为实际机会，必须解决几个不确定因素，并将这些不确定因素视为一种假设。为进一步完善这些假设，你可以组建一个跨部门团队，请该团队仔细思考一个简单的问题：哪些假设一定能将想法转化为巨额财富？

Govindarajan 研究的一个案例是印度马恒达集团（Mahindra Group）的战略更新过程。为了推动公司转型，马恒达集团旗下的汽车公司（Mahindra & Mahindra，以下简称 M&M）在 20 世纪 90 年代末提出一系列假设。他们之前一直为面向印度市场的西方汽车制造商组装车辆。然而，M&M 当时认为，启动设计和生产原车的新业务，特别是启动自己的 SUV 产品线的时机来了。提出这个假设的依据是，他们获得了一些关于市场变化的微弱信号，比如印度中产阶级的迅速增加。为了将信号转化为机会，M&M 还需要进一步研究客户偏好、潜在市场规模、定价合理的 SUV 对不断增加的中产阶级的吸引力，以及 M&M 自身实力，包括设计和生产 SUV，还有保证成本效益的能力和利用供应商优势压缩成本的能力。

微弱信号的含义一般是中性的，可以被理解为机会、风险或两者兼有。有的信号可能是真正的信息，有的可能仅仅就是无用信息。所以如果企业开始探究微弱信号，试图将之转化为创新的商业想法，再将想法总结成假设，之后再进行检验，微弱信号就会变得越来越有用。

2. 用低成本、低风险的实验检验假设

在 M&M，实验推出国产 SUV 的假设总体遵循"节俭式制造"（Frugal Engineering）战略，分两个阶段实施。

在第一阶段，提前两年推出初级低端早期产品波莱罗（Bolero），用以磨炼 M&M 的生产技术、设计技术、营销能力、市场潜力等。波莱罗车型比天蝎座车型小，价格较低。例如，M&M 曾外包设计和生产车身板件的业务，后来用波莱罗来检验这项业务的能力。"天蝎座是一次全面的创新"，天蝎座项目主管戈恩卡说，"这一旨在进入新市场的全新产品依赖于新的开发战略、激进的成本目标和新商业模式。我们用波莱罗做实验，投入了大概 500 万美元。在天蝎座上下更大赌注前，我们已经从波莱罗的实验中学到很多经验"。

相比 M&M 惯用的营销手法，波莱罗检验的新营销手段强调更微妙的概念和信息。如戈恩卡所讲，M&M 之前的营销比较"笼统"，更多关注性能和功用，而非风格和潮流。通过将营销关注点反转，与买家建立信任，波莱罗开辟了新领域。消费者对该车时尚设计和内饰的认可证实了一个假设：天蝎座对见多识广的印度中产阶级具有吸引力。天蝎座的团队还意识到，印度还没有 SUV 的市场，所以 SUV 这一名称没有意义。"所以我们就叫它'车'",戈恩卡说。

波莱罗实验是一次检验天蝎座能否通过改变与供应商的关系,提高降低成本能力的机会。M&M 缺少经验,因此有意愿向供应商学习,而非给它们发号施令。公司清楚地列出天蝎座的性能特点、预算目标,并与供应商建立设计合作伙伴关系。这在汽车行业中并非普遍做法,因此需要一段时间消化新理念。但 M&M 发现,很多供应商都因自身专长受到重视,并为汽车制造商给予自己更多设计自由而感到欣喜。

在第二阶段,正式推出天蝎座车型。天蝎座具备高质量、低成本的特点,价格可低至竞争对手汽车售价的 60%~70%。天蝎座的销量后来一直都领先于福特、雷诺(Renault)等制造商生产的汽车。

3. 投资"可控因素"

公司和 CEO 往往不知道如何精准判断未来,更不用说展开行动了。虽然他们承认无法准确预测未来,但总认为未来离自己很远,等时机到了再来处理就不对了——未来并不在远方。恰恰相反,它像不断更新的软件程序,每天都在变化,而你必须注意到并了解这些变化。只有天天都研究未来,你的企业才能在面临非线性机会或受到严重威胁时表现得韧性十足。计划性机会主义是掌控未来,主动应对未来不确定性的手段。它不依赖于一个适应改变的文化;久而久之,它创造一个这样的文化。

第二节 高管及高管团队在机会选择中的角色

在机会的识别阶段,中低层管理者与一线员工可能扮演了主要的角色。但是随着创新项目的发展,亟须更多优质的资源和人力的投入,难免与已有业务之间关系紧张。这是战略更新过程中不可避免的情况:探索与利用之间的矛盾,保持当前利益和抓住未来机会之间的矛盾。如何平衡取舍与融合,成为高管及其团队的选择难题。已经有学者在探讨影响高管选择的可能因素,比如 Eggers 和 Kaplan(2009)通过对一家通信技术企业的长期研究发现,管理者在某个专业领域形成的特有的认知能力会影响在位企业进入新技术领域的时机,对企业战略更新的程度与方向都有重要影响;Kwee、Van Den Bosch 和 Volberda(2010)通过对壳牌石油 1907~2004 年长期案例研究发现,高管的公司治理导向可以成为战略更新和组织双元性的重要前因,决定企业战略更新的轨道。因此,本部分主要探讨高管在机会选择中的参与方式（直接或者间接）、扮演角色。

一、高管直接还是间接参与机会选择

本研究认为，高管间接参与比直接参与的选择过程更能持久，这也得到了其他学者的支持。比如 Volberda、Baden-Fuller 和 van den Bosch（2001）提出的问题是大型的多业务企业处在破坏性变革环境中，该如何去协调今天的利润与适应明天的弹性之间的冲突？因为，今天的利润要求顺序、控制和稳定性，而为了明天的适应则要求在附加值系统的弹性和创造性。这就是 March（1991）提到的在组织学习中出现的利用和探索的矛盾。三位学者利用欧洲金融服务行业的数据，考察发生在企业内部及环境之间多个层次上存在的选择、适应和共演化现象，识别因应环境压力产生差异的 4 种不同的战略更新路径，即突现型、指导型、推动型和转变型。这些类型在管理意图的理论基础、变异性的来源、选择产生的地方、利用/探索平衡、知识设计等方面不同。市场选择压力推动了突现型更新历程，管理层意图推动了指导型更新历程，有意的多样性产生机制（deliberate variety generation）和内部选择机制促发了推动型更新历程，集体的 sense-making 推动了转化型的更新历程。从长期来看，突现型的更新历程放大了市场压力，在某种情况下可能仍然会被使用；转化型的更新历程要求上下齐动员，高管将自己看作克服市场选择，强迫快速适应和学习的角色，看起来很理想，事实上不能持久，结果路径似乎在萎缩；应对技术变革不连续性的能力比较差。基于复杂理论的推动型更新历程很可能非常有效，将来会是主要更新形式。因为这样允许小规模的试探，又不破坏现有的经验；高管间接地管控业务单位管理者，允许他们与当地自组织形成一致的模式。在指导型战略更新中，高管塑造更新模式不同，在这种类型中，高管主要是塑造更新背景，加速共演化的过程。三位学者既没有否定更新中存在的选择和适应，也没有完全接受，而是试图说明，更新的历程将会非常复杂，无法区分出阶段性，当然也就无法看到从一个阶段向下一个阶段的转变，有的是多种因素的"共同演化"。

本研究认为，高管通过注意力分配来实现在战略更新学习中的机会选择，环境及其压力决定高管注意力的结构。企业行为可以被看作企业传播及分配决策者注意力方式的结果。决策者做什么，取决于他们关注的问题及其答案。而后者又进一步依赖于特定的环境，依赖于企业的规则、资源和关系如何分配各种各样的问题、答案和决策者到特定的沟通和流程中。首先，在个体层面，管理层对关注的问题和答案具有选择性，这同时也意味着管理层做什么依赖于他们关注什么。

在个体认知层面，管理者会将能量、努力和思想投入到能够进入其意识中的有限要素上。被关注的问题和活动就会得到推动，反之则会受阻。惯例和熟悉度会改善管理者个体的关注聚焦。其次，管理者的注意力关注什么还受到他们所处的特定环境的影响，因此，称为情境化的注意力。也就是说，管理者尤其是高层管理者所处的外部环境，会直接地塑造他们的个人行为。这意味着，决策者之间的注意力差异来自各自所面临的环境的差异，而他们之间注意力与行为的一致性则同样来自环境要素的一致性，而不是个人特征。比如有学者进行的实验表明，个人是否会在公园乱扔东西取决于那个环境中的垃圾数量的多少，其他人是不是扔以及公共的标识明显程度。同样地，在一个充满了创新压力，竞争对手不断推陈出新的环境中，高层管理者希望不关注创新学习都不太可能；相反，在一个缺少创新活力、行业稳定、竞争者更多关注非创新议题的环境中，高层管理者相对就会减少在更新学习、知识分享上的注意力关注。最后，个体决策者如何分配及关注某些问题取决于组织结构对他们的注意力、问题及答案在特定行为、沟通、流程中的安排。即组织中的结构设计决定了管理者注意力的分配，所以高层管理者的注意力是结构化分配的注意力。在战略研究中，Bower（1970）对美国一家大型多元化企业的研究，界定了投资决策，并检验了组织决策者的注意力分配如何影响公司资源分配流程的内容和结果。根据他的研究结果，投资决策最好被理解为垂直流程中相互联系的一系列阶段。在每个阶段上——发起、整合到公司层面——管理者对环境的定义不同，他们所关注的问题也不同。

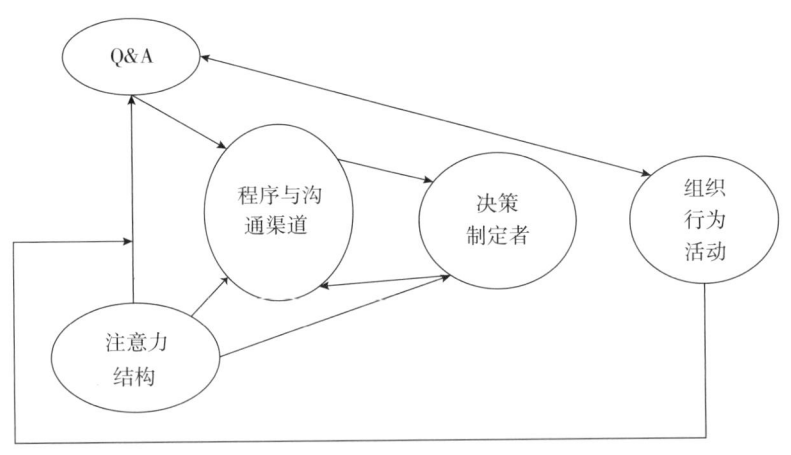

图 4.1 管理者注意力行为模型

资料来源：根据 Ocasio（1997）整理。

这个注意力的关注选择过程可以描述为图4.1。从本研究的角度来解释这个图就是，管理者关注有限的一组问题和答案，而这些关注进一步决定了他们会选择什么样的创新机会，表现在组织层面就是组织的行为。退回到组织内部来说，管理者关注哪些机会、哪些事件并不是完全随意的，受到两类因素的制约：第一是高层管理者所处的环境；第二是组织内部的结构与惯例的安排。前者主要包括需要进行决策的环境刺激以及文化符号、故事中问题答案的具体化，沟通渠道中各方参与者之间的互动，所有这些因素加起来圈定了高层管理者能够得到的机会池以及这些机会池的重要性；后者主要是指企业所拥有的资源、参与者、规则、社会定位等，都会影响企业注意力的分配。这种影响途径主要通过以下几种：产生一组价值观，用来对组织内的所有创新创意进行重要性和相关性的排序；将决策分配到一组具体的沟通程序中；向高层管理者提供一组结构化的利益诱惑和身份识别，从而塑造（限制）他们对于环境的理解，激励他们采取行动。不仅如此，企业既有的决策以及自身的社会与文化系统也会反过来影响企业下一次的机会识别选择，这在企业行为上表现为一定的路径依赖性与可靠性，在高管个体身上则表现为企业高管的思维定式，限制高管进行探索性创新机会选择的范围和深度。

二、高管在战略更新选择过程中的角色

高管在战略更新整个过程中实际上扮演三种角色，即批准（ratifying）、认可和指导（Floyd & Lane，2000，Crossan & Berdow，2003；Burgelman，1983）。其中，前两种角色的主要作用在于对机会进行选择。

（一）高管的批准角色

批准包括3层含义，即表述意图、监控、赞同与支持。

1. 表述意图

向全体员工表述公司的战略意图，激发员工成功领先的欲望，并通过扩展获取全球领导力来保持这种成就感。这样做的成功典型是日本公司。哈默和普拉哈拉德在1989年发表在《哈佛商业评论》（HBR）上"strategic intent"中明确提到，正是向员工成功的表述战略意图，激发了组织加速学习步伐，实现看似不太可能的战略目标。比如，当时日本的佳能公司树立"打败施乐"的目标，而小松公司则是希望"打败卡特皮勒"。在两位学者看来，这种表述出来的战略意图往往会夸大目标，用传统的方式不太可能实现，那么就倒推出了创新性的方法。

Hambrick（1981）提出高管团队的"战略意识"（strategic awareness）概念，这个概念包括两个层面的含义：第一个层面是指，高管团队其他成员对组织战略的感知与组织实行战略的一致程度；第二个层面是指，高管团队其他成员对组织战略的感知与首席执行官感知的一致程度。成功的战略意图表述推动战略意识建立及扩散，"战略意识"与层级正相关。在刚刚进行变革的组织中，战略意识度更高。

2. 监控

研究已经发现，高管可以通过结构的选择来限制可能被接受的战略动意的类型。比如说，组织中发挥选择作用的结构包括组织构型、职位和关系的正式化程度，项目筛选标准，管理业绩的衡量，挑选合适的胜任创业倾向的中层经理。结构选择决定反映了公司层面为保持组织内外部行为一致，建立的管理安排。久而久之，这种已经建立的管理活动就会被内隐化，变成更多的规则引导着企业的战略行为。战略行为的范围和谱系就会变得越来越窄，组织失败的风险则越来越小，伴随组织的可责性和可依赖性提升。这同时也意味着留存下来的战略动意的变异类型大幅减少，只有那些标准化、被量化的东西才会留存下来。当然，此逻辑的前提是环境相对稳定。

3. 赞同和支持

资源是企业竞争优势的基础，在创新项目的开发与发展壮大中，资源更是不可或缺的必要前提条件。大量看似有潜力的项目在昙花一现之后销声匿迹，尽管可能的失败诱因千差万别，但是资源的匮乏与不连续往往是首要因素。如果一家公司希望从员工的自发创新中获取战略收益，宽松资源的支持是必须具备的。Hart（1992）曾对此有比较清晰的界定。Hart 将战略制定的过程区分成五种类型，即命令模式、象征模式、理性模式、交易模式、一般化模式。其中，在一般化模式中，依赖于公司内部的创新来推动公司战略的转型。高管首先需要将创新从日常的工作中区分出来。大学、医院和研究机构的创新特征比较明显，但是工业制造业企业中也存在。Kidder（1981）记录了通用数据的 32-bit supermini 电脑的诞生就是来自一般化流程。3M 公司的即时贴也是如此，由一个工程师在闲暇时间开发出来，然后向上推销。而此时公司的 CEO Lewis Lehr 意识到了这项发明的潜力，然后鼎力支持这项发明。很快这项发明成了公司的一个王牌业务。在这种模式中，高管的角色就是鼓励员工去试验并承担风险，并护佑那些高潜力的创新创意持续发展，也就是某种"发起人""赞助者"或者"天使"角色。扮演好这个角色，包括一系列的活动，比如提供研发实验室、创新时间、任命重要的创新员工来鼓励个人和团队的创新。其中非常重要的一部分就是识别、开发和奖励产品开发，因为他们能够成功地将新想法与组织资源连接起来实现商业上的成功（Maidique，1980；Roberts & Fusfeld，1981）。

（二）高管的认可角色

高管扮演的认可角色，同样包含 3 种活动形态，即授权和推动、识别战略潜力（Burgelman，1991）、设立战略方向（Mintzberg，1983；Hart，1992）。

1. 授权和推动

组织的战略可以通过高管与利益相关者的互动和学习来逐步建立起来。如果希望如此，组织成员之间跨部门的沟通是必需的，反馈和学习也使得这个过程充满迭代反复。高管需要与重要的利益相关者，比如雇员、供应商、顾客、政府、监管机构等保持对话沟通。在这样的背景下，高管的主要任务就是推动与关键利益相关者的反向互动，并不断地将这些过程与结果相连，选择战略方向。一个典型的例子是发生在 2017 年 4 月 9 日的美联航乘客拖曳事件，机上乘务人员的一些不当行为激发了网上对美联航铺天盖地的批评与指责，并使公司股价最重跌幅直逼 4%，市值更是一度缩水近 10 亿元。为此，美联航专门在纠正措施里强调"将对员工进行授权，以便在乘客问题出现的时刻立即解决问题"。美联航将向员工推出"in the moment"（在此刻）手机应用以帮助解决乘客问题。这将使空乘人员和登机口工作人员可以积极主动地去对乘客做出赔偿。另外，为适应这一授权，美联航还增加了员工培训，保证员工能够有能力合理使用这一授权。

2. 识别战略潜力

组织某种程度上是充满战略动意的生态系统，这些动意按照某种预定的方式出现，为有限的资源展开竞争，意在提高自己在组织中的相对重要性。在这种生态中，高管关键是能清楚表述出能够确保组织持续生存的战略。这种战略很可能部分依赖于某种回溯性决策感觉，并试图利用高管对于组织成功基础的学习。这种战略可能具体化在具有成功实现某些战略动意经验的高管身上，也可能具体在某些口头或书面的技术、经济、文化要素上，比如核心价值观和公司传统，这些都和公司既往的辉煌紧密相连。这种情况下，组织战略需要识别出组织独特的竞争力，界定它的目标、描绘它的活动领域、界定它的特征。具体表述出来就是一些实际的规则和描述，引导着企业在组织层面的战略行为，并引导企业其他层面的行为与战略保持一致。长期来看，这种战略表述使得公司的战略决策具有纵向上的连贯性，战略性格得以保留。这种战略的表述对于利用性的学习更新非常必要，它圈定了创新探索的方向，作为约束指引自下而上学习的规则与惯例，自动扮演着选择过滤的角色。正如前任英特尔高管 Les Vadasz 在描述英特尔曾经的战略制定过程那样:"在1960年代后半期,英特尔是一家成功的初创企业,我曾经在战略规划中做的一件事情就是竭力理解英特尔成功的秘诀是什么。英特尔成功的原因被嵌入时任高管的集体智慧中。我们对于当时能够做出正确决策的技术和商业有某种'感觉'。"

3. 设立战略方向

初创期的典型特征是组织结构比较简单,有时候并不需要所有人都完全认同战略,但是对战略执行不会造成太大影响。随着组织成长,组织内部层级增加,战略已经不太可能在内部所有管理层级上进行实质性详细沟通。这种情况下,组织内部事实上的动意变异非常丰富,每个拥有数据、创意、动机和资源的个体(尤其是管理者)都会努力争取实施自己的战略动意。组织内部迫切需要由高管出面建立新的选择机制,否则战略的执行必将落空。这种被期待的选择机制可能包括管理上和文化上的机制。管理上的机制包括战略规划和控制系统、管理者业绩的衡量和奖励方法、监管资源分配的规则,文化机制则包括社交仪式和行为规范。

在自发型的战略制定过程中,自发战略动意与现有战略之间往往会有或大或小的间接性,关联关系比较远。为此,战略背景必须清晰,高管要认可这种战略背景,并且这种战略背景要具有某种"包容性",给自发动意接受评估与选择的机会,往往这种过程以"支持者"和高管之间各种互动的形式展开,这种互动过程的结果很可能会导致战略的变革。当然,更进一步的结果是,新的商业活动作为一种对原有战略的修正被整合到新的战略中。

战略背景决定过程可能存在于难懂的、不稳定的决策流程中,这需要大量的迭代,不同层级管理者之间实质性的互动。与结构背景强调与既往愿景一致的选择机制不同,战略背景决策过程选择那些能够成为新愿景表述内容的动意,在每个发展阶段上都保证可行性。当这个流程展开,越来越多的信息可以获得的时候,高管能够评估新活动对于组织的适应潜力。从演化的观点来看,只有这种动意变得确实确定,它才有可能成为组织战略的一部分。在研究营销战略的自发战略过程时,Hutt、Reingen 和 Ronchetto(1988)将这个战略背景决定过程操作化为网络分析、沟通模式和建立联盟。他们认为,"如果组织产品和支持最终成功,这种自发战略就会被加入企业正式战略的规划惯例和概念中"。

当然,前提是新的战略动意能够得到足够的资源支持,为自己争取到时间来证明自己的可行性,这种松弛资源的提供是组织需要先前建立的鼓励自发学习与更新的资源分配机制。比如英特尔曾经的 Add-on Boards 项目。公司的一些中层管理者希望开发这个项目,但是并没有得到高层的批准。不过,英特尔内部有一个公司创业项目资源支持池,中层经理们从那里得到了资源支持来证明这个项目的价值。当这个项目取得了成功之后,就把它成功规划进公司的正规业务系统中。类似的,一些业务部门的经理也强调,自己会保持资源分配流程的弹性,随时准备挤出一些资源到未被规划的事情中。通常,这样的资金不会超过100万元,但是对于处在初期的战略动意来说,这些资金足够用来证明自己的存在价值了。事实证明,这种"未被吸收的松弛资源"(Singh,1986)是非常重要的。

总之,高管在机会选择中大多进行间接参与,这种角色可能具体包括批准和认可。

第三节　高层管理者的局限与阻碍

高层管理者如同企业的领路者,是企业洞察力和战略方向的主要发现者与提出者,其重要性显而易见。同样,不合适的高层管理者的潜在失误将为企业带来摇摆和倒退,甚至导致企业的经营失败。管理学中专门探讨高层管理者局限的研究不多,总结起来,高管在战略更新中的局限主要体现在以下几个方面。

第一,高管及其组合团队的有限理性带来的问题。有限理性来自认知理论,这是对个体认知缺陷的原因探讨。在有限理性下,个体所有的认知以及据此作出的决策都不必然达到绝对理性,大多时候是达到"满意"即可。国内有学者将高管及其团队组合的有限理性总结为3条连续的表现,即有限感知、有限理解、有限重视(刘保平等,2013)。由于选择性认知特性的存在,高管个体会根据自己的个性、阅历、教育等个体特征因素有选择地从外部接收信息,并自觉过滤或者忽略掉不符合其自身选择要求的创新来源。在高管团队成员高度同质化的背景下,高管团队组合的高度相似的有限感知,就会使企业自动失去对某些方向的基本性扫描,又过分强化另一些方向的信息。在此基础上,对信息的有限理解、有限重视更加加大了战略决策偏离应有轨道的可能性。高管团队认知的高度趋同性,一方面源于高管个体间诸多的相似性;另一方面也取决于CEO的个性特点,过于强势的CEO会加速团队的整合调整,最终趋同。

高管及其团队组合的有限理性不能完全克服,但可以通过多种途径降低,提高战略决策的准确度。有限理性乃人之本性,将来AI是否可以实现无限理性尚不可知。就人个体而言,有限理性的降低有3种途径。首先可以考虑的途径是学习。个体的持续学习,吐故纳新,扩大认知的边界,并加强对自己可能局限的认识。团队的学习，尤其是跨边界的交叉学习，改善效果会更好。其次，高管团队成员多元化。同质化团队的优点是决策迅速，但是效果未必最优。在此方面，异质化团队更胜一筹。团队成员异质化的主要来源是个体的统计学特征，比如性别、宗教、种族、地域、教育背景、职业经历、年龄等。最后一点，慎重选择CEO。过于强势的CEO和过于随和的CEO都有其可圈可点之处，但或许都并非最优长久选项，取决于企业所处的发展阶段及外部环境的友好程度及可持续程度。

第二，高管及其团队的道德风险。尽管在20世纪五六十年代，委托代理理论就提出了类似的问题，但是该问题真正被重视则始于2001年爆发的美国能源巨头安然公司丑闻。高管会利用自己的信息优势故意做出有利于自己而不利于企业组织长远发展的战略选择，包括对创新的投入及退出。造成道德风险的根本原因是信息的不对称与惩罚监管制度的不完善。可以预想，在即将到来的5G时代，随着网速越来越快，越来越多的信息在网上可以快速低成本交换与验证，道德风险应该可以降到比较低的水平。

第三，高管构建的强势文化、制度局限。这一条是第一条的延伸，但它不再强调现任高管的有限理性，而是前任高管留下的精神遗产的批判继承问题。前车之覆，后车之鉴；前车之辙，后车之规。企业组织作为有机体，具有传承和连续性。公司创建者或者长期任职者在公司内部建立起来的文化及制度，一段时期内会成为一种符号或者象征，成为公司或有形或无形选择机制的一部分，筛选过滤创新动意、创新制度等，当然也包括新任高管的决策，它可能会让这些创意创新在一切"都挺好"中被淘汰。这从本质上是一种群体认知刚性的存在，保证了组织的平稳发展，但是也可能让企业错失快速更新的机会。

综上所述，高管在企业战略更新中扮演识别与选择的角色，识别角色扮演主要通过建立控制机制，推动组织在结构和流程中增加双元弹性，在组织内部构建尽可能多的变革联盟等来帮助进行机会的识别；在机会选择方面，高管注意力的分配投入本身就是创新机会得以快速发展与否保障，在这一阶段，高管的批准与认可履行了机会的淘汰与选择。但是，同时也必须认识到高管及其团队本身也有可能成为战略更新的阻碍。

第五章
企业战略更新过程中的中层经理角色

传统上,中层管理者被看作传递信息和战略执行者,基本上被排除在战略制定过程以外。不过,越来越多的研究者和实践者开始发现,中层经理经常试图影响战略,并经常推动新动意的发展。较早认识到中层管理者重要角色的学者 Bower(1970)就曾明确提出"(中层经理)是组织中唯一能够清楚判断战略问题是否在合适的战略背景下被考虑的人"。之后也陆续有实证研究证实了中层经理在战略决策中自下而上的作用,并肯定了中层经理的战略卷入与组织绩效之间的积极关系(Schilit,1987;Wooldridge & Floyd,1990)。本章首先讨论在一般组织中中层经理在战略更新机会的识别与选择中的角色,然后讨论在复杂组织中,下属子公司的主要角色及可能的问题。

第一节 一般组织中的中层经理更新角色

一、中层经理及其作用

什么是中层经理(以下简称"中管")?Likert(1961)有个比较形象的比喻"曲别针"(linking pin),即在多层次的垂直结构中,扮演着联系高层与运营层活动的协调角色。因此,他将中层管理者定义为,组织单位内日常行为与垂直相关群体之间的协调角色。因此,中层经理的活动有双向的影响,即向上与向下两个方向。向上而言,中层经理扮演着捍卫替代方案,整合信息的角色;向下而言,中层经理扮演着适应和执行既定战略的角色。这些角色在战略更新机会的识别与选择中都不可或缺。当然,如果出现冲突,中层经理也是典型的"夹心饼干"。

已经有实证研究表明,在公司的彻底变革中,中层经理为公司做出了非常有价值的贡献。这些贡献主要体现在四个方面:第一,他们经常提供有价值的创新想法,有能力并且愿意去实现这些理念;第二,他们比大多数高管更懂得如何进行非正式的沟通,这使得实质的、持久的变革成为可能;第三,他们理解雇员的情绪和情感需要,因而能够保证变革的动力;第四,他们能够处理延续性和变革之间的紧张关系——避免组织陷入极端的惰性,或极端的混乱。此外,也有研究证明,中层管理者是公司业绩的重要贡献者。一项研究分析了 854 家游戏公司 12 年的运作发现,公司业绩如何变化,是由公司以什么方式联合什么样的人所决定的。研究者发现,是中层管理人员而不是创新者或公司战略,造成了公司业绩的关键性差异。因为高绩效的创新者本身不足以造成业绩差别,它还需要依靠中层管理人员来整合与协调其他创新者的工作。虽然创新者可能会拿出新游戏和新概念,但中层管理者发挥着更为重要的调配资源作用,他们有一种"选择能力"。最好的管理者能够同创新者合作无间,变计划为现实,能有效激励和促进团队的"集体创造力"。

二、中层经理在战略更新中的角色

在战略更新中,根据既有的研究可以归纳,中层管理者扮演的角色主要有以下四种:

第一种角色是捍卫替代方案。Bower(1970)较早提出中层管理者扮演着战略备选方案捍卫者的角色。他的研究指出,中层经理通常会精选出某些项目,用"种子资金"来培育这些项目。如果这些项目被验证是成功的,他们就会为之鼓吹宣传,争取成为公司新的战略机会。在此基础上,Burgelman(1983)利用演化经济学思想发现,中层管理者往往会成为来自基层创意的"组织捍卫者"。与"产品捍卫"不同,中层经理这种创意捍卫的目的聚焦在影响公司管理层,企图调整公司现有的战略思想。Hutt、Reingen 和 Ronchetto(1988)通过网络分析,进一步清晰地证明了中层经理这种角色的存在。他们提出,这些中层经理实际在这些创意项目的整个生命周期中都处在中心位置,扮演着强有力的鼓吹推动者角色,营造沟通网络。因此,Floyd 和 Woodbridge(1992)将"捍卫备选方案"界定为中层管理者向高层管理者所做的持续而具劝说性的战略选择性沟通。

第二种角色是整合信息。中层经理提出的信息并不总是具有战略意义,事实上,他们往往是提供事关组织内外部事件的各种信息,他们就像是桥梁一样,一头联系着战略，一头联系着日常的工作信息，这些信息包括评价、建议和主观的解释，某种程度上，他们影响着问题如何被解释。另外，中层经理还利用信息来推动自己想推动的事情，也就是说，整合信息本身会成为捍卫战略备选方案的一部分。所以，Floyd 和 Wooldridge（1992：155）将整合信息定义为对信息的解释和评价，这种活动会影响高管的认知。中层管理者这个角色的影响是复合的，它将模糊的、多样的数据结合起来，并在既有的战略背景下对其进行解释。不过，长期来看，这种主观性解释信息的过程会成为战略变革的基石。

第三种角色是推动适应能力。已经有一些质化的研究发现，中层经理可以让组织变得更具有弹性，并鼓励偏离官方预期的多样化行为。比如说，矩阵的结构、任务团队和简单的非正式化会增加信息的共享，推动组织成员进行学习、了解变革条件、试验新方法。中层经理往往可以利用自己的职权便利，为一些未经验证的创意提供短期的庇护，供给试验所需的资源，从而鼓励了新的战略性创意的产生。因此，推动适应能力（facilitating adaptability）可以被定义为培养弹性的组织安排。

第四种角色是执行战略。这往往被看作中层管理者最核心的角色，他们需要理解高层管理者的战略意图，对组织中实际运行的行为进行干预，目的是保持组织行为与战略意图的一致性，控制公司业绩。尽管战略执行的过程很难完全按照预先安排，总是有各种各样新信息的加入，但是整体上来说，战略执行是一个整合性的角色，主要是为了保证组织活动与高管意图的一致性。因而，可以将执行战略的角色界定为为保证组织活动与战略意图一致而进行的管理干预。这种干预可能涉及组织结构、关键人物的行为以及控制系统等。也有学者将中层管理者的这个角色分为两部分，即战略的解释者和推销者。中层管理者在日常工作中的微观实践成为公司竞争优势得以维持的保障。

三、中层经理面临的角色冲突

自古居中多磨难，中层经理的位置决定了他所面临的角色冲突。知识开发和组织学习依赖于社会互动，因此某种意义上说，战略更新在某种程度上可以被看作关系或者社会交换的系统[①]。"交换"是持续动态的一部分，不是一种与过去、现在、未来割裂的片段（MacNeil，1974）。战略更新的关系交换系统依赖于互

---

① Commons, 1934; Dwyer, Schurr & Oh, 1987; MacNeil, 1974; Ring & Van de Ven, 1989; Rousseau, 1990.

利：个人向另一个人提供服务，作为回报，对方应该提供相应的收益回报第一个人。这个过程就形成了一个角色设定与角色预期的系统。组织中个体的相互沟通依赖于角色的清晰界定，个体角色界定得越清晰，双方的互动预期就越可预测，预期越明确，组织中的信任也因为这种清晰地沟通而逐渐培养起来。信任的环境又进一步推动了个体之间的开放度、信息分享意愿和相互的学习，互动也更加高效。相反，角色界定模糊、预期不明朗、互动难以预测，信任就很难建立起来。

中层经理恰恰处在过去、现在与未来的时间轴上，同时空间上又是高层与基层的中间点，在这个立体的时空中，中层经理自然面临着交换系统中的多重角色期待，很多时候角色界定并不清晰，再加上信息与学习的错位，中层经理面临的角色冲突是所有层级管理者中最严重的。通常这种冲突包含两种，即个人自身承担的多个角色之间的冲突和不同个人承担的不同角色之间的冲突。从本质上来说，造成冲突的来源可能是造成角色预期冲突的来源，这包括行为规范、信仰和优先顺序。例如，变革中进行人员调整时，高层或许更关注变革的推进效率，而基层更关注自己的职业安全，那么中层就需要一边考虑自己被裁的可能性，一边平衡高层与基层不同的期待关注。

根据 Floyd 和 Lane（2000）的分析，在战略更新过程中，中层经理面临两种类型的角色冲突，即上下层级间的角色冲突和多种角色冲突。具体来看，第一种类型，中层经理面临的不同层级管理者之间的冲突主要来源是对环境中变革线索的解释，这些又受到各自社会化以及组织当时背景的影响。在稳定的环境下，组织采用竞争力利用的战略，组织成员的角色界定、角色预期以及相互信任度都比较高，角色冲突压力比较小。但是，当环境发生改变有可能会引发组织相应变革时，围绕是否进行变革、进行何种变革、扮演何种战略角色，就会产生模糊与不一致。与此同时，组织层面的因素，比如控制系统、正式战略也会影响管理者对变革线索的解释。在大型多业务公司中，管理者很可能会注意到不同的环境线索，或者对同一线索进行差异化的不同解释，这就使不同层级管理者之间产生角色冲突有了可能。比如，顾客提出了预料之外的产品、服务要求，一线管理者可能认为这是公司战略需要进行变革的重要信号，并因此而向中层经理请求提高组织的弹性。但是，对此线索，中层经理很可能会过滤掉这一信息，意在与自己一贯的行为解释保持一致，或者推销自己希望推动的项目。这样，高层管理者是否获取到变革信息以及进行何种变革、何时进行变革，实际上依赖于中层经理对当前环境形势的判断。且这种判断往往与一线经理的判断并不一致。

在持续动荡的环境下，这种层级之间的角色冲突可能会更严重。非常典型的情况是，在这种动荡情况下，角色界定变得非常困难，角色预期也缺乏足够的沟通。Burgelman（1983）发现，高层管理者很可能会给出令中层管理者及一线经理费解的角色预期。迅速变革的技术环境使高管对角色的预期与中层管理者的理解可能完全不相同。在这种情况下，角色制定系统无法为双方关系交换中的预期提供明确的预测，双方之间在规范、信仰和优先顺序上的紧张会集中在战略角色冲突上。这种战略角色冲突会降低高层对中层管理者的信任，提高管理者的机会主义倾向，比如不诚实、不忠实或者逃避。随之而来的连锁反应是，组织内部的开放度与有效信息分享减少，相应的学习与知识积累降低，另外小道消息与谣言满天飞，组织战略更新最终会被谣言与怀疑淹没。

中层管理者面临的第二种类型的角色冲突来自中层管理者承担的多个角色。如上所述，中层管理者承担着捍卫、推动适应性、执行以及整合信息的角色。通常，中层管理者由于其所在的位置，往往扮演着组织中"信息交换机"的角色，因而在战略更新中也扮演着比较宽泛的角色。为了与运作层管理者互动，他们必须了解技术，并对组织能力有详细的理解；为了与高管互动，他们又必须明白组织目标和竞争战略，也包括这些战略与目标出台的政治背景。可以看出，中层管理者面临的信息复杂度以及潜在互动的数量远超过高层以及一线管理者。这也使得中层管理者面临的角色冲突超过任何一个层级。

四、中层经理角色冲突的降低

前面已经提过，中层经理角色冲突的本质来源在于行为规范、信仰和优先顺序。排除中层经理个体特性方面的因素，行为规范与优先顺序都可以从组织层面尽量降低冲突，营造公司内部的创新、创业的氛围，成为公司战略的核心关键词。用 Miles 和 Snow（1978）的观点就是，改变公司所奉行的战略类型。

在传统的防御型战略和反应型战略下，稳定与效率是公司的主要战略任务，立足于当前，组织内外部的信息需求比较弱，因此，"整合信息"的角色也不是太需要。但是，处在中层的管理者与外界信息交流并不因为内部不重视而减少，相反不得不经常润平外部环境变化带来的突发事件，来自基层的创新倒逼与高层效率考量会加剧中层经理角色的冲突感知。

相反，关注长期适应的预见型战略可能会降低中层经理的角色冲突。预见型战略不断地利用新产品和市场机会，进行创新成长，这就鼓励中层经理去整合宽泛范围内的组织内外部信息，为有前途的新创意提供短期庇护，并为已经证明成功的创意鼓吹宣传，争取高层管理者的战略注意力。在这种战略下，弹性是比效率更加重要的战略选择，因而中层管理者在执行既定战略的同时，也要求在技术和管理的合理框架内推动适应性能力的培养。当然,这种战略下也意味着中层管理者在高管与战略决策中的话语权增大,战略影响力增加。

处在从传统向未来转型中的企业战略类型会复杂化中层管理者的角色冲突问题,或许需要添加更多权变因素去考量。不过,正如双元组织研究提出的那样,结构性双元因其隔离机制的存在或许不会给中层经理太多角色冲突,但背景性双元组织中最为挣扎的仍是中层经理。他们将承担一组更宽、更复杂的战略活动。他们很可能整合更加严苛的标准,需要更加深入了解创意,这些都提高了"捍卫替代方案"的难度,因为这意味着为了迎合组织对风险的厌恶,中层管理者需要既扮演创业家,又扮演官僚者;既要关注当前运作的业绩,也要关注新出现的机会;既要强调效率和控制,又要关注弹性和适应性。

第二节 跨国公司中下属子公司的负责人角色

跨国公司中的下属子公司负责人类同一般组织中的中层经理,但是由于其所辖单位的相对独立性(独立法人),权责范围都与公司内的普通中层有比较大的差别。因此,下属子公司的角色受到"先天"因素与公司战略布局的影响,角色的认定与调整存在刚性和滞后性,尤其是引领创新的角色,地域因素与战略因素几乎发挥决定性作用。本节将简单介绍几种常见的下属子公司角色,然后讨论具有创新能力的子公司逆向转移创新知识推动公司战略更新的路径。

一、下属子公司的角色类型

对跨国公司子公司角色的研究由来已久,最早可以追溯到 Prahalad 和 Doz (1981)。之后又有不少学者进行完善,国内的学者,如赵景华(2001)也有不少跟进的研究。基本思想是子公司的角色越来越多元化,需要发展地看待子公司所承担的角色,并且随着子公司创新能力的增强,它也有可能从知识使用者变成公司网络中的知识创新者、贡献者。因此,本研究总结下属子公司的类型主要有以下四种:

第一种角色,战略执行者。这种角色是公司最初开展跨国经营时对下属单位的主要定位,因为传统上的跨国公司经营主要是从发达国家向发展中国家、不发达国家的商品输出,目标是所在国的市场,产品多是在母国生产多年的成熟化的标准产品，或有些许本地化，但是程度很低。下属子公司的主要经营目标是完成销售任务，知识的积累主要局限于销售经验，向母公司的创新逆流动几乎没有。这种角色有很多其他描述，比如"小规模复制型子公司""执行者""地区执行者""销售利润型""生产基地型"等。如果从公司网络的角度来说，这种类型的子公司在公司内部处在比较边缘的地带，知识流动主要表现为知识流入大于知识流出，网络影响力非常低，自然，这些子公司中负责人的职业晋升可以预期不会太快。

第二种角色，本地化的创新者。按照 Gupta 和 Govindarajan（1991，1994）的描述，这种类型的下属子公司在知识的净流入和流出上都比较低，类似于某种"飞地"或者独立王国。这种角色的下属子公司往往因其所处的特定经营区域而采用此种方式经营，在公司网络中能够寻求到的知识支持比较有限，为了在当地市场成功，不得不建立起独特的专有能力。考虑地域的独特性，这种专有能力的地域黏性限制了其广泛传播的价值，因此，这样的下属子公司对公司网络中的知识贡献也比较低。如果从逆向护佑的角度来说，扮演这种角色的下属子公司与母公司之间是一种"半游离状态"（方琳，2010），游离在公司网络和核心权力圈的边缘，对公司战略更新的逆向影响几乎可以忽略。由于缺少信任与理解，在公司经营业绩遭遇危机困难的时候，这些子公司将被首批剥离或者关闭。这样的角色往往是一段过渡时期的短期角色，否则重新积累独特能力的新进入障碍就足以吓阻跨国公司的扩张步伐。

第三种角色，全球化的创新者。这种子公司往往具有较高的知识创新能力，是公司网络中净知识流出比较高的业务单位，典型的表现就是跨国公司以研发为目的在海外设立的下属子公司。比如中国企业在以色列或者美国硅谷设立的研究机构。这些下属子公司往往天生被赋予较强的创新能力，得到从人力、财力到地域上的多种便利。在公司网络中，基于自身的知识流出贡献，建立的网络强联结较多。从对公司战略更新影响的角度来看，这种角色的下属子公司在得到公司大量资源支持的同时，也为公司网络的知识创新和知识积累贡献力量，是典型的"贡献者"，与母公司之间的护佑关系是典型的过渡型护佑关系，来自母公司的正向护佑与来自子公司的逆向护佑恰好平衡。

第四种角色，战略领导者。这种子公司被 Bartlett 和 Ghoshal（1986）看作公司制定和执行战略的合作伙伴，往往是公司战略变革的发起人和最早实践探索者，完全具备"逆向护佑的能力"。这样的下属单位往往是个"全才"，负责从研发、生产制造到营销服务一系列职能的战略性决策（Crookell，1984，1987；D'cruz，1986；Roth & Morrison，1992），以完整的规模来控制大规模经营，掌控着跨国公司的核心产业，拥有完整的价值链，或者在某个专业领域已经达到了卓越中心的状态（Forsgren & Pedersen, 2000; Frost, Birkinshaw & Ensign, 2002; Moore & Birkinshaw, 1998）。研发活动的复杂性跨度可能也会比较大，覆盖了从最简单的顾客支持到非常复杂的新技术开发。这样，下属单位获得了，或者说争取到了承担着国际化范围内的某项战略性责任的角色，比如世界委任者、战略性中心、资源网络者。这些下属单位拥有极高的战略自主权，对母公司全球战略的影响程度非常高，因此在跨国公司网络中扮演了战略中心的角色。

从战略更新的角度来看，能够推动逆向战略更新的子公司通常是承担后两种角色的子公司。不过需要注意的是，跨国公司子公司的角色具有发展性和动态性，某些角色可能只是临时性的。

二、子公司自下而上逆向战略更新的途径

依据子公司角色研究的相关文献，本研究总结了自下而上逆向战略更新的3种途径。

（一）子公司的主导逻辑

下属单位内形成的占据主导地位的思维模式或者称为主导逻辑，在指引下属单位取得成功之后，也会扩散，对母公司产生战略性影响。在现有的关于下属单位对母公司施加影响的研究中，主要集中在下属单位依靠"实"的力量影响母公司战略决策。但是，下属单位的做事方式的确会对母公司形成战略性影响。最典型的就是来自下属单位的管理人员在获得了母公司的高层职位后，将其在原来下属单位形成的思想、规则带到母公司中，并在全公司推广实施。

一个比较极端的例子是，Gateway 收购 e-Machine 后进行的重大战略转型。Gateway 是美国一家大型的 PC 制造商，创办之初曾经取得了巨大的成功。但是，转到纽约交易所上市之后，开始走下坡路，由于战略发展方向的摇摆、经营模式陈旧，在市场份额争夺战中败给了戴尔和惠普。2004 年，公司收购了低价 PC 制造商 e-Machine，并以此进行了重大的改革。首先，根据协议，e-Machine 的 CEO 韦恩（Wayne Inouye）接替 Gateway 的创始人维特（Waitt）成为新公司的CEO。其次，在零售渠道上，借用 e-Machine 已经建立的零售关系渠道以及后者所采用的削减成本提高效率的方法。同时，将 Gateway 现有的零售点全部放弃。再者，在产品结构上，退出了平板电视及数码相机等领域，专心在 PC 市场上。最后，在人事安排上，除了 CEO 外，还有几位来自 e-Machine 的高级管理人员

在新的公司中担任重要职位。从上述可以看出，e-Machine 在被收购成为 Gateway 的下属单位之后，却将自己原有的节省成本、提高效率的思想在整个新的公司中实施，并改变了原来公司的战略方向。这就是一种用做事方式或者说主导逻辑改变母公司的例子。尽管并非所有的下属单位都会在如此关头影响母公司的战略决策，但是可以证明的是，下属单位的做事方式可以从战略上影响母公司。

（二）子公司非正式联结网络

如果说母公司主要是通过正式的组织结构、流程和系统来护佑下属单位的话，那么，下属单位的逆向推动战略更新行为所借助的非正式方式，本研究称为联结网络，下属单位利用自己在公司网络中获取的权力左右公司的战略决策。Krackhardt（1990）认为，对非正式网络的了解本身也可能成为权力的基础。也有学者将类似的过程称为母子公司之间的微观政治过程（Micro political process）(Dorrenbacher & Gammelgaard, 2006)。

非正式联结的研究来自社会资本理论的思想。1957 年 Bott 正式提出"社会网络"的概念以来，社会资本的相关研究逐渐成为管理学中常用的分析视角。该理论认为，复杂的经济活动都必须考虑在社会关系中的嵌入性问题。在整个社会中，无论有多少行动者，每个行动者之间都可以有关系，如果这个关系不存在，就是一个关系缺失，就叫作结构洞（Burt, 1992）。在网络大小一致的情况下，你占有的结构洞越多，获得信息量越多，在网络中也更有权力。这样，那些控制着关键性资源的活动者，特别是那些曾经帮助了别人更好应对不确定性的活动者，将会获得更多权力。在这样的框架下，行动者需要相互联结以获取权力，"潜在关键资源的价值最终随着参与者在网络中的持续互动而改变"，"推销者的特征以及该推销者在社会网络中与网络其他成员的互动，才有可能使得这个问题比其他问题更明显，真正成为问题"。比如，一项新的技术发明引起了一些人的关注，然后通过这些人或直接或间接的联系，推动该项技术发明被公司层认可并采用。

因此，可以推测，那些扮演着创新者、领导者角色的下属单位利用所有的关键资源在公司网络中获取网络权力，深嵌入公司网络，通过网络互动与推销，逆向推动公司战略更新。连接网络不是静止的，下属单位可以通过自己的努力来改变自己在公司网络中的位置，"所有的位置，不管强还是弱，长期都会演化"。

（三）子公司的战略性资源

母公司主要利用资源来帮助下属单位克服新建缺陷和国际化经营缺陷，同样，对下属单位来说，资源——用人员、信息、技术和实践来衡量——也可以成为潜在的权力来源，资源带给了下属单位逆向影响母公司战略性决策所需要的权力和影响力。一些资源依赖理论的学者认为，资源禀赋是下属单位权力的重要来源之一，影响母公司对下属单位的控制方式。

在自下而上的创新学习推销中，资源具有基础性地位。下属单位的权力和影响力只有在能够提供更加复杂和重要的服务时，才能获得。下属单位企业长期能够对 MNC 施加影响，主要是因为他们已经能够开发独特的、适应环境的资源和能力束。在自上而下更新中，资源虽然重要，不过母公司具有法定的权威，并建立了相应的组织结构使其拥有强制性手段保证战略的制定和实施，这在某种程度上弱化了资源的重要性。但是，自下而上行为发起者通常缺少这种强制性权威，甚至在初始阶段，资源积累的活动在公司网络中缺少合法性，处于母公司的监控视线之外。如果不想陷入公司政治的旋涡中，那么，下属单位挑战权威所能依靠的主要手段就是自己拥有的资源。

第三节　下属单位的消极作用及防范

现有的跨国公司下属单位研究更多关注它的积极角色，尽管代理理论偶尔也会用来分析其中存在的代理成本问题，但是代理理论对代理成本的过于强调以及对于非经济性控制维度的过于简化，使它不太可能从认知层面更加深入地分析子公司偏离行为。与此同时，越来越多的战略管理学者意识到，仅仅经济性因素（如资源障碍）并不能完全解释企业之间绩效的差异，有必要引入社会心理学等领域的相关研究探讨认知层面的影响因素（Powell，Lovallo & Fox，2011）。

因此，本研究利用自我决定理论（Self-Determination Theory，SDT），从认知视角，对 5 种子公司偏离行为的前因要素进行分析。本研究认为，子公司具有主动性（initiative）（Birkinshaw，1997，1999），能够提升或者损害公司业绩。本研究的实践意义在于有助于提高集团公司战略管理效率，为中国企业更快更好向海外扩张提供参考建议。

一、自我决定理论（SDT）基本观点

SDT 提供了一个个体层面的动机和人格特质研究的宽泛框架（Deci，Connel & Ryan，1989；Deci & Ryan，1985a，1985b），并开始被一些学者引用到战略管理的

研究中（Ambos，Andersson & Birkinshaw，2010）。该理论认为，个人或组织单位会为了获得需要满足而受到激励。这里的"需要"比较宽泛，是一种普遍性的必需（Gragner & Deci，2005），所有个体都有对于自主性（autonomy）、胜任力（competence）和关系（relatedness）需要。自主性是个人安排自我行为的欲望，个人可以自由随意选择行为（Deci & Ryan，1985，1987；Ryan & Connell，1989）；胜任力则指个人能够有效地适应环境变化，类似于自我效能概念（Bandura，1986）；关系需要是个人希望与重要人物保持联系，并获取支持，比如管理者、父母、老师或者团队成员（Roca & Gagné，2008）。自主性需要是核心需要，其满足程度影响个体的内在动机水平。

因需要满足程度的差异，SDT将个体动机分为两大类，即无动机和动机，后者又包括自主性动机（autonomous motivation）和被控性动机（controlled motivation）。自主性动机的来源包括个体自身的兴趣（通常被称为内部动机）以及被个体所接受的外部价值观和制度约束（称为被整合动机）；被控性动机则来源于外部约束和被融合的（introjected）外部动机。

个体动机水平受到两类因素的调节。第一类是社会环境，包括工作特性和工作氛围，比如，环境对于自主性行为的支持程度、控制程度或者漠视程度。社会环境只有以满足个体上述三种需要为构建依据，才能具有良好的激励效果。第二类是个体的因果导向差异，包括自主性导向、被控性导向和无激励导向，更多体现在人格特质上的差异。比如，具有自主性导向的个体相信自己能够控制命运，当遇到困难时，他们倾向于千方百计寻求解决方法，而不是怨天尤人。

与个体类似，作为公司网络中的有机体，子公司同样具有三种基本需要，即自主性、被母公司认为具有胜任力、拥有关系网络等，如果这些需要的满足度比较低，或者被忽视、被压抑，就会产生偏离公司设定目标的行为，本研究将这些行为称为子公司的偏离行为。偏离行为研究来自社会心理学，常指与个人一贯的风格不同（纵向比），或与社会惯常行为（横向比）不同的行为。在早期的研究中，心理学的研究者们主要关注酗酒、犯罪一些近乎触犯法律的行为，后来有学者扩展到考虑那些可能违背传统社会规范的行为（Osgood，Wilson et al.，1996）。作为组织行为学研究中的一个显性因变量，偏离行为常被用作员工缺勤率、流动率等绩效指标的预测。

依据上述分析，本研究绘制出子公司的动机作用过程，这是一个组织层面行为的动机作用过程（见图5.2）。子公司的双重嵌入性（公司内部网络环境与当地环境），以及子公司内部特征共同影响子公司的自我需要感知。子公司对自我需要感知的满意度影响动机水平（Roca & Gagné，2008），包括动机作用的方向、强度与持续性，进而表现在它的各种行为（偏离行为与非偏离行为）上。这些行为或者推动公司业绩，或者损害公司业绩。母公司对于其贡献的反馈则可能进一步影响子公司对自我需要的认知活动。可以看出，相较于环境，子公司基于基本需要满足度的感知而产生的动机，会更直接地影响其行为。

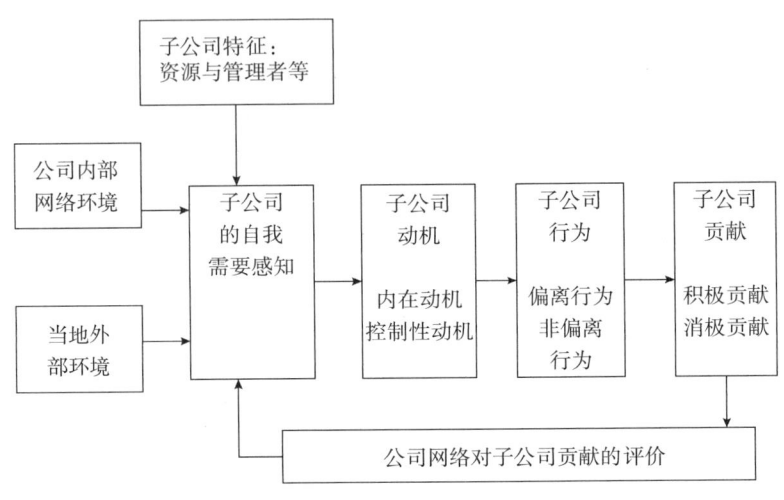

图 5.1　子公司动机作用过程

二、研究假设

根据文献分析，现已被识别出的子公司偏离行为大体包括帝国构建（Trautwein，1990）、退出障碍（Harrigan，1980；Sull，2005）、过度的政治纷争（March，1962；Mintzberg，1985）、不恰当的战略改变、子公司孤立（背叛）（Birkinshaw，1996）。接下来，分别阐述子公司动机与这些偏离行为之间的联系。

（一）子公司动机与偏离行为

从自我决定理论的角度来看，子公司具有自主性的需要，倾向于对自己感兴趣的项目或者业务投入更多的关注度和资源。在早期，这种自主性创新与开发活动可能会给公司网络带来积极的贡献，比如新业务、利润等，并且有可能得到公司网络的正向评价。早期的成功会激发子公司的目标承诺升级，投入更多的资源，以获得更大的成功，获得尊重和自我价值的实现（Baard et al.，2004）。子公司有可能会忽略或者表面敷衍其他它们不感兴趣的项目或者业务；如果这些业务对公司来说比较重要，子公司此时的行为就具有了某种帝国构建的倾向，即子公司管理者在进行重要的管理活动时，并不是出于维护股东利益，而是出于自己效用最大化的目的。具有帝国构建倾向的子公司，倾向于实现自我权力的最大化，确保自己的职位安全和薪酬待遇，而且这种情况在大型的跨国公司中尤为普遍（Zuckerman，2000）。

比如，某医药集团1，由多家原本独立的企业组合形成。由于各个子公司之间以及母子公司之间缺乏共同成长的经历，下属公司如同一个个小的"帝国"，主要以自己的兴趣和倾向来选择运营方式和战略方向。

1. 假设1a：子公司自主性需要越强烈，帝国构建行为发生的可能性越大

胜任力是对结果产生重要影响的自信。这种自信源于熟悉工作现状并拥有完成工作所需要的能力和资源，组织变革会威胁到自信建立的基础。组织变革的威胁较小时，子公司所产生的抵触反应会比较弱，对业绩的负面影响有限。但是，如果退出变革是彻底的，比如说关闭某个工厂，或者关闭某个子公司的全部业务，将严重威胁它的胜任力需要，使子公司员工心理高度紧张。员工的高度紧张状态会触发强烈的抵制行为：拒绝执行或者拖延执行，形成公司战略变革的强大阻力。因此，退出阻碍是退出主体在面临自己的胜任力以及与此相伴随的自主性、关系网络可能丧失的危险时，而出现的一种本能的抵抗。

Sull（2005）提到过一个例子，在面对子午线轮胎技术的变革时，火石公司进行理论测算后认为，关闭传统业务的工厂比带损失运营的成本要低，所以准备关闭工厂。但是，基层员工和中层管理者强烈反对该决策，因为这一决策影响了他们的职位安全，他们很可能在新一轮的公司重组中失去工作、薪酬和曾经的荣誉。

2. 假设1b：子公司感受到的胜任力威胁越大，退出阻碍行为发生的可能性就越大

越是复杂的组织，其政治化水平就越高，权力游戏不停地在进行着（March，1962；Mintzberg，1985）。适度的公司内部政治活动会为公司网络带来积极影响。比如，子公司为帮新业务争取到足够多的战略支持，频繁到公司总部拜访，或者联合有相似需求的其他业务单位，向母公司申请基金支持。子公司积极地自我推销行为可以作为公司高层管理者有限理性的修正，并将散落在公司各个角落以及外部的知识整合起来满足市场需求，增强企业活力。

但是，当子公司类似的行为没有控制在合理范围内，甚至严重干扰了母公司正常的考核评价活动时，这种政治游戏就会对公司的业绩造成伤害。长期来看，

频繁无序的政治活动可能会改变公司内部的价值导向，破坏公司战略的连续性，损害企业的长期成长机制。

从自我决定理论的角度来看，权力游戏的出现具有必然性。母公司是子公司多重需要的内容提供者之一，它依据对各子公司的贡献评价（胜任能力）来分配各种资源、使命和权力。我们假设子公司（至少是一部分）都积极努力满足自己需要，因而会千方百计影响母公司对自己的胜任力评价，政治性活动应运而生。

3. 假设1c：子公司感知到的胜任力评价不确定性越高，过度的政治纷争发生的可能性就越大

在子公司推动下公司战略的不恰当改变主要有两种情况：第一，误导母公司战略方向选择；第二，战略转变的过程不成功，战略变革半途而废。

第一种情况，囿于下属单位的认知局限性，或者是因为公司内部的政治博弈等原因，下属单位提出的战略发展方向并不一定总是有战略价值的发展方向，这就可能形成对母公司的误导。通常情况下，公司集团内部业务的发展如果不均衡，某块业务贡献了公司50%以上的利润，那该业务板块往往能够左右公司战略方向。

第二种情况，子公司帮助母公司选择了正确的战略方向，但由于战略变革过程的复杂性，战略变革最终失败。通常，子公司发起的公司战略的改变，必须通过更深层次的组织结构变革，在公司层面建立起与之匹配的新的组织规则制度，才能最终确定下来。事实是，组织结构变革往往复杂而困难，因为它不仅包括制度化、可见规则的改变，还包括无形组织惯例的新建。有些企业集团的CEO来自其下属子公司，对于他来说，以前没有接触过如此复杂的组织结构变革，不得不快速学习来补充大量驾驭变革的技能。否则，他对公司的变革行为就可能因为无法建立新的组织选择机制而失败。

研究表明，在公司中，具有改变公司战略动机的子公司数量可能不超过10%（Andersson et al., 2007）。但是，它们是公司网络中承担着战略使命，并具有较高影响力和资源能力的子公司。这些子公司的管理者很可能将能够影响公司决策、改变公司战略方向视为自我实现、职业生涯成功的标志。当这些子公司的管理者对于自我实现、成功的需求愈加强烈时，他们就越有可能调动自己所拥有的资源和网络影响力，影响公司的战略决策，使之朝着自己设想的方向发展。如果这样的干预偏离了正常的方向或者会给公司带来严重后果，不恰当的战略改变就成为一种无益的偏离性行为。

4. 假设1d：子公司管理者的成就需要越强烈时，不恰当战略改变行为发生的可能性就越大

Birkinshaw（1996）中曾经提到一种具有"孤立的委任"特征的子公司，它们所有权归属于母公司，但被隔绝在母公司网络之外，不被母公司重视和理解，甚至被公司网络误解为没有价值的成员。当公司面临战略收缩压力时，这类子公司成为首先被放弃或者剥离出售的对象。这样的子公司往往是一些具有研发性质的下属机构，它们的孤立，尽管大多数情况下可能是被动的，但仍然会给母公司带来损害，甚至使母公司丧失战略性机会，比如通用汽车与它的"土星计划"。

从动机理论的角度来看，这种孤立状态的出现，主要是子公司得到的胜任力评价持续偏低。我们假设有能力的子公司都具有获得母公司或公司网络中其他成员认可、尊重的需要。但是，由于受到母公司固有模式的影响，这些研发性子公司的一些新观点、创新技术可能缺乏强有力的上层领导支持，遭遇到公司内部主导技术的猛烈攻击。如果创新技术在攻击中败退，该子公司的努力无法得到内部网络认可，它们能从公司得到的资源支持也会随之减少。集团战略收缩开始时，它们首先会被剥离或者为自救而背叛脱离母公司。

5. 假设1e：子公司感知到的胜任力评价越低，持续的时间越长，子公司孤立（背叛）的可能性就越大

（二）子公司偏离行为与子公司贡献的辩证关系

如同淘气的孩子未必是坏孩子一样，子公司的偏离行为不会必然破坏公司业绩，事实也已经证明，不少公司的战略性核心业务恰恰产生于子公司冒险性的偏离行为中。20世纪80年代，为应对日本汽车企业的冲击，通用汽车成立土星公司。为避免土星公司受到总公司保守思想的影响，土星公司的选址、人员配置、供应商等完全独立，"孤立"于通用汽车的传统网络之外。正是因为这样的孤立，保证了土星公司在设立后取得了一定的成功。

但是，土星公司在取得了短暂的成功之后，很快开始走下坡路，原因就在于"孤立"于公司网络之外。当土星开始在公司网络中争夺资源，影响到其他部门的利益时，土星的孤立地位成为它与母公司之间沟通的障碍，导致母公司对其误解的增加，胜任力评价的下降。最终，土星成为通用汽车内部一个"普通"事业部，金融危机中一度被通用汽车放入待售名单。

因此，子公司的某些偏离行为在一定的时间情境下会提升公司业绩，Asakawa（2001）提到，研发性的子公司在创立发展的过程中，需要与母公司保持一定的"距离"，尽量避免受到母公司固有思维模式的影响。但正如Taggart

(1998)发现的那样,子公司的这些行为并不是一种正常的角色使命状态。长期来看,如果它们希望继续被母公司赋予重任,就需要及时向其他的角色状态转化。也即短暂的子公司偏离行为可能会产生积极的效果,但是持续的子公司偏离行为是弊大于利,子公司管理者需要加强自我监控,及时调整自己的行为;母公司的管理者更需要及时采取措施,改变环境,通过调整子公司对自我需要的认知来改变其行为。

假设 2:子公司偏离行为持续的时间越长,对公司业绩的负面影响就越大。

三、偏离行为案例及分析

偏离行为是公司战略管理过程中出现的典型现象,具有一定的偶然性和隐秘性,因此,本研究选择上市公司作为考察对象,仅作探讨性验证。主要是因为,上市公司受到的公众关注度比较高,有助于对资料的可靠性、准确度进行交叉检验。因此,本研究通过 CNKI 报刊资料数据库、财经网站(和讯网、新浪财经)的搜索功能,寻找 2009~2011 年偏离行为的典型案例。然后利用结构内容分析方法,3 人同时编码比较。

表 5.1 企业案例简介

企业名称	所属行业	偏离行为数量
A 公司	金融	2
某医药集团 2	医药	1
B 公司	机械制造	1
C 公司	物流	1

2005 年前的 B 公司集团,各个子公司各自为政,集团领导成了挂衔,"集团总部在子公司心目中几无权威可言,子公司的董事长虽然一般由集团的领导挂任,但他们对子公司的管理基本上是听听汇报,放之任之,造成了集团内部出现'多个 B 公司'的现象"(假设 1a)。

A 公司在进行事业部制改革时,也面临着各地分支机构的"不情愿"。这是因为,各地分支机构在改革之后面临着"更为复杂的增长压力","分账时平均百分之三十几的业务被事业部划走,对很多分支机构而言,同时失去的还包括成熟的增长点和熟悉的业务模式,甚至区域市场的强势地位","在规模过百亿元后重新回到几十亿元的起点,还要面对陌生甚至是未知的市场"。可以看出,在变革之初,各地的分支机构对变革有"抵触情绪"(退出阻碍),是因为它划走了证明分支机构胜任能力的业绩,增加了感知到的胜任力威胁(假设1b)。

A公司的事业部制改革在国内同业中属首创,因此最初,事业部与落地分支机构之间的边界关系处理问题,缺少实现共赢的机制。"分支机构会利用被落地在分支机构的服务来影响事业部,而事业部也会利用评审通道来制约分支机构。"可以看出,对于胜任力评价的不确定性加剧了内部的政治纷争(假设1c)。当时的报刊资料显示,一些外部客户感受到了A公司的混乱,一些证券评级机构也表达出对事业部改革不确定性的担忧。持续的偏离行为是损害公司业绩的(假设2)。但是这种混乱并没有持续太久,到2008年底,A公司实现了总资产、营业收入、净利润同比大幅增长,公司通过改革成功实现规模效益型向集约质量型增长转变。

某医药企业2收购了一家药企,但在业务整合过程中,被收购企业的员工感到自身价值被低估、贱卖,这种情绪并没有得到及时的抚慰,直接就导致了被收购企业员工向外部监管机构举报医药集团的不当行为,这就是一种典型的子公司背叛行为(假设1c)。

总体来说,本研究利用组织行为学中的自我决定理论,从认知层面分析子公司偏离行为产生的前因,补充了以往主要从经济角度的分析。研究结果将有助于提高企业战略管理效率,为公司集团激励子公司积极识别战略性发展机会提供了决策依据。本研究的局限在于,考虑到中国传统的"家丑不外扬"的观念,搜集子公司偏离行为资料非常困难,假设1d没有得到验证。未来,可以在扩大调查样本量或者采用长期案例研究来丰富此观点。

第六章
企业战略更新中的资源角色

资源之于企业，如同血液之于个人，缺少了资源支持的企业无法生存。常规的、既定的企业经营活动往往有相对固定的资源分配方案保证供给。战略更新活动的不同之处在于，它需要大量持续的资源投入，未来收益的可预期与可衡量性低，往往游离在既定的资源分配计划之外，资源往往成为限制企业进行机会识别与选择利用的首要瓶颈。本章的结构安排是，首先资源之于企业的通常作用、常规类型与特性，其次，探讨战略更新机会识别与选择过程中的资源构成、特征及角色。

第一节 资源及其类型、特性与价值

一、资源的理论与资源类型

资源问题几乎在战略管理所有理论中都有探讨，但是以其为核心探讨的理论主要是资源依赖理论、资源基础理论以及稍后的动态能力理论。

（一）资源依赖理论

资源依赖理论（以下简称 RDT）是组织和战略领域最有影响力的理论之一（Hillman, Withers & Collins, 2009），该理论的奠基人是 Pfeffer 和 Salancik 两位教授。该理论的基本假设思想是，所有组织都严重地依赖其他组织提供的重要资源，这种依赖往往具有相互性。资源依赖理论以及组织间相互关系的基本观点是：①理解组织间关系和社会的基本分析单位是组织；②这些组织不是自主的，更多会受到与其他组织的网络相互依赖关系的制约；③相互依赖性伴随着不确定性，后者来自与之相互依赖的组织的行为不确定性，将会导致企业生存和成功持续的不确定性；④组织会用行动来管理自己的外部相互依赖性，尽管这样的行为不可避免未必完全成功，而且还会产生新的依赖性和相互依赖性；⑤这种依赖性模式带来了组织间和组织内部的权力，从而影响组织行为。（Pfeffer，1998）RDT 尝试用这种组织间的相互依赖性概念来解释为什么两个正式相互独立的组织会致力于不同的相互组织间的结构性安排，比如董事会互渗、联盟、合资、内化资源、并购等（Drees et al.，2013）。根据 Hillman、Withers 和 Collins（2009）的总结，资源依赖理论主要被应用在 5 个解释领域，即收购和垂直整合、合资及其他组织间关系、董事会、政治行为以及执行官继任。相比较而言，通过董事会、政治行为以及更换继任执行官来降低组织外部环境不确定性和资源依赖性，组织本身的战略更新行为并不明显，本研究主要讨论并购与合资这两种战略更新行为。在某些情况下，执行官的更迭本身可以成为战略更新的前奏，但是高管更迭与组织更新之间的关系并不确定，比如，CEO 更迭的原因常规与否（Nakauchi & Wiersema，2015）、CEO 原有行业经验与现有企业之间的战略距离（Weng & Lin，2014）等都会调节变革行为发生的可能性。

除了对组织间关系的结构安排选择以外，不同的结构安排会威胁核心组织业绩，破坏企业合法性。如果希望获得更多的战略弹性，那么相互连锁、联盟这样的方式是比较好的；而并购、合资则破坏了双方之间的弹性。如果组织希望获得更多的合法性，那么资源内化的安排就不是太好的选择。未来，RDT 有必要进一步扩展，并与其他相关理论结合来增加解释力。

（二）资源基础理论

资源和产品被看作一枚硬币的两个面，传统的战略管理概念（Andrews，1971）就是通过企业的资源位置（优势或不足）来描述的；而大部分正式的经济学文献则主要是从产品的角度来描述。在经济学中利用资源禀赋来描述经济单位已经由来已久，但是一般是将资源分为劳动力、资本和土地。1933 年，经济学家 Chamberlin 与 Robinson 对企业拥有的特定资源的重要性进行了研究，提出了特殊的资源或匹配的能力是保证企业在非完全垄断竞争状态下获取经济回报的关键要素。不过，一般认为，Penrose（1959）最早将企业看作更宽泛资源的组合。

Penrose（1959）的贡献集中在四个方面。第一个是关于竞争优势的创造。Penrose（1959）提出企业拥有的资源包括物质资源和人力资源，而经济价值的创造不是单纯因为拥有资源，而是由于对资源进行的更加有效和创新性的管理。

她还认为，就资源和产出性机会的产生之间存在因果联系。正是管理者的经验和企业中的其他资源影响了企业可用于成长和创新的独特的产出性机会。在企业成长的方向和速度方面，Penrose（1959）认为，可用的高层管理人才和技术人才在一定的时期正是企业成长速度的瓶颈。而现有的知识基础以及企业中未充分利用的资源决定了企业成长的方向。Penrose（1959）对于基于资源的相关性与企业层次的绩效之间的联系给出了综合性的解释，那些产生了最优成长模式的选择就是导致经济租金的直接结果。

第二个是关于竞争优势的持续。Penrose（1959）强调了持续的保持企业现有的能力和知识基础对于保护现有竞争优势的重要性。事实上，Penrose强调时间维度以及通过持续的创新来更新经济价值从而保护现有的优势。这多少有些类似于Teece等人在1997年提出并完善的动态能力概念。另外，Penrose也讨论了对于保护现有企业地位会发生作用的一些因素，包括大规模的资本、品牌忠诚度、名誉与合意的分销商安排。当然，Penrose（1959）并不否认熊彼特式竞争和创业的存在。

第三个是关于阻隔机制。Kor和Mahoney认为，Penrose（1959）至少在5个方面对阻隔机制（isolating mechanism）做出了贡献，分别为：①资源开发中的路径依赖问题；②管理者所拥有的企业专有知识；③管理者共享的团队特有经验；④管理者的创业家远见；⑤企业进行学习和多元化的异质性能力。

第四个则是就竞争优势与经济租金进行了探讨。Kor和Mahoney认为，Penrose（1959）同样关注利润的问题，只不过不是严格的利润最大化的方法。Penrose（1959）假定，管理者有能力且有兴趣进行投资追求营利性成长。Penrose（1959）认为，如果企业没有在成长的速度与管理层服务的能力之间保持平衡，企业的成长动机就不会有效，也不会具有盈利能力，这正是影响成长和多元化的战略性因素。

后续Wernerfelt（1984）、Barney（1986，1991）、Dierickx和Cool（1989）围绕着竞争优势来源、竞争优势持续等问题继续展开讨论，最终建构起资源基础理论的总体框架和研究问题，并使得资源基础理论成为20世纪90年代之后战略管理研究主要理论之一。

（三）动态能力理论

为了解释在动态环境中企业如何构建起竞争优势，Teece、Pisano和Shuen（1997）提出了"动态能力"，即企业整合、构建和重构内部和外部的竞争力以应对迅速变革的环境的能力。这是一种动态化的资源基础观点，是为了解决资源能力的持续更新假设与组织能力模式化。

动态能力的研究前期关注在动态能力的界定，与资源的区别，后来扩展到能力本质、前因、流程、产出以及创新影响的研究。据 Schreyögg 和 Kliesch-Eberl（2007）两位学者按照对于能力矛盾克服方式的划分，现有的关于动态能力的研究大体可以分为三类。他们认为这些能力之间的区别主要体现在四个方面，分别是主导的学习方向、动态化机制、惯例的重要性、在 RBV 背景下的能力。具体来说，可以整理（见表 6.1）。

表 6.1 不同动态能力研究的比较

	激进动态化方法	整合动态化方法	惯例动态化方法
主导的学习方向	实验学习	在能力框架下的历史性学习	在创新惯例框架下的历史性学习
动态化机制	特定问题解决流程的领域	能力内部的流程	能力外部的流程
惯例的重要性	低：尽可能避免惯例	中等：建立惯例和路径	高：建立多层的惯例
在 RBV 背景下的能力	范式变革：能力随着战略性资源消失	范式调整：将能力看作动态的战略性资源	范式变异：能力是战略性资源；总能力是动态化的媒介
代表学者	Eisenhardt & Martin, 2000	Teece et al., 1997	Winter, 2003; Zollo & Winter, 2002

资料来源：笔者整理自 Schreyögg, Georg & Kliesch-Eberl, Martina. How Dynamic Can Organizational Capabilities Be? Towards a Dual-process Model of Capability Dynamization [J]. Strategic Management Journal, 2007, 28(9): 924.

Schreyögg 和 Kliesch-Eberl（2007）认为，现有的 3 种研究方法并没有真正解决能力存在的矛盾问题，因此他们提出将能力的利用和探索职能分开，加入了"能力监管"职能，提出了一个双过程的模型。不过，监管本身是不是会被模式化，它与创新惯例的区别，二位学者并没有明确地阐述。同时，二位学者也承认，能力监管也要考虑监管的成本以及能力可变革的程度，如果成本过高或者能力重组困难，那么监管的价值也受到影响。当然也有学者跳出了动态能力的范畴，提出更大范围动态化的资源基础观点，并就理解这种能力的动态化提出了能力生命周期的概念（Helfat & Peteraf, 2003）。这是对能力演化研究进行的有益探索。不过 Helfat 和 Peteraf（2003）尽管强调能力与资源的差别，但是在推导中又常常将能力等同于资源。这种对于能力演化的探讨也促使学者将考察对象进行转移,从最初主要关注已建企业或者说成熟企业,是对能力的一种后见之明的总结归纳,一些学者开始将企业的年龄、创业精神等思想引入动态能力的研究,并考察年轻的企业中动态能力的培养、形成和发展,比如,Helfat 和 Peteraf（2003）、Zahra 等（2006）、George（2005）。

二、资源的特性

什么资源可以带来竞争优势？什么资源可以保持竞争优势持续？围绕着这样的问题,资源基础学派和动态能力理论进行了相关的研究。

资源位障碍本身就可以为先动优势提供保护,也就是资源会影响后来者的成本和收入。而且这种障碍不仅存在于在位企业和潜在进入者之间（类似波特的进入障碍）,而且存在于在位企业之间（Wernerfelt, 1984）。不过,进入障碍与资源位障碍之间存在绝佳的双重性,即"缺少资源位障碍的进入壁垒会让企业脆弱地暴露在多元化进入者面前,而缺少了进入壁垒的资源位障碍则让企业无法利用壁垒"（Wernerfelt, 1984）。

战略因素市场不完备带来的资源利用成本差异成为竞争优势来源（Barney, 1986）。在战略因素市场不完备的情况下,企业所拥有的战略资源未来价值不同,就可能使不同企业战略执行的成本不同,就有可能获得超额的绩效回报。延续这一思路,Dierickx 和 Cool（1989）提出资产积累流量过程的不可模仿性决定竞争优势被复制的难易程度,因此,积累具有不可模仿性的资产过程应该具有以下几个特征,即时间压缩的不经济（time compression diseconomies）、资产规模效率（asset mass efficiencies）、存量资产交叉性（interconnectedness of asset stocks）、资产侵蚀（asset erosion）和因果模糊性。

Barney（1991）界定出了可以获得持久竞争优势资源的四个特点。①必须具有价值,也就是说它必须可以用来开发机会或者减少环境带来的威胁。②在企业现在或潜在的竞争中,这种资源必须是稀缺的资源。但是至于稀缺的资源如何能够产生竞争优势,Barney（1991）认为是一个比较困难的问题,不过有一点可以推测,只要拥有这种有价值的资源企业数量小于行业内实现完全竞争的企业数量,那么这种资源就可以带来竞争优势。③这种资源必须具有不完全的不可模仿性。而企业产生这种不完全的不可模仿性,大概有三个方面的来源：其一,企业获取这些资源的独特的历史条件；其二,资源与竞争优势之间存在的因果模糊性；其三,产生企业竞争优势的社会复杂性（Dierickx & Cool, 1989）。④不应是既不稀缺也可模仿的战略上等价值资源,也即可替代性（substitutability）。

Barney（1991）最后形成了资源的异质性和不可移动性、资源的四个特质与持久竞争优势之间的资源基础理论模型（见图6.1），并认为企业持久竞争优势的来源就是具有价值、稀缺、不完全可模仿、不可替代的企业资源。

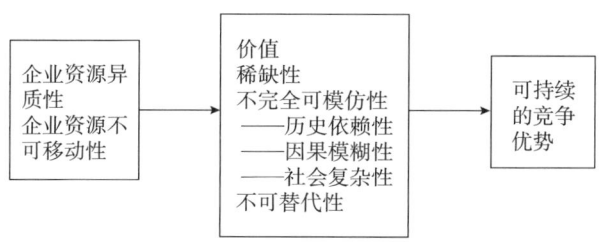

图6.1　资源特性与企业竞争优势的关系

资料来源：Barney, Jay, B. Firm Resources and Sustained Competitive Advantage ［J］. Journal of Management, 1991, 17（1）：112.

三、资源的价值

在资源基础理论中，资源被分为物质资本资源（Williamson，1975）、人力资本资源（Becker，1964）和组织资本资源（Tomer，1987）。物质资本资源包括企业内部所使用的物资技术，企业的工厂和设备，以及它的地理位置、原材料的获得途径。人力资本资源则包括培训、经验、判断、智慧、关系和企业中的个体管理者和工人。组织资本资源包括一个企业正式的汇报结构、正式和非正式的规划，控制和协调系统，也包括企业内部以及企业与环境之间群体中的非正式关系。不过，上述3种资源并非都是战略相关性资源。

资源基础理论的观点认为，具有某些特性的资源是企业竞争优势的来源，不过后续也有学者提出，资源之间的连接是更为重要的竞争优势的来源。资源及其连接的松紧程度形成了不同环境中不同战略逻辑与竞争优势的关系。在中等动态的环境中，拥有VRIN特性的资源就可以帮助企业获得中期的竞争优势，也即杠杆逻辑，这是传统的资源基础理论所持有的主要逻辑；而在高度动态的环境中，企业利用简化的流程来获得一个个短期的竞争优势，也即机会逻辑，这也是动态能力所主要遵循的逻辑。

第二节　企业战略更新中的资源构成及刚性

资源及其组合既是战略更新活动的目标，又是战略更新机会识别与选择的基础保障，已经有一系列的学者讨论更新转型中的资源问题，比如 Ravasi 和 Lojacono（2005）、Capron 和 Mitchell（2009），因此，本部分将讨论战略更新机会识别与选择中的资源构成及其特征。

一、职能视角的战略更新资源构成

从职能角度来看，战略更新所需要的资源主要包括研发资源、制造资源、营销资源等。Birkinshaw 等 1995 年对 MNCs 分别在加拿大、苏格兰和瑞典的 225 家制造型的下属单位进行了调查，主要希望了解下属单位如何对 MNCs 的 FSAs 做出贡献。在设计问卷时，三位学者将能够影响贡献角色的资源操作化为研发资源、制造资源、营销资源、管理国际化活动的资源、创新和创业精神。与资源相近的是能力，能力是企业利用资源来实现期望目标的能力，包括研究能力、信息技术能力、工程经验、商业回应、项目管理技能和网络管理经验。在具体的操作化时，这些能力具化为技术能力、营销能力、目标能力与现有社会系统一致度、目标能力的社会接纳度（Capron & Mitchell，2009）。

资源的绝对量固然重要，但是在母子公司架构中，资源的相对优势以及资源组合更具有吸引力。在比较复杂的 MNE 背景下，能够推动下属单位创业的资源构成不再是单纯的研发资源、制造资源或者营销资源，在各种各样的下属单位动意中，主流的研究倾向于强调下属单位所拥有的相对资源优势和资源组合的重要性（Verbeke & Yuan，2013）。相对资源优势（relative resource superiority）通常相对于企业内外部的竞争对手来说，比如同样需要这些投资基金的其他下属单位，或者外部竞争对手（行业竞争对手），表现在资源价值、稀缺性和不可模仿性。关注相对资源优势，与子公司专有优势，与企业的国际化理论，与资源基础观点是一致的。

二、可得性视角的战略更新资源构成

除了职能性资源，战略性资源的可得性也非常重要。松弛资源的问题被从行为理论中引入公司创业的研究中。松弛资源是企业行为理论的核心概念，内隐的出现在资源基础理论和相对资源优势中。资源松弛是指企业在满足给定水平的组织产出所必需的最小量资源之后出现的剩余资源池（Nohria & Gulati，1996）。换句话说，这些资源可以通用于计划外生产的其他目的。现有松弛资源的研究简单分为两部分：推动创业与阻碍创业（Bradley et al.，2011；Simsek et al.，2007）。一些研究者（Mezias & Glynn，1993）认为，松弛资源可以被用来试验一些风险项目，通常这些项目没有办法获得常规的内部资源支持。与此类似，在简单组织中，松弛资源同样有助于企业进行探索性创新。Dasi 等（2015）对 132 家中小型企业的调研发现，企业的探索性导向定位会推动企业进行国际化的尝试，但是二者之间的关系受到企业所拥有的松弛资源的调节，在松弛资源的调节下，探索性导向与管理者的国际化意图之间呈现出倒"U"型关系。

相反，一些学者（Jones & Butler，1992）则将松弛资源看作平庸和无效率的诱因。原因在于，松弛资源在组织内部扮演着环境压力缓冲剂的角色，因而组织在有风险的探索性的活动上投入减少，相反，如果缺少这种缓冲剂（没有松弛资源），反而会增加组织进行创业的紧迫感。

除了上述两类截然相反的观点，也有学者认为，应该增加其他维度从而更全面解释松弛资源与创新动意的关系，并不是所有的松弛资源都可以培育创新。以通用的可用剩余资源池形式存在的资源松弛，或许会支持试验。但是问题在于，如果没有相对优势的资源，仅仅松弛资源本身是否足够将试验探索推进到"开花结果"的程度？在 MNE 背景下，缺少了相对优势资源，总部可能会强迫下属单位放弃任何新的、可观察的、偏离其既定使命任务的创业动意。因此，可以看出，能力和松弛资源在创业中扮演着有差异且相互补充的角色，它们相互作用推动子公司的动意。

这种与下属单位创新动意紧密相关的能力被称为"价值链下游的能力"，它更可能与下属子公司的松弛资源互动激发创新机会。宏观环境的变革已经对价值链活动进行了更加细致的分配，在 MNEs 内部找到最优地点（Kedia & Mukherjee，2009）组织运作，价值链活动的空间最优地点分布恰恰暗示在特定地点有最佳子公司存在，这往往能够产生"上游—下游"的下属公司能力维度（Rugman & Verbeke，2004）。大部分发达国家的 MNEs 子公司在一些新兴市场经营,比如过去在中国,主要的目的往往就是希望基于所在国来对现有技术进行利用,而不是进行探索尝试;这些子公司顶多只是搬运工,把技术从公司总部搬运到子公司所在国。当然,近些年,随着中国经济体规模及技术含量提升,越来越多跨国公司已经或者正在中国设立研发中心型子公司。上游相对优势资源(能力)与下属子公司的松弛资源联系在一起,由于子公司没有得到过这方面的角色使命,所以,子公司即使把二者结合起来也不太可能成为新市场机会的市场先行者。相反,下游的能力(比如营销技能)往往具有地域特性,如果真能够响应当地需求,或许的确可以形成该下属公司相对的资源优势,至少具有地域特色。另外,公司总部往往会干预任何利用松弛资源的新资源组合形式,以免下属公司陷入竞争被动。这样看来,松弛人力资源更可能与下游能力间的互补性比较强。

总之,Verbeke 和 Yuan(2013)提出了下属单位中进行逆向战略更新所需要的资源应该具备两个条件:第一是相对资源优势,这种优势最好源自下属公司所在的地域特色;第二是松弛资源,考虑松弛金融资源会受到总部的严格审查与控制,对下属公司的更新机会识别与选择产生影响的主要是松弛人力资源,因为总部需要大量的信息和时间才能有效地监控下属公司松弛人力资源的使用,考虑组织中沟通的不完备性,信息的不对称性始终存在,总公司往往很难对松弛人力资源进行有效且经济的管理方式。

三、战略更新中的资源刚性

所谓"成也萧何,败也萧何"。资源投入在便利推动企业识别选择战略更新机会的同时,资源刚性也随之产生并逐渐强化。比如,Capron 和 Mitchell(2009)通过对国际电信行业的研究发现,企业既有的资源储备和内部社会背景会限制企业获取新资源能力的模式。企业既有的学习积累知识储备内化为企业吸收能力,决定企业的适应能力:吸收能力强,组织在面临外部环境变革时快速反应变革的可能性会增大;反之则减少。

既有的资源投入在新的更新机会识别与选择决策中变成沉默成本,影响企业评价新的业务进入与退出决策。比如 Lieberman、Lee 和 Folta(2016)利用资源相关性(resource relatedness)和经济理论中的沉默成本(sunk costs)的概念,来评价资源再分配潜力对多业务企业中的进入和退出决策的影响。如果新业务的业绩低于预期,多元化的企业可能将这些资源重新分配到相关业务中去。事实上,相关性减少了新业务产生的沉默成本,这就有利于退出。相反,这也影响进入的决策:通过降低失败成本,再分配潜力也有刺激冒险进入和更多试验。这种因为相关带来的收益不同于标准意义上的"协同"。

在直接投资之外，互补性资产组合也会对企业新技术投资轨道的选择产生影响。Wu、Wan 和 Levinthal（2014）在位企业往往不能应对突破性技术变革，这已经成为技术战略研究领域的核心问题。他们侧重考虑互补资产组合对企业投资新技术轨道的影响。两位学者提出了一个基于技术轨道和互补资产的分析模型。研究发现，互补资产对在位企业应对突破性技术变革有双重作用：不仅可以作为缓冲技术变革压力的资源（管道），也可以成为一面镜子，帮助企业评判那些变革，影响企业应对变革的资源投入规模，以及投入的方向轨道。

这有点像更新惯性的原因。既有的互补性资产的存在会限制接下来应对变革的规模和方向。这也就使企业在进行战略更新时，战略更新的轨迹会比较趋于接近或相似，短期内不太可能出现突破性改变。不过，Wu 等（2014）主要考虑的是技术性战略变革，本书认为，其他非技术性战略变革同样会因为个体认知刚性而产生路径依赖性。也就是说，打败我们的敌人往往就是我们自己。

考虑资源刚性，企业该如何实施战略更新资源管理？Ghemawat 和 del-Sol（1998）从资源的专有性（弹性）的角度来讨论企业究竟应该进行承诺管理还是弹性化管理。作者的主要观点是，对于企业专有的资源，因为通常具有企业黏性，直接关系企业竞争优势的来源，并影响企业长远发展，必须进行承诺管理，加强长期投资。比如企业的品牌建设、专业化的工厂、吉列的刀片技术等。而对于弹性的资源，要具体问题具体分析，如果弹性是无成本，那么几乎所有企业都需要企业特有而弹性的资源；但事实上，保持弹性是需要成本的；如果资源弹性高，企业可能更愿意进行投资。现实的竞争需要企业在承诺与弹性之间加强管理。也就是说，承诺中弹性的实现依赖于管理者的作用，包括依据反馈对既定规划的适应性调整，甚至实在糟糕时，选择放弃。

第三节 下属子公司逆向战略更新的资源类型及特性

跨国公司是当前企业的一种重要形式，因此，本节侧重讨论在跨国公司背景下下属子公司发起逆向战略更新所需要的资源类型及资源特性。

一、下属子公司逆向战略更新的资源类型

如前所述，推动创新动意发展需要的职能资源包括研发资源、制造资源、营销资源等，但是从可得性的角度来说，创意发展初期的试验阶段，专有的制造资源很难保证丰富，能够进入松弛资源池的往往来自一些无形资源或者是下游资源能力，比如人力资源、战略性信息以及一些特色营销资源。

（一）战略性人力资源

人员通常是企业中最具活力的资源，还是其他各种无形资源在公司内部单位间转移的实施者和载体之一。有学者将人力资源和企业的战略目标联系起来，认为，"规划的人力资源配置模式以及导向的行为，可以推动企业实现目标"。将企业中某些人员看作对企业战略具有重要价值的资源。

已经有研究证实，相比于财务等其他资源，人力资源是子公司创新活动中唯一可得性最大的资源。战略性人力资源主要包括两大类，一类是优秀的技术人员，另一类是优秀的管理者。因为，这两类资源对公司战略具有重要性，他们都有可能被提拔到公司层面的重要岗位上，将各自的技术理想或者经营构想在公司范围内推广，帮助实现公司的业绩目标。在 MNE 下属公司背景下，松弛资源的弹性存在实质性差异。松弛人力资源通常能够比较容易地分配到各种当前正在开展的活动中，进入新项目中（特别是那些与子公司现有产品靠近的领域）。公司总部不太可能宽泛、持续地监控这种资源，因为缺少必要的成本和信息支持。相反，另外一种松弛金融资源，尽管往往也被看作具有通用性质，可以不受限制地跨部门使用，但是，子公司层面对这种资源的使用很容易受到公司总部的密切监控。在某些情况下，这种监控会非常严格，以至于不可能有计划外的其他使用。因此，松弛人力资源可以为管理者在进行战略决策时提供多种多样的弹性，比如进行战略更新机会的识别与探索利用。

（二）战略性信息

信息往往不是企业扩张，尤其是跨国公司扩张所要寻求的直接目标，但是信息往往以环境调节变量的形式影响公司决策与绩效之间的关系。如果下属单位能够控制对母公司的战略性决策具有影响的重要信息，那些下属单位就会因为母公司对这些信息的依赖性而在公司网络中具有突出重要的地位，逆向影响母公司。这些信息可能包括下属单位掌握的当地市场的信息、产品的信息以及价值创造方

式等方面的重要信息。当然，只有在提供的信息数量和信息确定性（质量）都比较高的情况下才会对企业绩效有积极的正向影响。

在某些特定的情景下，下属单位持有的信息对公司战略更新成功与否举足轻重：第一，公司主动或被动进行重大改革的背景下，来自下属单位的逆向信息反馈是变革活动有效与否的"晴雨表"；第二，在当地市场比较复杂，公司又缺乏对这些市场了解的情况下，下属单位的管理者更容易利用自己掌握的当地信息来逆向影响母公司决策。前提是，这个市场应该对母公司具有战略性意义，比如中国市场。

进一步推广，当跨国公司对区域性总部、下属单位空降高层管理者的时候，这些空降人员一般会拥有母公司所看重的独特的地域性的信息或者经验。当然，如果下属单位的管理者在下属单位中长期任职，尤其还是该下属单位创建者的情况下，就更有可能掌握大量独特而有价值的市场信息、产品信息或者其他战略性信息。从社会资本的角度来看，在其他条件等同的情况下，这样的下属单位就会越来越从公司网络的边缘接近公司网络的中心，并占据着越来越多的结构洞，获得更多的权力影响母公司的战略性决策。

（三）下游经验知识

活动与信息的分析、提炼、融合与编码后就形成了知识。在公司网络中，知识意味着权力（Mudambi & Navarra，2004）。下属单位的合法性地位表明，它对于有形资产的控制只能在母公司认定的范围内。一个下属单位讨价还价的能力，必须建立在无形资产的基础上……资产的主题就是知识（Nonaka & Takeuchi，1995），这样，知识密度高的下属单位在母公司网络中就有较强的讨价还价能力。一般职能的下属单位拥有更多的技术创新、下游的商业化知识和市场最新变化的知识等，这些统称为下游经验知识。

有研究表明，能够在母公司与下属单位之间流动的知识主要有六种类型，分别是关于顾客的市场数据、关于竞争者的市场数据、营销经验、分销经验、技术经验和采购经验（Gupta & Govindarajan，1994）。而 Schulz（2003）则提出了三种可以转移的组织知识，即技术有关的知识，销售与营销相关的知识以及与政府机构、竞争者和供应商相关的知识。综合以上两个研究，Yang 等（2008）提出包括与技术经验相关的知识、与销售与营销相关的知识、与金融资源相关的知识以及与管理相关的知识四种类型。在此基础上，本研究更倾向于将知识简单地分为技术创新和实践经验两种类型。

技术创新知识往往带来满足市场需求的新产品的出现，围绕着新产品及其收益组建新的下属单位，并最终将该项业务融入现行公司战略中，是比较普遍的类型。比如跨国公司在海外设立的研发机构。德尔福的中国研发中心就具有这样的特征。德尔福是全球领先的汽车零配件厂商，其产品线涵盖了汽车所有的零部件，自1993年开始就在中国开展业务。其在中国的研发中心经历了从最初为本地客户进行本地应用开发和工程开发到为全球客户服务的过程，在中国研发中心已经具有了全球工程的能力。比如，有一款很复杂的产品叫后座位电视显示屏，又叫汽车后座的娱乐系统。它原来是在美国做的开发，后来公司认为中国的能力比较强，就把显示屏的管理移到中国，由中国负责管理这个显示屏，把在欧洲、美洲各地所有不同地方的研发力量整合起来，经过德尔福中国研发中心的创新，把它统一起来，更大地在全球进行供应和分布中利用了中国的优势。

另外，关于组织实践的转移也可以成为下属单位战略更新的资源基础，比如 Chung（2007）对于一家总部设在中国香港的货代公司其深圳下属单位的组织实践进行观察，以及这项组织实践的转移最终改变了母公司的同样实践流程。相对来说，对于组织实践的观察和界定可能比较困难。

需要说明的是，并非所有的行业都会同时拥有上述所有战略性资源才会对母公司逆向影响，不同的行业之间会有所侧重；或者是某一类资源特别突出，其他资源是辅助。下属子公司的逆向战略更新资源的积累过程如同修建木桶一样，应该是动态补齐平衡的过程，影响因素可能包括子公司业绩、与母公司关系、母公司战略目标等。

二、下属子公司逆向战略更新的资源特性（VIUTR）

下属子公司逆向推动战略更新的过程如同其在公司网络中获取相对竞争优势的过程，因此，仿照 Barney 获取竞争优势资源的特性，本研究也尝试描述下属子公司的资源特性。与获取一般竞争优势类似，下属子公司的资源也需要具有相对资源优势，这可能包括价值性、稀缺性与不可模仿性；与获取外部竞争优势不同，公司内部网络中合作与协同更加重要，因此，下属子公司资源的可转移性与被认可性同样重要。

（一）下属子公司资源的价值特性（Value）

价值特性是资源的基本属性。一项资源之所以成为资源，其基本条件就在于它能够具有价值，如果资源失去了价值，如同皮之不存，毛将焉附？那么究竟什么是价值？Barney（1991）认为当这些资源可以让企业执行战略来提升效率和有

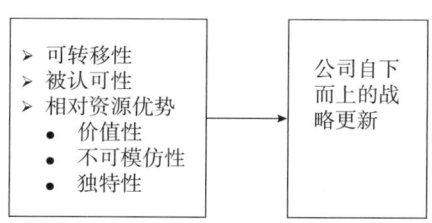

图 6.2　下属子公司资源特性与逆向战略更新关系

资料来源：笔者整理。

效性的时候，就可以认为这样的资源具有价值。Madhok 将价值定义为资产或者经验产生租金的潜在能力。

本研究认为，资源的价值不仅要体现在外部市场竞争中，同时还要在公司内部的互惠交换中具有价值，也就是说，逆向战略更新的资源价值具有双重含义。首先，这项资源可能会对下属单位自身竞争优势的创建具有贡献，能够产生租金或者利润。其次，也是更为重要的一点，这项资源需要对公司网络中的其他单位有贡献。下属单位的权力、影响力来自对公司网络中其他单位竞争优势的贡献（Andersson et al.，2007）。如果该项资源对下属单位贡献不大，但是能够成为公司网络中其他单位竞争优势的重要贡献者，那么这项资源对于逆向战略更新来说也是有价值的资源。比如，下属单位进行研发活动，在实现自己预定开发目标的同时，也产生了一些其他附带的技术成果，这些成果在下属单位最初的研发设计之外，它现有的生产经营活动也不需要这样的技术，但是，公司中有其他单位可能正需要这种技术。那么，这种技术对于公司网络中的其他单位来说就是有价值的。相反，如果某项资源仅对下属单位有贡献，而无法被公司网络中的其他单位利用，那么它也不能够成为逆向更新中有价值的资源。

（二）下属单位资源的不可模仿性（Imitability）

逆向战略更新具有长期而反复的特性，为此，它需要资源应该能够提供两个方面的保证：一是在当地市场竞争中的持续成功，二是在公司网络中的持续权力、影响力。资源的不可模仿性使逆向战略更新的这两个保证得以实现。这样，逆向战略更新中资源的不可模仿性不仅需要在某地的市场竞争中与竞争对手的资源相比具有不可模仿性，同时也需要与公司网络中其他所有单位相比。

尽管超强竞争不断侵蚀着企业竞争优势的持久性，但是，独特而有价值且不可模仿性的资源，一定程度上保证了相对持续性的竞争优势。这对于逆向战略更新有积极正向的影响。首先，持续时间较长而不是昙花一现的竞争优势更容易引起母公司高层的关注，更容易得到母公司的认可。公司高层管理者每天有太多的信息需要处理，就必然对进入自己视野的信息进行选择。公司高层管理者的关注是一种重要的资源（Dutton & Ashford，1993），获得高层的关注是下属单位逆向战略更新的开始，也是逆向战略更新能够成功的保证。

关于不可模仿性的来源，Barney（1991）认为是三种因素混合作用的结果，即独特的历史条件或者被后来学者更多使用的路径依赖性，这带来了时间压缩的不经济；资源和竞争优势之间关系的因果模糊性，这让反向工程变得困难；诸如与供应商关系、企业口碑等资源本身已经超出了企业完全控制和影响的范围，加入了社会复杂性，因而也具有不可模仿性。不可替代性是不可模仿性的一种形式（Barney，1995）。在实践中，价值和不可模仿性最为重要，因为资源难以模仿，从定义上来说也是稀缺的（Hoopes et al.，2003）。

Bingham 和 Eisenhardt（2008）认为，因果模糊性带来的不可模仿性可能还有两种原因：其一是依赖于即兴而为的组织流程的简化；其二就是资源和资源连接的不同类型带来了不同类型的不可模仿性，这进而也形成了不同的战略逻辑。这样，不可模仿性更加复杂化，实际上，有时候这种因果模糊性连企业中的内部人也无法讲清楚，对企业外部人来说，想要复制就更加困难了。一位经理曾说，"我们拥有行业内最好的研发能力，但是我也不知道为什么会这样"。

（三）下属单位资源的独特性（Uniqueness）

在资源基础理论（RBV）中，资源的独特性（uniqueness）或称专有性是另一个被广为认可的资源特性，Barney（1991）认为，独特性来自稀缺性、不可模仿性和不可替代性，以企业外部的竞争对手为参照对象。而在逆向战略更新中，资源的独特性则增加了在公司内部进行比较的含义。这种独特性更多地与下属单位经营所在地的地域特色联系起来，因此，也被称为地域专有性（Birkinshaw，Hood & Jonsson，1998），即为相比公司内其他地方都更优的资源。借助下属单位获取地域专有性的资源也正是母公司积极进行 FDI 的初衷。比如，大量美国和中国公司选择在以色列建立研发中心，目的在于利用当地高效先进的研发创新能力。

在跨国公司（MNCs）网络中，使命或者角色的获得具有竞争性（Galunic & Eisenhardt，1996，2001），如同公司内部也有一个章程、角色的市场一样，独特而不可模仿的资源是竞争获胜的重要基础。过度的地域独特性甚至地域黏性对当地下属子公司或者其母公司来说都可能是一个灾难，这可能意味着该子公司在公司网络中无法被理解，知识流出较少，最后被边缘化。因此，资源的独特性必须与后面将要提到的可转移性结合。

（四）下属单位资源的可转移性（Transferability）

资源具有黏性（Szulanski，1995），如果下属单位独特的资源具有地域局限性就不太可能为下属单位在公司网络中赢得权力。因此，在逆向战略更新中资源的可转移性是一个重要的特征，这一点也得到了相关研究的支持（Birkinshaw et al.，1998）。资源的可转移性为下属单位独特而有价值的资源（SSAs）转变成公司的优势（FSAs）提供了可能，下属单位也正是借助对公司优势形成的贡献作用而获得权力，影响母公司的战略性决策。相反，不能够将深嵌入当地的地域局限性优势转化为母公司优势的下属单位则可能成为公司网络中的"孤岛"（Birkinshaw，2008），比如 Rugman 和 Verbeke（2001）的 FSAs 的模式Ⅳ，根本不可能对母公司的战略创新发生影响。这一点也得到了 Rugman 和 Verbeke 的证实，他们认为下属单位的 SSAs 的开发并转化为 FSAs，其中一个重要的影响因素就是内部知识的移动障碍。

这样的移动障碍可能包括接收者缺乏吸收能力、因果模糊性和来源——接收者之间吃力的（arduous）关系。跳出学者实证调研的具体背景，影响资源可转移性的障碍来自4个方面，包括资源本身的特征、资源的来源、资源的接收者以及资源转移的环境。在下属单位逆向战略更新向母公司转移资源时，可能还有必要特别考虑下属单位的使命以及下属单位所使用的转移机制。

（五）下属单位资源的被认可性（Recognized）

在逆向战略更新中，资源还需要具有的一个非常重要的特性就是被认可性。Birkinshaw 等（1998）提出下属单位的主动性能够对 FSAs 有所贡献，其资源需要具备几个特征，其中之一就是强调要具有被认可性（recognized），即跨国公司（MNCs）中的其他成员对于下属单位专有资源的广泛理解和接纳。没有被认可的资源缺少在公司网络中存在的合法性，尽管偶尔会借助于非正式的途径发出自己的"声音"，但是永远被排斥在公司网络的主流范围之外。在 Birkinshaw 的研究中，他提出，不是资源本身，而是被证明了的资源推动了下属单位的主动性。资源被认可的方式一般有两大类，即自上而下的流程和自下而上的流程。自上而下的流程则主要是公司管理者主动去寻找，他们搜寻的范围会局限在他们认为处于领先地位的下属单位中，这些下属单位可能本身就被母公司赋予了战略性角色的使命；而自下而上的认可过程则需要下属单位的创业努力，挑战母公司对自己业已形成的认知现状。

资源的被认可或者被证明,表明了下属单位以往成功的历史以及长期以来独特而有价值的能力的积累。其影响主要体现在两方面:第一,可以增加下属单位在公司网络中(尤其公司高层管理者)的可见度(Birkinshaw et al.,1998),逐渐树立起卓越中心的形象;第二,这也有利于下属单位中资源的转移,因为这可能暗示着被转移资源的高价值,并在筛选过程中顺利通过转移筛选。如果缺少这样的记录,说服接收者致力于知识转移就比较困难(Rogers,1983),也比较难以将具有争议的整合努力合法化(Goodman, Bazerman & Conlon, 1980; Nelson & Winter, 1982)。总之,被认可或者被证明,意味着下属单位的创新努力得到了公司主导逻辑的认可,成果得以合法化,具有在公司范围内推广创新的价值。

本章主要讨论了资源在企业战略更新中的角色,作为企业一切活动的基础,适度松弛的弹性资源的存在会推动探索性创新活动,从职能上讲这样的资源可能包括人力、金融、技术等多种资源。需要注意,松弛资源的存在意味着一定程度的资源利用低效率,再考虑资源刚性带来的路经依赖性,企业在承诺与弹性之间需加以平衡。

在跨国公司背景下,下属子公司往往是逆向战略更新的推动者与发起人。他们所能依赖的松弛资源主要是战略人力资源,以此来尝试培育既有边界外的创新动意。逆向更新成否的关键还在于下属单位创新创业后积累起的战略性人力、战略性信息、下游经验知识是否具有 VIUTR 特性,即价值,不可模仿性,独特性,可转移性与被认可性。

第七章
企业战略更新惯性与途径效率

在超强竞争背景下,依托中高层管理者的环境洞察力与战略执行力,组织持续更新以保持企业战略与外部环境的一致性,提升企业业绩。实践中,除了极少数例外,大多数企业往往在一轮或者几轮的更新适应之后,就开始偏离环境变革的轨迹,惰化与刚性束缚效应凸显,创新迟滞或者缺乏市场回应。从中可以看出,战略更新本身的惯性出现了,成为企业与环境沟通适应的离心力,阻碍企业与外部环境的适配度。因此,本章从活动系统角度探讨企业战略更新惯性问题,并简单比较几种更新途径的效率。

第一节 组织活动系统的研究起源

一、行为活动系统的起源

行为理论被定义为在特定的历史文化背景下社会互动的心理发展过程(Vygotsky,1978)。个体以互动为解释基础,将意义归为自己或者他人的行为,从而能够投入分享行为(Vygotsky,1978;Wertsch,1985)。行为理论的起源是苏联心理学家维果茨基(Vygotsky),他主要致力于儿童发展与教育心理,着重发展对儿童思想与社会关系的理解。他认为,对这些关系的理解不能用简单的二分法,比如头脑与身体、思想与活动、个体与社会,等等。当时西方心理学界主流的思想是清晰分割,他的观点具有典型的马克思主义思想,也就是说,他坚持认为,决定个体社会存在的并不是人的认知度,而是社会经验,后者塑造了人的认知度;人的认知是一个心理过程,仅能通过所嵌入的文化因素来理解。

同时代的行为理论还有各种形式。不过,所有的都有一个明显的共同特征,那就是试图构建一个整体性的知行描述,都强调"知悉"的集合、情境化与试验性本质。一些学者(Brown, Collins & Duguid, 1989; Lave & Wenger, 1991)聚焦于人们建立活动共同设想的过程;其他人(Hutchins, 1983; Engestrom, 1987, 1993)构建社区行为设想与物料、头脑、社会资源之间关系模型。前一种方法建立了社会化学习模型,后者探索了社区可以推动开展新行为设想的环境条件。

延续前一种方法的思路,Orr(1990)分析了施乐公司技能留存实践。他发现,技术型员工对某些复杂技术问题处理方法的知识分享故事如何成为这些员工活动中非常重要的一部分。第一步,他们首先相互讲故事,可能是一个关键的信息功能,或者是特定具体的问题;第二步,故事讲述的过程发挥某种教育功能:不仅帮助技术员了解机器的具体问题,也帮助所有参与者建立一种自己的诊断及问题瞄准定位技能;第三步,故事也为这些技术工人提供了一种在社区中建立自我身份的机会。如果是新员工,对他们来说,讲故事的过程既可以帮他们在技术社区中建立自己的专业身份,还可以为社区做贡献。Brown 和 Duguid(1989)强调这个过程的重要性,他们认为,学习是一个社会建构的理解过程,来自实践中的合作。而集体智慧又依赖于沟通描述。这个分析就表明,学习不是诸如麦肯锡咨询那样秘密的事情;集体对话也是生活中非常重要的一部分,不算光鲜亮丽,但却帮助发展技巧和能力,而这些又被潜移默化到员工身上。

不过,当需要对行为系统进行重新定位排序时,通常受到较大阻碍。Engestrom(1989, 1991)对芬兰医疗实践的研究发现,医生们可能从多个角度看自己的工作,生物医疗角度、管理经济角度、精神病角度、社会医疗角度或者系统互动角度。同一科的医生都会对保健有不同的观点,而他们自己并不自知,这也就不难理解,他们在优先顺序上重新达成一致上多么不容易。阻碍的因素来自医生使用的资源系统:①医生与其他保健专家的劳动分工缺少弹性;②芬兰的医疗系统将病人随机分配给医生,病人的连续性护理问题比较突出;③生物医药观念和技术被熟悉,这鼓励医生继续把保健护理问题看作生物医药问题来处理。

Engestrom 分析的工作背景是有意地避免将个体从集体中分离出来,或者将社会化因素从技术因素中分离出来。对他的分析至关重要的是他采用的分析单位,他称为"被社会化分配的行为系统"。这个系统的本质是代理人、代理人所在的社区以及人们对自己行为的构想三者之间的关系。这些关系进一步受到一系列因素的调节,比如系统中参与者所用的语言和技术,将这些代理人链接到更宽泛社区中去的明显的、不明显的社会规则,社区使用的角色系统以及劳动分工。

需要注意的是，这些关系既不是静止的，也不必然是和谐的，存在关系动荡的可能，而且这种意外事件是复杂工业系统中的常态事件（Perrow，1984）。与此类似，活动系统中，日常的打断和突破都可以被娴熟地、常规化地、正常地修复。这些修复活动本身也是通过他们的集体决定和技巧，既有行为，又有语言。

同时，活动系统中的不一致性、矛盾与冲突恰恰为系统提供了变革的潜在推动力。Engestrom 分析发现，组织和机构往往比平常认为的缺乏稳定和理性。组织中的不一致性和矛盾是模糊的，当然部分来自传统上将组织想象成为一台理性机器，另一部分则是因为其中的成员处在不断学习工作中。换个背景，社区如果准备开始重新思考行为系统中的问题，新的知行方式就会出现。工作之间的不一致性和紧张是不可避免的；问题的关键不在于如何消除它们，而在于应该如何处理它们。

总体来看，行为理论认为知识是持续不断演化的。系统内部紧张的处理解决将成为系统发展的机会，可能产生新的惯例。组织内部的对话会推动集体的解释、行为优先权的谈判、标志群体成员身份、帮助创建社区。这样，知识不再是个体或者组织想当然拥有的东西，行为理论认为"知悉"是某种组织成员进行核分析系统动态性的东西，通过它"知悉"得以获得。因此，总结来看，"知悉"作为有各种形式的现象，它是通过语言、技术、合作和控制的系统表现出来；留存在一定的时间、空间和特定的背景中；被构建并不断处在发展中；目的性和客观导向。

二、利用活动系统来解释变革与连续性

被看作行为系统的组织包括三个主要构成：活动者、集体的社会结构以及实践活动。前两者都来自社会理论的内容，行为理论拓展二因素的观点添加了实践活动维度（Blackler，1993）。在行为理论中，实践活动在活动者与集体结构之间的互动中处在至关重要的地位。实践活动包含一系列的活动，但是相比单个活动，它更具有历史情境性和集体特征。进一步来说，在这个活动系统中进行的活动都是具有目的和意义的，也就是说它们应该具有战略意义，可以被看作战略活动。

行为理论认为互动通过技术和心理工具进行，活动者利用这些工具接触环境（Engestrom，1993；Kozulin，1990）。对这些工具的使用是实践导向的，目的在于构建行为。比如，战略活动者可能使用工具来协调战略和管理战略所需的物料资源，从战略背景中解读意义或者赋予意义。这样，工具就具有了推动组织结构

致力于战略活动的实践目的。不过,行为理论并没有被界定为任何特定组成部分的主要工具,比如,并不限于 TMT。相反,工具被操作为组织某部分的兴趣与各种目的之间的媒介工具。这些互动和媒介工具就可以被看作进行战略构建的实践。实践活动的背景被定为活动系统(Engestrom,1993)。

  Blackler(1993)进一步增进了对活动系统在不同组织内部单位之间进行利益调节的实践的了解。为了运转的如同系统,不同组织内部单位要求相互之间充分互动,产生战略活动。Blackler(1993)发现,这种调节功能类似于组织中的正式操作程序,组织用来达成行为一致。内隐的、习惯性和非明显的惯例充实了正式操作程序,这是群体间保持平衡的有效工具。这些程序总是与行为的内隐、习惯性惯例相伴,正因为广泛分布,并渗透到实践活动中,很可能在长期内保持高度一致。如果将战略时间看作正式运作程序,这就包含战略行为构建的正式程序和习惯性的、社会的编码。Blackler(1993)将核心战略实践确定为那些正式的运作程序,这包括方向设定(direction setting)、资源分配(resource allocation)、监管和控制。

  一个长期困扰的问题就是,一个社会系统如何既能够不断进行实践的重复构建,也就是保持连续性,又能够有能力进行变革?行为理论的一个贡献就是它能够解释行为系统中的连续性和变革。支撑实践活动的解释规则是一个有力的情境化构架,历史半衰期很长(a long historical half-life)(Engestrom et al.,2002),这同实践的连续性模式相连。除了这种一致性,行为理论在本质上是学习理论,它已经成为知识创造理论(Blackler,1995)、实践社区的学习(Brown & Duguid,1991;Lave & Wenger,1991)和组织更新(Spender & Grinyer,1996)的基础。行为系统能够重新支撑实践活动的解释,从而为可能的行为和目标打开扩展槽(Engestrom et al.,2002)。改变对活动本质的系统性解释就与实践的变革紧密相连。

  实践变革能力来自活动者、集体和实践活动之间的互动。既然系统内部的单位之间并不一定都有近似的解释方法。那么战略活动原则实际上面临着各种矛盾,内部相互竞争。有一些矛盾是潜伏的,只是在一些内部单位之间有冲突,并没有延续到组织系统层面上的解释规则冲突。这种次系统的矛盾发生率很高,往往不需要改变系统层面的解释规则就能解决。不过,总有一些规则冲突上升到了系统层面,这种总体层面上的规则紧张就制造了一个改变活动解释系统的机会(Blackler,1993;Engestrom et al.,2002)。

  在活动系统理论中,实践(practices)被看作活动系统中各个单位的调节者。实践能够推动组织内各单位间互动,共享实践活动,产生连续性(Greenwood &

Hinings，1988；Miller & Friesen，1984）。当不同单位间的互动和共享活动由于冲突和竞争型解释原则被打断时，实践就充当了调节者，实现在实践中的变革。实践可以用来模式化活动背景，利用活动的新模式，重新界定行为规则。新的行为模式的出现，显然会与旧模式关系紧张，这就会出现调整或改变。当然，实践具有历史和文化情境性特征，需要得到集体理解，所以总会在变革后的行为模式中留有一些旧的剩余。不过，即使如此，这些模式应该也是能够调整和利用战略活动新模式的。

当然行为理论提供了理解系统水平的连续性和变革之间的完整解释框架，但是却比较缺少企业实际操作经验，更多是理论上的框架。

第二节 企业战略更新惯性

一、企业活动系统与战略更新机会识别与选择

如前所述，企业是相互作用的行为系统。活动之间的互动自然为其他活动的发生营造了背景（Siggelkow，2011），这种背景性存在本身也意味着活动系统的更高收益。比如，如果有 A、B、C 三个活动，单独启动一项活动的收益为 1，同时启动两项活动的收益为 3，同时启动三项活动的收益为 6。可以看出，A、B、C 三个活动之间有互补性，因而也产生了互动的背景，即如果其他两项活动都启动的情况下，再启动第三项活动的收益会高于分别单独启动一项活动的收益之和。这种背景性代表了活动之间的相互依赖性，它们之间的迭代更新会增加竞争者模仿的难度。换句话说，在某种活动启动的背景下，出于综合收益最大化的考虑，组织会优先启动与之活动依赖性比较强的关联活动，从而形成基于活动关联的价值链联动。

Porter（1996）较早明确将服务与产品的生产同设计执行联结成为相互依赖的活动，这些内部活动可能包含各种生产和服务的流程。企业是相互作用的行为系统。考虑内外部的影响因素，比如环境、合资、联盟等，企业对活动的决策控制程度具有区别，因而，企业对活动的决策权决定了企业的边界。类比 Simons（1962）对系统的界定，Albert、Kreutzer 和 Lechner（2015）将活动系统操作化为由许多重要的相互作用的活动选择组成的。研究已经表明，活动系统的相互依赖

性能够解释企业战略更新中探索活动程度上的变异（Rivkin & Siggelkow，2007）。活动之间的互动自然为其他活动的发生营造了背景（Porter，2001），这种背景性存在本身也意味着活动系统的更高收益。这种背景性代表了活动之间的相互依赖性，它们之间的迭代更新会增加竞争者模仿的难度。活动系统相互依赖性的研究集中在战略定位、竞争优势可持续性障碍构筑上，在战略更新启动方面的应用比较少。

（一）企业活动系统中的相互依赖性

活动系统中因为活动本身之间具有的或强或弱的联系（Granovetter，1973）而天生具有相互依赖性。紧密的相互依赖性在组织适应决策中的作用如何？现有的研究基本上可以分为两种截然不同的观点：

第一类观点认为，紧密的相互依赖性会固化企业行为，限制搜寻探索的范围和深度，阻碍企业的更新，这是惯性观点（Hannan & Freeman，1984；Levinthal，1997；Siggelkow，2011；Chan，Nickerson & Owan，2007）。这主要来自组织结构层面的相互依赖性。

第二类观点认为，紧密的相互依赖性能够提高管理敏感度和动机，进行适应性调整（Weick，1976）。借用复杂理论的观点（Anderson，1999），相互依赖性有助于推动实现从无序向有序的自组织过程，成为战略更新的推动要素。相关文献已经识别出了几类可能的潜在机制来推动自我的适应，比如反馈过程、冲突以及升级效应（cascade effect）（Kauffman，1993）。在不稳定状态下，建设性的冲突和正向的信息反馈过程帮助组织积累一个接一个的微小变化，形成突破性变化的势能，最终导致组织发生看似非有意的重大变革（Plowman，Baker，Beck，Kulkarni，Solansky & Travis，2007）。

上述两类观点并非全然冲突，一直有学者试图协调二者。Siggelkow（2011）提出一个外部适应—内部适应的2×2矩阵。所谓外部适应是指组织的选择组合相对于外部环境来说是合适的；而内部适应则是指组织的选择组合对企业绩效来说是合适的。这样，如果环境变革只是影响外部适应而不影响内部适应，那么组织中活动的紧密相互依赖性会产生"温水煮青蛙效应"，强化组织惯性，阻碍组织进行战略更新探索，甚至是在组织业绩已经开始出现下滑的情况下。相反，如果外部适应和内部适应同时发生较大改变，或者说不平稳，组织中的紧密相互依赖性会让其拥有高度敏感度和快速的反应能力，启动战略更新。可以看出，Siggelkow认为协调的关键在于外部环境变革的性质，它的性质差异使得惯性—适应性观点统一起来。换句话说，在阻碍还是推动战略更新上，相互依赖性本身被动而为，外部环境是最终决策者。

与 Siggelkow（2011）从外部寻找协调因素不同，Albert 等（2015）则从相互依赖性本身的来源角度提出，不同来源的相互依赖性以及相互依赖性的互动决定了他们对战略更新行为的影响。Albert 等人将相互依赖性分为相互依赖性模式（interdependence pattern）和相互依赖性规则（interdependence rule）两类，前者包括模块化、中心化和开放度三个维度，后者包括紧迫性（stringency）和即时性（immediacy）两个维度。他们认为，组织惯性的产生主要来自相互依赖性模式，这样，模块化程度越低，中心化程度越高，开放化程度越高，那么企业进行战略更新的可能性就越低。在上述结构性维度下加入权变维度，即紧迫性和即时性，那么相互依赖性与战略更新的关系则会变成正向的推动。从来源的角度来看，相互依赖性模式主要来自组织结构层面变量，包括层级、模块结构以及与外部的联系强弱程度，而权变性的相互依赖性规则来源于企业自有政策与合同。相对而言，结构变量不宜变，而政策程序与合同却可能变得不合时宜而被轻易更换，因此，后者可以带来适应性效果，而结构性相互依赖性则会加速惯性生成。如果说相互依赖性模式偏重结构性层面考虑，那么合同、政策带来的资源与信息的不对称性则更多偏向相互依赖性的内容。从研究方法上来看，Siggelkow（2011）提出概念框架以及模拟推演之后，用一个长期案例来验证，而 Albert 等则主要是进行概念建构，并没有进行实证的验证。

（二）企业活动系统演化的路径依赖性

路径依赖性不能简单地等同于历史决定未来，还包括反应序列（reactive sequence）（Porter，1996）。首先，伴随着收益不断提升的自我强化是依赖性的第一个来源。Sewell 认为路径依赖性意味着早期发生的事情会影响后续一系列事件的结果。因此，"过去的事情"也就是"历史"非常重要，为后面发生的事情建立起"轨道"，指向可预期的方向，发生逆转的可能性非常低。Levi（1997）则从成本的角度提出，路径依赖性意味着轨道一旦建立，逆转的成本非常高，这来源于伴随路径而建立起来的制度安排。Levi（1997）举例说，这种制度安排类似于大树的树干，树干上尽管有很多的大枝杈和小枝杈，可以指向不同的方向。但是，一旦大枝杈没了，攀附其上的小枝杈也不可能存在了。可以看出，路径依赖形成的基础是转换成本的不断增加，换句话说，坚持旧有路径会获得更多的收益，这进一步强化对旧有路径的坚持，如此循环往复、自我强化，转换到其他路径变得越来越困难，形成自我锁定，路径依赖性固化。某种程度上来说，路径依赖性就是基于收益不断增加的一种自我强化的社会动态过程。

其次，反应序列（reactive sequence）是路径依赖性的另一个来源。Mahoney（2012）认为时间上有先后顺序并有因果关联的事件就是反应序列。在反应序列中，每个事件既是前因事件的反应，又是后续事件的诱因。因此，前面发生的事情很重要，即使是小事情，也可能积累导致时间序列终端发生巨大变革。与自我强化的路径依赖性倾向于重复过去事件不同，反应序列是一个撞击过程（backlash process），可能会转化甚至逆转之前的事件。基于此，最初的事件非常重要，但是这个事件通常都是权变发生，具有一定的偶然性。这样，在反应序列中，顺序非常重要，决定了事情发生的时间和方式。

事实上，并非所有的路径或者历史都能左右企业未来的发展，需要具备一些条件。第一，启动或者固定成本高。这就意味着，一次大规模的初始投资之后，持续在上面追加投资获取的收益会高于另起炉灶新建其他项目的收益。单一项目的更多产出也有助于摊薄单位成本。第二，学习效应。从复杂的操作中学到的知识可以持续应用，提升效率，甚至进一步创新，这些又进一步放大了收益。第三，协调效应。如果组织中个人获取的收益会随着越来越多人采用或适应同一选择而增加，那么这项技术或者选择就会变得越来越有吸引力，从而鼓励更多的相关投资加入进来。第四，适应性预期。个体有自我实现的预期，如果对技术的不断使用和学习让他满足了自己的自我实现预期，激励其进一步调整自己更好适应这些技术，形成预期—学习—适应—实现预期—再学习的激励循环。

同样，能够引起连锁反应序列的事件也并非普通事件，需要具备三个条件：第一，前因事件往往应该是后续事件发生的充分必要条件；第二，整个序列中存在内在的、连接最初事件和最终结果的因果机制；第三，事件之间通常有时间顺序。

（三）相互依赖性与战略更新初步模型

基于上述文献分析提出的三个问题，从活动系统观点出发，本书将相互依赖性区分为相互依赖性结构和相互依赖性内容。前者来源于组织结构安排带来的企业焦点行为间的相互关系，包括Albert等（2015）提到的模块化、中心化和开放化，这种相互依赖性结构在保持组织稳定性和可靠性的同时，也容易形成企业战略更新的路径依赖性；后者指的是企业焦点行为相互依赖性的内容，来源于信息和资源分布的不对称性以及流动产生的缺口，此缺口会导致可能的组织紧张和行为倾向，形成持续更新活动链。此外，本研究将外部环境变革（竞争和技术变革）与高管（团队）特质作为战略更新活动系统的背景要素。整理架构（见图7-1）。

第七章　企业战略更新惯性与途径效率

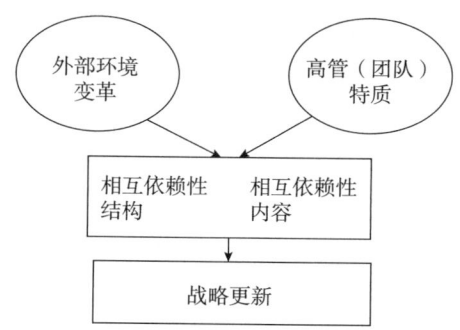

图 7.1　相互依赖性与战略更新关系模型

二、研究方法和数据收集

（一）案例研究方法

案例研究方法一直是社会科学研究的一种重要形式。它主要适用于下列的某个或多个情境：第一，宽泛而不是狭窄的研究主体；第二，包括前后联系的、复杂的多个变量而不是孤立的变量；第三，需要依靠多种而不是单一的证据材料。常常探索难以从所处情境中分离出来的现象。

本研究识别企业战略更新的启动因素，这是一种难以从所处情景中完全分离出来的现象，同时需要依靠多种证据材料，不同活动以及活动启动要素之间的多个变量相关关联，不能被孤立解释。因此，选择案例研究方法是比较合适的。

（二）案例选择与介绍

自中国入世以来，中国金融行业企业所处的环境发生了较大的改变，可以提供较好的持续战略更新的观察机会。在此背景下选择 M 公司作为研究对象，主要基于两点：首先，考虑战略更新过程具有持续性，希望被观察企业能够持续更新，并在观察期内（2000~2011）取得了不错的业绩。其次，数据来源多样化，便于交叉验证。M 公司是上市公司，一直以来被看作金融改革的试验田，社会关注度高，正好满足这样的筛选标准。

（三）数据收集

考虑到研究问题的可见性较强，以及被研究对象战略更新活动的高曝光率，本研究主要采用二手资料，并对不同来源的材料进行交叉验证。

第一，本研究选择从公司年报中获取资料。选择 M 公司自 A 股上市以来的 2000~2011 年的年报作为主要的资料来源。Margolis 和 Molinsky 认为，访谈和问卷调查这样的自汇报式数据不太可信，因为个人可能倾向于调整自己的回应，以保持自己积极的自我形象，营造好的印象。相较而言，年报作为上市公司与股东、公众通报信息的主要形式之一，其真实可信度较高。同时，战略更新活动对企业影响通常较大，都会在年报中提及。基于此，本研究以年报作为主要资料来源。

在年报资料的处理上，借鉴 Kwee、Van de Bosch 和 Volberda 的资料编码表格（见表 7.1），摘录编码战略更新活动，编码整理约 2 万字的更新活动资料。并根据更新活动数据整理出 1.3 万字的战略更新故事。

表 7.1 资料编码表格

序号	时间	页码	简单标签	报告内容描述	更新活动类型分类
01	……	……	……	……	……

第二，针对报告中提到的重要更新活动，本研究通过财经网站（和讯、新浪财经、百度等）搜索相关报道，重点收集 M 公司主要领军人物在当时接受采访的视频、文字访谈记录，以补充丰富并验证年报资料。通过这个途径，本研究收集整理了约 6 万字的文字材料，100 分钟的访谈视频。为减少信息转引转录的偏颇，本书主要采用受访者的原话。

（四）战略更新活动操作化

关于战略更新活动的操作化，综合采用 Kwee、Van de Bosch 和 Volberda 的划分标准，但是对于更新活动流程（内部/外部）和内容（探索性/利用性）不作区分，统归为渐进式更新活动。

同时，考虑银行业的行业属性，本研究也参考了国内外其他学者对银行业及 M 公司战略更新行为的研究。金敏（2008）提出风险管理可以帮助 M 公司构建核心竞争力；陈天放、陈雪娇（2009）讨论 M 公司事业部改革的战略意义。Flier 等（2003）出于考察银行业内企业的技术扩散速度需要，选择了 5 种典型的行业新技术（ATM、EFTPoS、电子钱包、远程银行服务等）作为战略更新活动的主要关注点。

在进行资料编码的过程中排除以下活动：第一，已经明确被提出并实施的战略更新行为被统计在内，规划方案不计算在内；第二，纯粹的财务处置行为，比如发行债券、发行银行间的次级债等补充资本充足率的活动不算战略更新行为。

基于上述分析，本研究中更新活动编码表（见表7.2）。

表7.2　M公司战略更新活动识别部分

更新活动类型	具体活动举例
新技术、新产品（业务）采用	实行全行一本账，推出"商贷通"，建立人力资源统一服务支持平台，构建1+3公司业务培训体系，创建贸易金融家品牌，推出民易贷等
组织结构、制度更新	建立独立评审制度，成立事业部，成立风险管理委员会办公室；产品创新系列化；成立私人银行部等
对外投资、联盟、进入新市场	投资银联，入股村镇银行，建立基金公司，投资美国联合银行控股等

资料来源：笔者整理。

三、案例研究分析

（一）案例分析

根据殷（2004）对案例研究方法的介绍，本研究在进行大量文献回顾，保持理论敏感度基础上，对资料进行三级编码，先后整理出125条更新活动初始概念，17个范畴，并进一步建立范畴之间的时间及逻辑关系，整理出5个战略更新故事，即现代化商业银行建设、事业部改革、分行向零售业务转型、小微金融、多元化（见图7.2）。在故事整理过程中，本研究首先以年报摘录资料作为主要来源，进行独立的更新故事的识别与梳理。其次，根据搜集到的M公司高管的访谈实录，对之前的战略更新故事线索进行验证。有4个故事的认识是比较一致的，但是在小微金融转型对M公司的战略意义上认识略有不同，最后将其独立于之前的零售业务之外，单独作为重要的战略性更新活动。

（二）主要更新活动概述

根据编码分析，整理出五个主要战略更新故事。

第一，现代化商业银行建设活动。2000~2004年，M公司着力于不断完善内

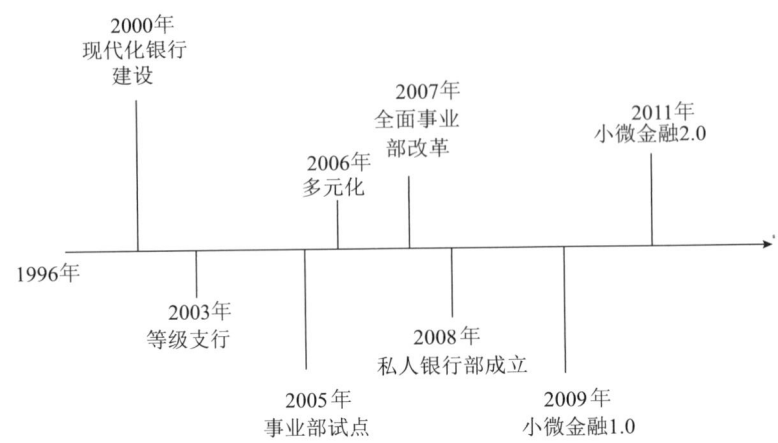

图 7.2　M 公司主要战略更新活动时间轴

资料来源：笔者整理。

部的管理系统，建设更加规范的现代化商业银行。加大科技投入，建设基础信息管理系统，实现全行一本账。成立风险管理部门、成立资产监控部、实施独立评审制度，有效地降低了银行的经营风险。另外，2003 年，开展等级支行建设。

第二，事业部改革活动。M 公司在 2005 年开始进行事业部改革试点，2006 年完成 22 家分行及直属支行公司业务集中，除北京和上海外，将原本留在支行的对公业务收归到分行；2007 年全面进行对公司业务的事业部改革，成立 4 个行业金融事业部，同时成立 3 个产品事业部。与此相对应，M 公司在风险管控、结构系统、人力资源、品牌管理等方面进行适应性更新活动。2008 年，M 公司进一步理顺事业部改革后的后台管理流程以及事业部落地与当地分行之间的关系问题。2009 年，"准事业部"制阶段的改革基本完成。

第三，分行向零售业务转型。在产品上，发行信用卡、非凡理财系列产品创新、民易贷等；在组织结构上，分行零售实现"三分离"、进行事业部试点。2008 年 7 月成立私人银行部，目标客户指向高净值人士。

第四，向小微金融转型。2009 年 2 月，M 公司在前期试点的基础上，全面推进小微企业金融服务领域。为发展"商贷通"业务，M 公司对自己的风险评审系统进行了 5 方面的调整，利用大数定律和价格浮动来覆盖小微业务风险。通过商业模式创新，M 公司改进对这些客户群体的风险识别和风险管理。

第五，M 公司多元化。M 公司最早在 2002 年入股银联，2008 年与外资合资建立银基金公司、租赁公司，同年牵头入股成立多家村镇银行，M 公司成为金融控股集团。美国金融危机爆发后，M 公司试图进入美国银行业，最终失败退出。

四、结果与讨论

（一）相互依赖性内容推动企业战略更新

对 M 公司的更新过程进行编码发现，试探—调整—新问题—解决问题—再出新问题—再调整的刺激—反应，在每个更新故事中反复循环出现，每一个小的调整既是前一事件的结果，同时又是后一事件的前因，刺激又一轮的调整，在一轮轮的试错与问题解决中，M 公司完成自己战略层面的更新。

由相互依赖性内容激发的战略更新行为，基于活动中资源和信息分布非对称性及其流动产生的缺口，前一个活动带来的这种不平衡性会刺激下一活动的发起，形成活动更新链条，实现从无序到有序，从旧的行为形态到新的行为形态的更新，这种更新实现机制类似于复杂系统中的升级效应（Kauffman，1993）。以 M 公司的事业部更新为例，这在中国同行中几乎没有任何可以参考的先例，M 公司采取了更加谨慎的活动来逐步实现（见图 7.3）。事业部改革的起点可以追溯到 2003 年行业营销工作室的成立，工作室不承担自负盈亏责任，更接近于行业部门。但是当工作室业务规模增大，收益提高同时伴随高风险时，规模化集中管理，总体防止恶性风险爆发的需求日益迫切。因此，2005 年，M 公司开始进行事业部改革试点，到 2006 年完成 22 家分行及直属支行的公司业务集中，除北京和上海外，将原本留在支行的对公业务收归到分行；2007 年全面进行对公司业务的事业部改革，将冶金、能源、交通、地产业务进一步收归到总行，成立了 4 个行业金融事业部，同时还成立了贸易金融、金融市场、投资银行 3 个产品事业部。2007 年 9 月，M 公司开始全面事业部改革。自 2008 年 1 月起，地产金融事业部、能源金融事业部、交通金融事业部、冶金金融事业部、工商企业金融事业部、贸易金融事业部、投资银行事业部、金融市场事业部全部按新体制正式运行。

业务条块的集中与合并倒推了组织结构和人力资源活动的更新调整。首先，自 2005 年开始，公司全面推广系统集中，优化管理会计系统；2007 年伴随事业部改革的全面展开，全面启动流程银行与核心银行改革。其次，加强人力资源的储备与培训提升。公司业务收归总行之后，总行员工人数激增，同时事业部各分支机构的人员落地与所在分行的管理对接问题比较突出。为解决这些问题，一系列人力资源调配活动展开：2006 年制定人力资源发展 5 年规划，2007 年建立

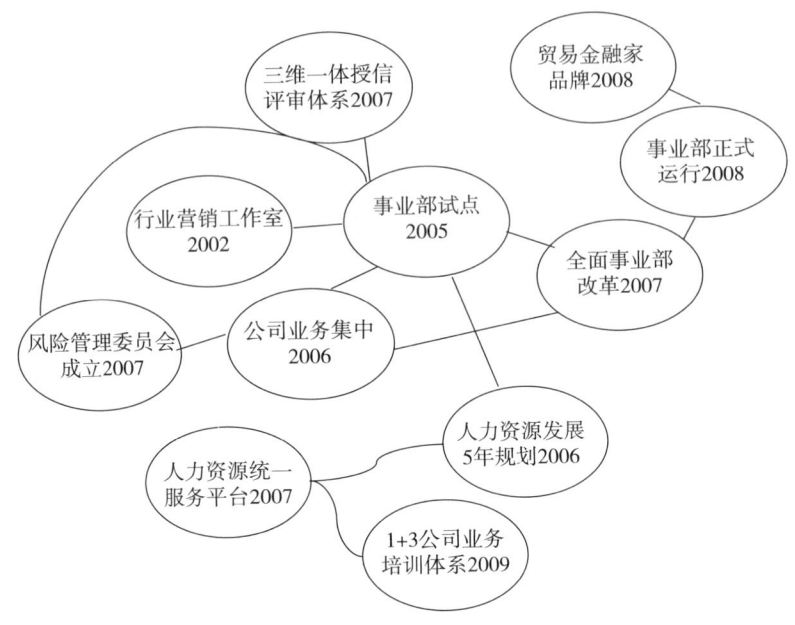

图 7.3　M 公司事业部战略更新活动内容相互依赖性

资料来源：根据 M 公司年报及相关资料整理。

人力资源统一服务支持平台，2009 年构建 1+3 的公司业务培训体系。最后，为应对公司业务集中后的风险控制需要，2007 年，M 公司初步构建了以风险管理委员会为决策和统筹协调机制的，自上至下由风险管理委员会办公室（原授信评审部）、资产监控部、法律与合规事务部、投资银行部等若干专业部门为骨干的信用风险管理组织体系。

内容相互依赖性反映了活动之间的先后顺序以及互动的时机特征。在事业部改革中，公司业务的集中化是全面流程优化启动的充分必要条件，也是立体化风险管理体系完善的充分必要条件，更是直接激发了人才资本的规划与培训管理工作的展开。从活动开展的时间点上可以看出，公司业务集中、人力资源规划、全面推进优化流程、风险委员会成立等一系列在 2006～2007 年开展的活动之间的互动紧密。从起点的行业营销工作室到最终事业部机制的建立，看似独立的一连串活动，却都沿着事业部改革这条主线展开。到 2008 年，M 公司最终完成了事业部改革，更新成果也在此后几年的公司业绩上得到积极体现。

内容相互依赖性不仅可以通过微小活动的系列更新累积最终实现战略更新，

而且可以直接推动战略更新活动之间的互动调整。从 M 公司来看，事业部改革、分行向零售转型以及小微金融三者之间存在明显的相互依赖关系。M 公司较早进行了事业部改革，将公司业务实行事业部制，进行专业化管理，由总行来负责潜在风险。由此，分行可以专注精力于零售业务，扩大零售客户规模，把业务"底层设计"基础做实。顺理成章，2009 年 M 公司推出小微金融产品"商贷通"，并实现业务快速增长。

这一现象也引起了其他学者的注意，比如 Worch、Kabinga、Eberhad 和 Truffer 对一家南非的公用事业企业研究发现，在企业能力重构过程中，会因为能力损失而产生新的能力缺口，而这个能力缺口则可能引起环环相扣的持续的能力重构更新。

（二）反应序列

对 M 公司的更新过程进行编码发现，试探—调整—新问题—解决问题—再出新问题—再调整的刺激—反应，在每个更新故事中反复循环出现，每一个小的调整既是前一事件的结果，同时又是后一事件的前因，刺激又一轮的调整，在一轮轮的试错与问题解决中，M 公司完成自己战略层面的更新。

比如现代化商业银行建设的更新活动，最初开始于 2000 年风险管理部的成立，自 2001 年开始全行一本账的系统化建设，加强流程监控、严控项目信贷风险、降低不良资产率。相较而言，农业银行直到 2010 年才实现全行一本账的科技建设。在加强贷前风险控制的基础上，2003 年成立资产监控部，强化贷后风险管理。贷前贷后的风险管理流程建立之后，M 公司更进一步，在行业内率先实行独立评审制度，形成了以独立评审识别风险、资产监控预警风险、资产管理化解风险的全程风险防范体系，即使是分行行长也无法干预评审官的风险判断。

相较于现代化商业银行建设，M 公司的事业部更新更复杂，且在中国同行中几乎没有任何可以参考的先例，M 公司采取了更加谨慎的活动来逐步实现（见图7.3）。事业部改革的起点可以追溯到 2003 年行业营销工作室的成立，工作室不承担自负盈亏责任，更接近于行业部门，但为后来的事业部改革积累了客户资源，提供了运营经验。事实上，后来划分出的事业部基本上是规模最大、业务比较成熟、高收益与高风险兼具的工作室。2005 年，M 公司开始进行事业部改革试点，到 2006 年完成 22 家分行及直属支行公司业务集中，除北京和上海外，将原本留在支行的对公业务收归到分行；2007 年全面进行对公司业务的事业部改革，将冶金、能源、交通、地产业务进一步收归到总行，成立了 4 个行业金融事业部，同时还成立了贸易金融、金融市场、投资银行 3 个产品事业部。2007 年 9

月 M 公司开始全面事业部改革。自 2008 年 1 月起,地产金融事业部、能源金融事业部、交通金融事业部、冶金金融事业部、工商企业金融事业部、贸易金融事业部、投资银行事业部、金融市场事业部全部按新体制正式运行。

业务条块的集中与合并倒推了组织结构和人力资源更新调整。首先,自 2005 年开始,公司全面推广系统集中,优化管理会计系统;2007 年伴随事业部改革的全面展开,全面启动流程银行与核心银行改革。其次,加强人力资源的储备与培训提升。公司业务收归总行之后,总行员工人数激增,同时事业部各分支机构的人员落地与所在分行的管理对接问题比较突出。2006 年制定人力资源发展 5 年规划,2007 年建立人力资源统一服务支持平台,2009 年构建 1+3 的公司业务培训体系。最后,为应对公司业务集中后的风险控制,2007 年,M 公司初步构建了以风险管理委员会为决策和统筹协调机制的,自上至下由风险管理委员会办公室(原授信评审部)、资产监控部、法律与合规事务部、投资银行部等若干专业部门为骨干的信用风险管理组织体系。

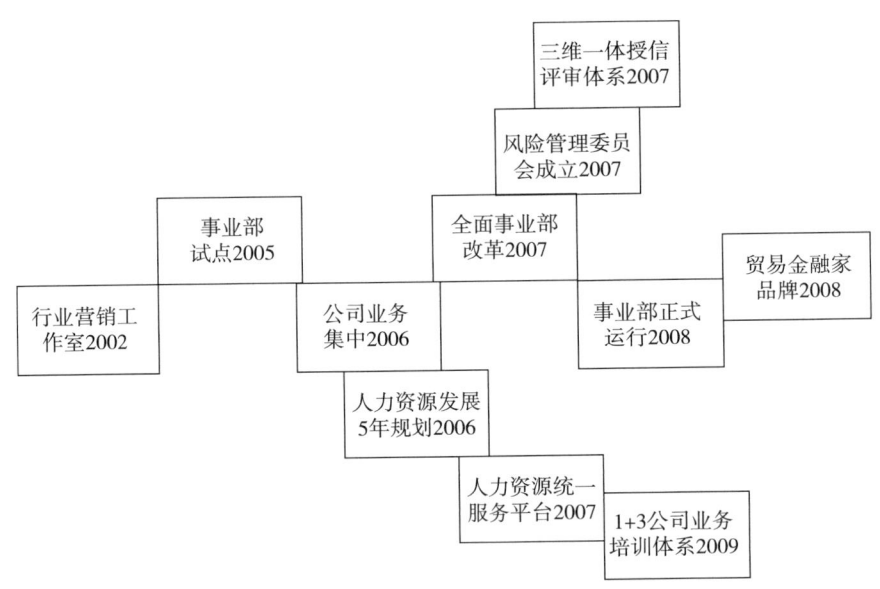

图 7.4 M 公司事业部战略更新活动

资料来源:根据公司年报及相关资料整理。

反应序列路径依赖的形成需要具备一些条件,比如前事可以成为事后的充分必要条件,最初的事情和最终的事件之间最终有一定的因果关系。在事业部改革中，公司业务的集中化是全面流程优化启动的充分必要条件，也是立体化风险管理体系完善的充分必要条件，更是直接激发了人才资本的规划与培训管理工作的展开。从起点的行业营销工作室到最终的事业部机制的建立，看似独立的一连串活动，却都沿着事业部改革这条主线展开。到 2008 年，M 公司最终完成了事业部改革，更新成果也在此后几年的公司业绩上得到积极体现。

序列反应在本质上看是事件的相互依赖性，活动发生的顺序和时间决定整个序列过程。事业部改革、分行向零售转型以及小微金融三者之间也存在明显的相互依赖关系。M 公司较早进行了事业部改革，将公司业务实行事业部制，进行专业化管理，分行自然就可以有精力专注于零售业务，目的在于把"底层设计"基础做实。基础选择有两个方向，第一是零售银行；第二是小商户金融服务。顺理成章，2009 年 M 公司推出小微金融产品"商贷通"，并实现业务快速增长。如果没有事业部改革将高风险公司业务收归总行，M 公司必然不会轻易向小微金融的战略更新过渡，因为"小微企业金融服务应采用适合小微客户的服务模式，而不是照搬大公司客户那一套。除了转变观念，银行还要为服务小微企业做足功课。例如，加强市场规划、设计特色产品、梳理结算流程、改变用工模式"。

这一现象也引起了其他学者的注意，比如 Worch、Kabinga、Eberhad 和 Truffer 对一家南非的公用事业企业研究发现，在企业能力重构过程中，会因为能力损失而产生新的能力缺口，而这个能力缺口则可能引起环环相扣的持续的能力重构更新。Siggelkow 则直接将企业看作选择相互依赖的系统。那么作为其中的一项重要决策选择——战略更新活动之间，也应该具有相互依赖性，这种依赖性会产生连锁反应。

（三）相互依赖性结构及与环境的调适

相互依赖性结构包括中心化、模块化和开放度。相互依赖性结构的中心化可以被看作企业核心活动对周围活动的依赖程度。依赖程度高，中心化程度就高，活动之间的锁定效应更加明显；反之，更新倾向会更加明显。纵观 M 公司发展历程可以看到，除了为数不多的几次多元化尝试以外，M 公司几次大的战略更新活动都围绕着细分客户的活动展开：从最初的事业部改革（集中管理大客户），向零售转型（个人客户）以及推出小微金融产品（小微企业）（见图 7.5）。模块化意味着活动可以细分成独立次系统的程度，M 公司的模块化程度处于中等水平。如果模块化程度比较高，各个次系统之间可以独立发起更新搜寻学习，并不会对其他活动模块产生太大影响，那么就越有可能自主更新；反之，模块化程度低的活动系统需要更多的协调和更高的更新成本，变革的意愿会因而降低。M 公司的现代银行化活动以及事业部制等结构性调整，对于增加次活动系统之间的相对独立性具有助益，因而，相较竞争同业来说，M 公司的结构模块化程度相对高，推动了金融产品创新。但是，中心化结构特征的突出限制了模块化程度及其对更新的推动。M 公司在客户细分之外的创新活动一直比较犹豫。

开放度在 M 公司更新过程中的角色并不十分明显。作者推测，这或许和银行业属于传统上的强势行业有关系，它们基本处在共演化生态圈的核心位置，带动其他合作伙伴变革，而受对方影响的可能性比较小。

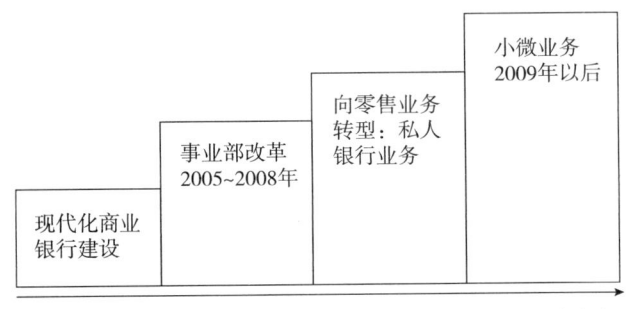

图 7.5　M 公司战略更新的结构相互依赖性

资料来源：根据 M 公司年报编码整理。

相互依赖性结构对更新支持和阻碍与否受到外部环境变革性质的调节。2000~2004 年 M 公司进行了现代化银行建设，2005 年该公司扣除非经常性损益的资产投资回报率达到 19.50%，明显高于当时的上市公司同行。受此激励，从 2005 年开始，公司启动事业部改革。当时的外部背景是中国加入世界贸易组织，中国银行业即将对外开放，面对"狼真的要来了"的恐惧，M 公司在同行业内率先发起自我更新，进行事业部改革，意在同时实现内部适应和外部适应，这是一个典型的适应破坏型变革（fit-destroying change）。在相互依赖性结构形成初期，受到绩效改善的激励和自信，资源和信息的流动阻力比较小，这推动了战略更新的进行。如果外部环境变革有限，企业很难在既有战略更新收益处于上升阶段时重新开启其他战略更新活动，更倾向于对既有活动的持续完善，获取更高收益，企业结构层面相互依赖性的惯性阻碍力量会逐渐增加。

相互依赖性结构形成的阶段也会影响企业对外部类似环境刺激的回应效率。如上所述，在结构固化的初级阶段，破坏性变革会刺激企业及时应对。但是，随着相互依赖性的自我强化，尤其是中心化特征日趋明显，组织结构倾向于稳定成熟状态，管理者认知局限，形成锁定（lock-in）效应，企业会重复进行之前的活动，或者进行利用性改进，更新惯性产生。与 Redding 讨论的技术变革路径依赖性的锁定效应不同，本研究中战略更新惯性的范围更宽，它包含所有相互依赖性带来的惯性阻碍。M 公司在面临互联网金融冲击时的反应迟钝就是证明。这也进一步验证了 Siggelkow（2001）关于内部适应—外部适应影响企业战略更新动力的观点。

活动系统中的相互依赖性能够驱动在位企业的战略更新，但也伴随着其自身结构惯性的增强，打破这种惯性的可能途径包括高管的更迭、业绩危机，甚至松弛资源、搜寻方式的改变（Jung & Lee，2016）。

基于以上讨论分析，本研究进一步完善相互依赖性与战略更新活动之间的关系模型，作为后续验证的基础。

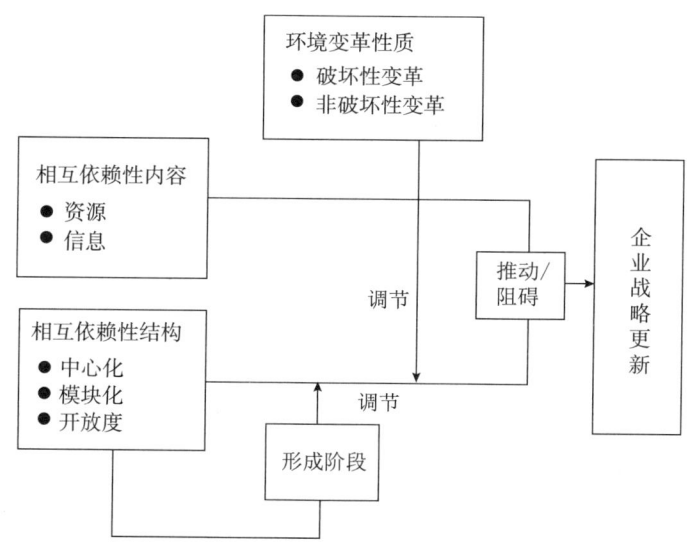

图 7.6　相互依赖性与战略更新活动模型完善

资料来源：笔者整理。

（四）战略更新路径依赖性的克服

一般认为，活动惯性可以通过转型或者更新来克服，但是战略更新本身的更新惯性该如何克服呢？演化经济学的潜在假设是创新会随着平衡而停止，没能给出明确的克服答案。正如 Flier 等的观点，战略更新事件不能被任何单一视角来完整解释，战略更新惯性的克服也需要多角度探索。M 公司的案例提供了一些启示。M 公司之前的更新行为一直沿着客户细分维度展开，但是当互联网金融产品这种围绕营销渠道维度进行的创新出现时，M 公司也尝试调整自己的策略，在同业内较早推出了直销银行业务，向主要依赖营业网点的传统营销方式发起挑战。2014 年底与 2015 年，公司股权结构和高层管理层发生较大变动，可能会对 M 公司未来的战略更新行为产生影响。因此，外部环境，尤其是竞争环境的压力，企业内部高管人员的更换、业绩危机，甚至松弛资源都可以成为打破路径依赖性的契机，开启新的更新路径。IBM 20 世纪 90 年代在郭士纳领导下的转型就是一个很好例证。此外，近年来，也有学者尝试从改变搜寻方式的角度（Jung & Lee）寻求克服路经依赖性，重启新的路径。

第三节　企业战略更新类型效率评价

一、企业战略更新类型与绩效关系

根据前面研究综述我们知道，战略更新与企业绩效之间的关系到现在为止并没有一致的结论。企业进行各种战略更新的尝试，但结果不尽如人意。

首先企业的变革更新往往意味着内部利益的再分配，现有利益既得者的抵制和反对增大变革的阻力。假若企业当前业绩状况良好，组织内部往往缺少统一的更新认知。如前所述，此种情况下的变革，需要高层管理者建立起广泛的变革同盟，上至高管团队，下至一般员工、一线经理。这个同盟的数量比例必须在组织内部逐渐增大，只有在保证人数过半的情况下，关键岗位甚至达到大多数赞同变革的背景下，企业自上而下的变革才有可能成功。但是，这种同盟的建立需要大量的说服与革新教育工作，高管需要清晰且持续的"布道"，比如韦尔奇在通用电器克劳顿学院的持续授课。其次，自上而下更新的规模往往比较大，涉及整个组织的结构、产品、市场范围的换新或者替换，耗费资料量高，会在短期内拉低企业的财务业绩表现。最后，如同一场大规模的外科手术一样，自上而下的整体战略更新大大增加了企业失败的风险，至少是在短期内让企业游走在失败与成功的一线之间。

假设 1a：进行自上而下的战略更新，会降低企业业绩。

排除下属单位（包括下属子公司和其他分支机构）的自利行为及不当推销，自下而上发起的更新项目往往是经过了组织内部层层试验与审核的项目，项目活动的市场契合度、盈利能力以及资源需求得到了验证和估算。此外，自下而上更新活动为员工接触了解该更新提供了相对充足的时间，有助于增加认知一致性，指导员工行为，降低员工层面的变革阻力。

假设1b：进行自下而上的战略更新，会提升企业业绩。

混合型战略更新兼具高管的洞察指导特性，同时又有基层员工积极参与创新，组织中更新认同度高。高管的"象征性"参与为更新活动的资源需求提供了保证，有助于项目活动在组织的资源分配规则中确保得到可用的资源。由于存在基层参与，小规模的试验与探索，保证了项目活动自身的有效性。因此，可以得出如下观点。

假设1c：进行混合型的战略更新，会提升企业业绩。

新产品引入往往被看作企业更新实现的一种结果，企业以市场定位为导向，不断满足顾客需要，并在顾客中树立持续推出更优产品的形象，最终将推动公司整体业绩的提升（Langerak，Hultink，Robben，2004）。不过，新产品推出类更新活动的成功受到诸多因素的影响，潜在市场规模、现有和新产品的存在、边际利润、机会窗口期长短、产品改进速度以及竞争对手的产品业绩、引入时间与开发时间（Moreno et al.，2016）等。

假设2a：新产品推出类战略更新活动，会提升企业业绩。

国际化是典型的新市场开拓类战略更新活动，关于国际化—绩效关系的研究由来已久。Bausch等（2007）对二者关系的元分析回顾发现，尽管对国际化—企业绩效之间的关系探讨并没有得出一致的结论，在规模和方向上仍然存在严重分歧，但是，根据他们对36个研究的量化分析发现，总体上二者之间的关系显著积极。不过，二者的关系受到研发密度、产品多元化、母公司的国别来源与企业年龄、规模等调节。Hsu等（2015）发现，企业研发的国际化与企业业绩之间并非直线关系，而是"U"型曲线关系，也就是说总存在一个极值点，使得研发国际化的收益与成本相同，过了这个点，研发国际化的收益可能被成本所覆盖。不仅如此，对于中小企业来说，国际化开拓新市场的成功与否还受到高管因素的调节，比如年龄、受教育水平、国际化经验、CEO的双重角色等。

假设2b：新市场开拓类战略更新活动，会提升企业业绩。

二、测量与数据

(一) 关于战略更新的度量

根据文献回顾,战略更新的度量主要有三大类,第一类,以 Zahra(1993,1995,1996)为代表,直接询问受访对象公司内部发生了什么类型的更新,以 5 度量表作为衡量。第二类,以 Poskela 和 Martinsuo(2009)为代表,将产品开发过程中的前端创新直接等同于战略更新,因此,他们的操作化过程依据 Herstatt 等(2004)、Kleinschmidt 等(2005)、Shenhar 等(2001)的研究,认为战略更新包括以下方面:新产品概念启发 NPD 机会;扩展市场机会;增加市场知识;增加技术知识。这种方法与第一类类似,直接询问,以可能性大小作为差别区分。第三类,则以 Volberda 等为代表的鹿特丹商学院战略更新研究中心的研究为典型,按照战略更新的内容维度(探索性和利用性)、背景维度(内部和外部)、过程维度(时间、频率、变动)进行划分,并列出编码归类标准,比如 Flier 等(2003)、Volberda 等(2011)。根据本研究的特征,主要讨论战略更新与绩效之间的关系,借以评价战略更新类型的效率和效果,因此,我们采用 Zahra 的做法,直接询问公司内部发生某类战略更新的可能性。考虑调研人群具有较大的差异性,本研究主要询问推出重要新产品、国际化扩张以及组织结构变革发生的情况。

(二) 关于企业绩效

在企业绩效(enterprise performance)的内容方面,Kotrba 等(2012)认为,绩效是一种企业输出,包括经营业绩、员工表现、客户关系等各方面的优异表现;Gomez-Mejia 等(2014)认为,企业绩效是企业某一时期内完成的数量、质量和效率,具有多维度结构,包括财务绩效、人力资本、绩效和社会交互关系。考虑本研究的调研目的,本研究主要采用财务业绩作为绩效的衡量指标。

(三) 关于控制变量

根据既有的研究,本研究在问卷调研时主要控制企业年龄、行业、规模、行业环境动荡程度等指标。

三、分析结果与结论

研究通过问卷星在微信群中邀请相关人员通过手机参加问卷答题，依赖红包激励和反馈激励两种方式提高回答率，共收到 209 份问卷。从回答状况来看，参与调查的人员来源比较复杂，问卷答题人员主要来自制造业、传统零售业、科学研究机构以及金融行业，企业规模大都属于大中型企业，这符合本研究设计的企业背景，至少是有一定规模和成长历史，具有战略更新需求与体验的调查对象。调查企业大都是国有企业、事业单位以及外资企业。答题人员多为企业中的中层和底层管理者。

从更新的发生与否的角度来看，几乎所有的参与调查人员都承认，自己的公司至少推出过一次新产品，但是有 40% 的回答者认为自己的公司没有进行过跨地域或者国际化的更新活动；另外，有 15% 的反馈者认为自己的企业没有进行过组织结构的变革。

从更新类型与企业业绩评价的关系来看，数据并不能有效支持研究假设。本研究发现，高层管理者在推出新产品中，能够发挥积极作用，但是在组织结构变革以及国际化方面，数据的结果比较模糊。本研究假设自下而上的更新具有种种积极业绩贡献，但是在新产品推出、国际化以及组织结构调整 3 种类型的更新中，无论哪种类型对于业绩的贡献都不明朗，有的甚至为负相关。

本研究的假设未能得到有力数据支持的原因大概有以下三种。第一，战略更新与企业业绩之间的关系一直以来都比较复杂，很难得出统一的结论，这在战略更新的研究综述里就可以看出，尽管相关的绩效研究进行了多年，但是到目前为止仍然缺少具有普适性的一致结论。第二，本研究的样本局限。到目前为止，但凡能够在该方面的研究中有所结论的研究，无不对研究样本进行严格限制，包括企业规模、企业地域、所在行业、调查人员层级等。但是本研究的样本大多来自微信的群发，定位区分度能力有限，导致数据失真偏差问题比较严重。第三，虚假回答。本研究得到的问卷数据的质量严重影响了调研结果，可以明显看到有一部分问卷数据存在应付填写的情况，随意性较大。以上三点，严重影响了数据分析结果，也是本研究在后续需要竭力修正完善的部分。

第八章
企业战略更新对公司业绩及子角色的影响

Argwal 和 Helfat（2009）发现，尽管很多企业进行战略更新带有推动企业成长的目的，尤其是陷入困顿的在位企业，更是希望借助于战略更新来恢复企业活力，重新实现盈利。但战略更新与企业业绩之间的关系仍然不确定，既有理由证明二者的积极关系，同样也有证据支持二者之间没有关系或者负向关系。

本研究通过几个案例的考察发现无法得到统一的结论，战略更新的结果呈现出多样性。究其原因，本研究认为大概有以下三种可能。第一，企业业绩本身具有多元性。如有学者发现，企业的战略更新行为有可能提升企业财务业绩指标，但是对其他业绩指标的贡献度有限。第二，影响企业最终业绩的权变量较多，无法一一有效识别，自然无法在战略更新与最终业绩之间简单画上等号。比如外部环境的突然改变、最高 CEO 的突然离职或者关键客户的突然失去，如为苹果提供 CPU 的 Imagination 公司。第三，战略更新的成果往往具有比较长的滞后期，因此当结果出现时，很难简单地将业绩成果归因为某个或某次战略更新活动，战略更新活动往往具有系统互动性，活动系统内部的相互依赖性与关系知识交换，更加复杂化了二者之间的关系。因此，本研究拟用几个观察案例来为可能的结论提供参考。

第一节 某银行的连续战略更新与业绩波动

一、该银行基本资料介绍

X 银行 1996 年伴随着中国银行商业化改革出现，作为改革的参与者，它的成立、发展以及不断壮大,记录了这个过程,被称为中国金融改革的"试验田"。X 银行是我国第一家由 59 家以非公有制企业为主的法人单位发起设立的全国性股份制商业银行。成立时,股权结构具备股权分散、无控股股东的特点,是新中国成立以来我国国内银行业吸入非公有资本并以非公有资本为主的大胆尝试。2009 年 H 股上市以后,股权日益稀释,除了香港中央结算(代理人)公司以外,2009~2014 年没有持有 5%以上股份的股东。自 2014 年开始,前任公司董事长离职,董事长和总经理易人,X 银行开始进入经营不稳定期,领先性创新举措减少。

按照 X 银行前任董事长的归纳,X 银行的发展经历了四个阶段,第一个阶段是 1996 年成立到 2000 年,这是起步阶段。在这个阶段,X 银行取得了一些发展,初步建立起全国性银行的架构。第二个阶段是 2000~2005 年,这是首次腾飞阶段。2001~2005 年,X 银行总资产年均增长率达到 77%,净利润年均增长率达到 160%,创造了中国银行业的奇迹。第三个阶段是2006~2009 年,这是调整转型阶段。在这个阶段,X 银行放慢发展速度,进行业务结构调整和经营战略转型,相继推出了几项重大的改革,提出了"做民营企业的银行、小微企业的银行、高端客户的银行"的战略定位。经过几年的创新和调整,X 银行客户服务的专业化能力和水平得到提升,业务结构调整优化,为二次腾飞奠定了基础。从 2010 年起,X 银行开始进入第四个阶段——二次腾飞阶段,计划用 3~5 年的时间把 X 银行建成中国最具特色的银行和效益最好的银行。自 2014 年开始进入高管变更、股权结构调整以及监管审查等经营不稳定期。

二、该银行的战略更新活动介绍

X 银行在 2000~2012 年开始进行了一系列的更新活动,归纳起来主要有四项:

(一)现代化商业银行建设活动

2000~2004 年,受到中国加入世界贸易组织,银行业将会对外开放的外部刺激,X 银行着力于不断完善内部的管理系统,建设更加规范的现代化商业银行。加大科技投入,建设基础管理系统,并实现了全行一本账。成立风险管理部门、成立资产监控部、实施独立评审制度,有效地降低了银行的经营风险。另外,2003 年开展等级支行建设。

(二) 事业部改革活动

X 银行在 2005 年开始进行事业部改革试点，2006 年完成 22 家分行及直属支行公司业务集中，除北京、上海外，将原本留在支行的对公业务收归到分行；2007 年全面进行对公司业务的事业部改革，将冶金、能源、交通、地产业务进一步收归到总行，成立了 4 个行业金融事业部，同时还成立了贸易金融、金融市场、投资银行 3 个产品事业部。与事业部改革相对应，X 银行在风险管控、结构系统、人力资源、品牌管理等方面都进行了适应更新活动。比如成立了新的风险管理委员会，启动制定了人力资源发展的 5 年规划等。2008 年，X 银行进一步理顺事业部改革后的后台管理流程以及事业部落地与当地分行之间的关系问题。2009 年，"准事业部"制阶段的改革基本完成，成为 X 银行向小微金融转型的基础。

(三) 分行向零售业务转型

X 银行的零售业务从无到有、从小到大不断拓展。产品上，发行信用卡、非凡理财系列产品创新、民易贷等；组织结构上，分行零售实现了"三分离"、进行事业部试点。2008 年 7 月成立私人银行部，目标客户指向高净值人士。这为 X 银行向小微金融转型提供了前期基础。

(四) 小微金融

2009 年 2 月，X 银行在前期试点的基础上，开始全面推进小微企业金融服务领域，即小微 1.0 版。为大力发展"商贷通"业务，X 银行对自己的风险评审系统进行了 5 方面的调整，利用大数定律和价格浮动来覆盖小微业务风险。通过商业模式创新，X 银行实现了对这些客户群体的风险识别和风险管理。到 2011 年末，X 银行中小企业贷款余额是 1052 亿元，不良贷款率是 0.69%，小微企业贷款余额是 2325 亿元，不良贷款率只有 0.14%。这些活动之间具有比较紧密的相互依赖性。

第八章 企业战略更新对公司业绩及子角色的影响

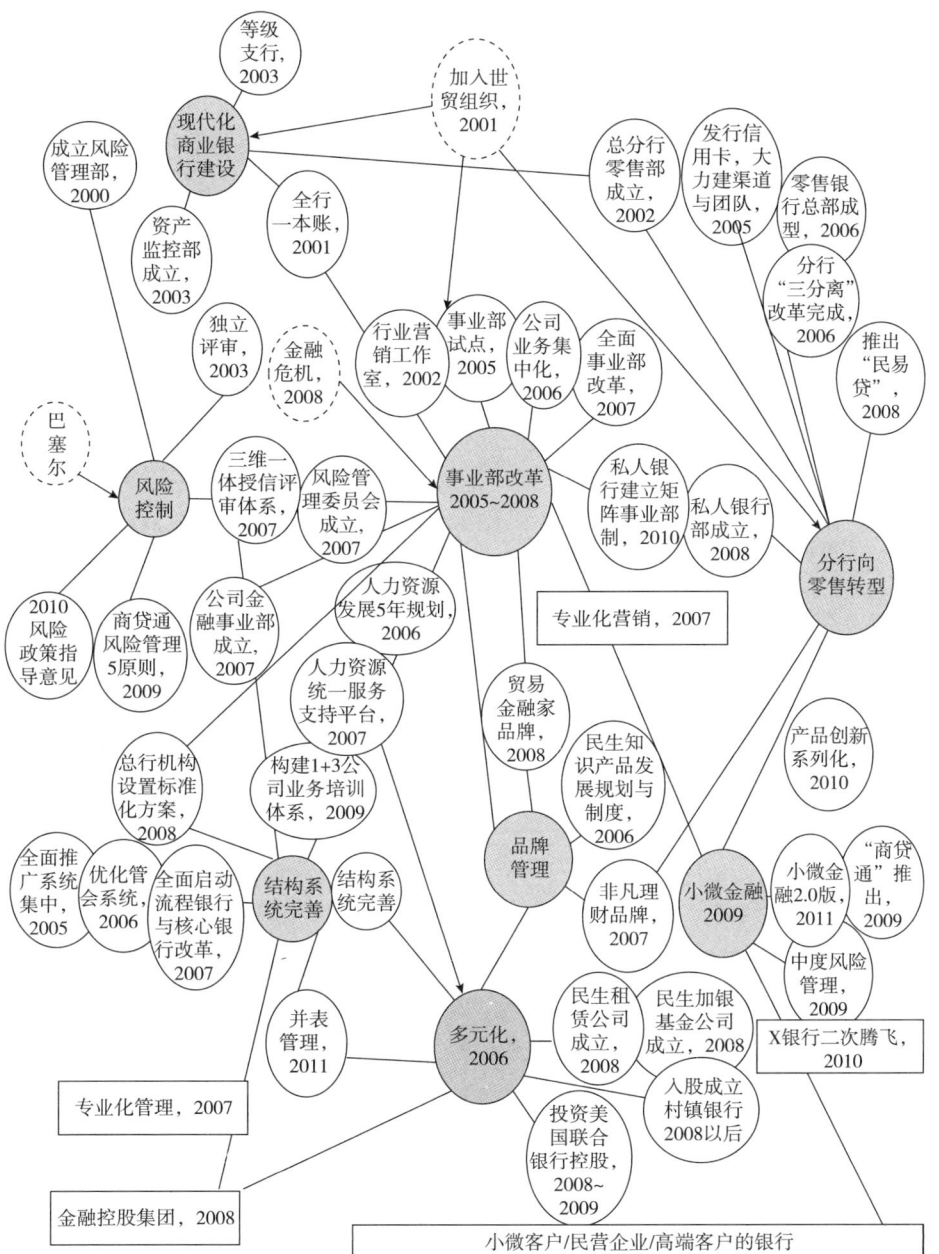

图 8.1 X 银行 2000~2012 年主要更新活动生态

说明：图中用大圆来表示主要的战略更新活动，用中圆表示次级更新活动，用小圆表示具体的活动，用方框描述 X 银行在不同时期的战略表述。

三、该银行的业绩波动情况

根据该银行的公司年报,公司的净利润、扣非之后的净利润以及扣非净利润同比增长率(见表8.1所示)。

表8.1 X银行2000~2016年净利润

年份	2000	2001	2002	2003	2004	2005	2006	2007	2008	2009
净利润(亿元)	2.39	6.46	8.72	13.91	20.38	26.73	37.58	63.35	78.85	121.04
扣非后净利润额(亿元)	4.09	6.33	8.89	13.93	20.24	27.01	38.31	62.98	78.26	83.86
扣非净利润同比增长率(%)		54.99	40.4	56.67	45.33	33.42	41.84	64.4	24.26	7.16

年份	2010	2011	2012	2013	2014	2015	2016
净利润(亿元)	175.81	279.2	375.63	422.78	445.46	464.11	478.43
扣非后净利润额(亿元)	175.65	280.61	377.78	421.67	444.96	458.48	478.85
扣非净利润同比增长率(%)	109.46	59.76	34.63	11.62	5.52	3.04	4.44

资料来源:公司年报。

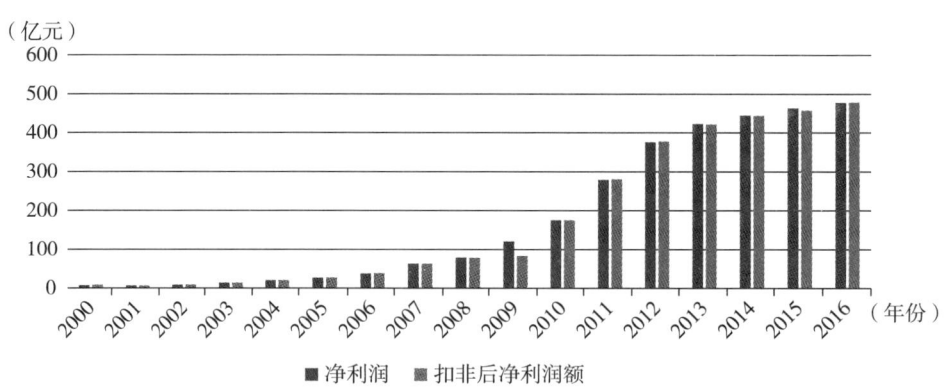

图8.2 X银行2000~2016年公司净利润与扣非后净利润

资料来源:根据公司年报整理。

从图8.3可以看出,从2000年一直到2015年,X银行的净利润及扣非后净利润额保持连年增长的态势,在绝对数额上不断增加。但是从同比增长率上来

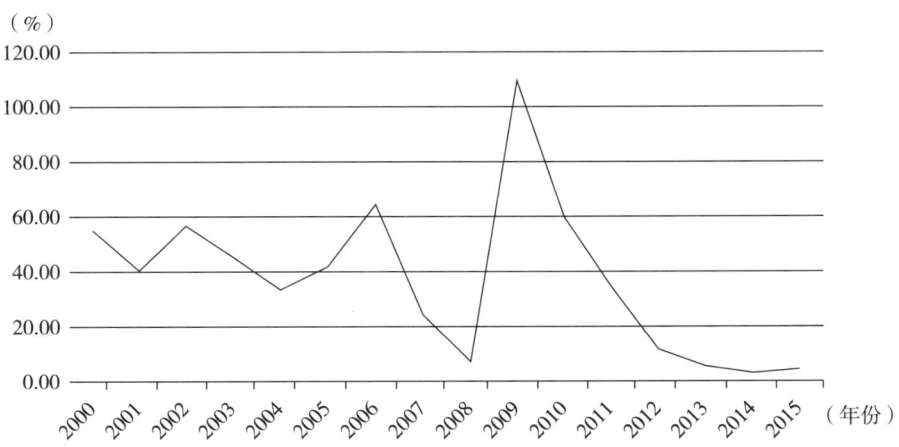

图 8.3　X 银行扣非后净利润同比增长率

资料来源：根据公司年报整理。

看，X 银行扣非后净利润增长率的波动却比较大。在 2008 年之前，存在小幅振动，但是基本都在 20% 以上，处在高位振荡阶段。2008 年，X 银行事业部改革进入关键时期，净利润同比增长率受到较大影响，大幅降低。但是随着事业部改革平稳推进，改革收益逐渐兑现，因此 2009~2011 年净利润的同比增长率急速回升，并攀登至新高度。到 2012 年，受到行业背景（互联网金融）影响，加之后续更新乏力，公司的同比增长率持续下跌，一直在 10% 以内。

从图 8.4 可以看出，该银行的净资产收益在 2012 年之前一直处在高位波动阶段，但是在 2012 年之后，净资产收益率及净资产收益率—摊薄处在持续下降的趋势。

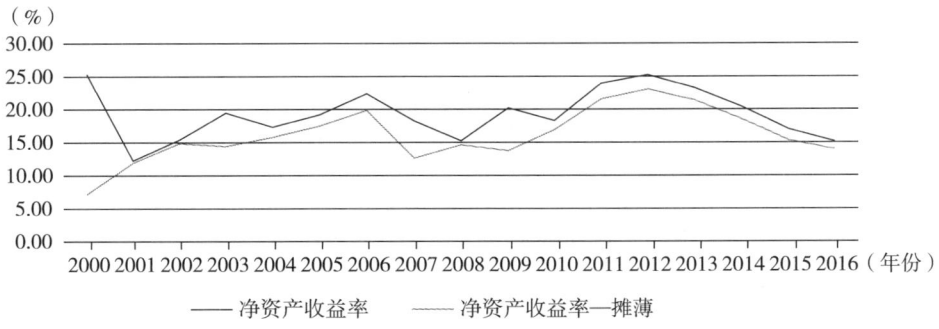

图 8.4　X 银行 2000~2016 年净资产收益率

资料来源：根据公司年报整理。

第二节　重要客户丢失冲击下企业战略更新及其业绩

2017年4月，英国想象技术公司（Imagination Technologies Group PLC）[①] 发表声明，称收到苹果公司通知，苹果公司未来两年内将不使用该公司的技术，而是会自行研发图形处理芯片（GPU）。消息公布后，这家英国公司股价跌幅一度达到70%，市值蒸发超过5亿英镑。

一、想象技术公司基本情况介绍

想象技术公司前身是一家名为Video Logic的公司，Video Logic成立于1985年，主营业务是图形与音频加速等方面。后来选择了与ARM的类似盈利模式，就是对外收购IP核，并在1999年更名为想象技术公司。

想象技术公司在发展过程中，Intel公司和苹果公司都曾大量购入其股票，促进了该公司的发展——Intel公司曾经一度持有想象技术公司16%的股份，而苹果公司也曾持有将近10%的股份。不过，Intel公司入股想象技术公司的主要目的是间接获取其技术，在Intel公司自家的GPU性能和功耗都羽翼丰满之际，在2015年，Intel卖光了所持有的想象技术公司的股份。在移动GPU市场上，想象技术公司的Power VR GPU一度占有非常高的市场份额——在2012年上半年，根据市场调研机构Jon Peddie Research的数据想象技术公司占据了移动GPU IP授权市场的46.5%之多，相比之下，在同一时期，桌面GPU上实力强劲的英伟达公司只有2.5%的市场份额。

二、想象技术公司与苹果公司的蜜月与挖角

在很长时间里，苹果公司和想象技术公司保持着非常密切的联系，苹果公司不仅是想象技术公司一个非常重要的客户。苹果公司设计的各种供苹果手机使用的AP，比如A8、A9、A10等处理器都搭载了想象技术公司的Power VR图像处理技术，而且苹果公司还持有想象技术公司部分股份。因此，两家公司的关系可谓

---

① 本研究案例资料皆来自公开信息，如有不妥，请和作者联系更正。

非常密切。

由于想象技术公司的盈利模式类似于 ARM 公司，都是靠卖授权赚钱。这意味着苹果公司每卖出一部手机或者平板电脑，都要向想象技术公司支付专利费。为此，苹果公司将支付给想象技术公司的专利费用高达 1 亿多美元，约占当年想象技术公司总收入的一半。而且如果苹果未来的手机、平板电脑卖得越好，生意越做越大，将来需要支付的专利费也将水涨船高。

如果能收购想象技术公司，对苹果公司而言无疑是上策。正因如此，2016 年苹果公司曾经试图收购想象技术公司，不过最终两家公司没能谈成。随后，苹果公司采取私下挖人的办法——在 2016 年 10 月，根据美国媒体 Mac Rumors 报道，曾经在想象技术公司工作过的现任苹果员工就有 25 人，从领英的档案上可以看出，有 6 位是原来的高级研发人员。包括 2016 年 6 月离职、7 月就在苹果公司任副总裁的前 COO John Metcalfe，还有前高级设计经理、硬件工程副总裁、高级软件工程经理等。可以说，在某种程度上，想象技术公司的人才已经趋于被"挖空"。

三、想象技术公司应对苹果公司的突发情况，决定更新战略及业绩影响

2017 年 4 月，苹果公司公开宣布将在两年内停止使用英国想象技术公司的图形处理芯片，存在两个可能：一是向想象技术公司施压，以谋取想象技术公司的妥协，而且在股价暴跌 69%的情况下，苹果公司收购想象技术公司的资金成本也会大幅下降；二是真的打算在 2 年后抛弃 PowerVR，在苹果手机上使用苹果公司自己研发的 GPU。

4 月苹果公司宣布自研 GPU 后，想象技术公司股价瞬间暴跌近 69%，当天跌幅更是高达 75%。

四、想象技术公司的系列更新及业绩

第一次，2013 年系列收购，试图多元化，但是造成了主业技术更新降速、业绩受损、大幅裁员。2013 年想象技术公司收购了 MIPS 公司，随后又在欧美收购了数家从事 WiFi 和射频产品开发的中小规模企业。

这些收购一方面是丰富了想象技术公司的产品线，并形成了以下三大主营业

务：Power VR GPU、MIPS CPU、通信和无线连接产品。三大业务领域不会受影响——图形和多媒体（Imagination 的 Power VR 的业务），处理（它在 2012 年收购的 MIPS 处理器业务）和连接（其 Ensigma 低功耗通信 IP 业务）。

但是想象技术公司的规模也随着收购而膨胀。在公司规模扩大之后，收购来的业务并没有创造出高额利润。由于之前提到的，收购来的业务一直没能创造高额利润，加上移动 GPU 业务受到 ARM Mali GPU 的冲击，想象技术公司遭遇了历史上最大的亏损，不得不裁员 200 人（占公司总员工数约七分之一）来削减人力成本，以填平亏损 6150 万英镑的大坑。

第二次，出售收购来的业务，寻求保全主业，但是未见成效，被迫整体出售。2017 年 5 月 4 日，想象技术公司再次宣布，由于未能与苹果公司针对当前的授权和版税协议达成替代性解决方案，公司已启动"争议处理程序"。同时，想象技术公司还宣布，公司正考虑出售其嵌入式处理器业务 MIPS，以及移动计算芯片业务 Ensigma。之后，公司将专注于 GPU 业务 Power VR。而现在，想象技术公司终于决定将公司整体出售，在宣布对外出售后，公司股价一度上扬 20%。

不管未来想象技术公司的命运如何，但是它都向我们证明了一点，即使公司内部未必有计划战略变革，外部环境的突然变化也会产生新的战略变革需求，对公司业绩产生重大影响，有时候甚至影响公司的存亡。

第三节 主业专一企业持续战略更新实践与业绩[①]

一、Z 公司简介

Z 公司成立于 1991 年，是全球最大的集研发、生产、销售、服务于一体的国有控股上市公司。Z 公司在全球拥有珠海、重庆、合肥、郑州、武汉、石家庄、芜湖、长沙、巴西、巴基斯坦等 10 大生产基地。从家用空调向商用中央空调布局之后，Z 已经完成了在生活电器、工业制品、手机等领域的布局。公司已开发出 20 个大类、400 个系列、12700 多个品种规格的产品，远销 160 多个国家和

---

① 本研究案例资料皆来自公开信息，如有不妥，请和作者联系更正。

地区,用户超过 3 亿人。其中,家用空调产销量自 1995 年起连续 22 年位居中国空调行业第一,自 2005 年起连续 12 年领跑全球。

公司拥有格力、TOSOT 两大品牌,主营家用空调、中央空调、空气能热水器、生活电器、工业制品、手机等产品。下辖凌达压缩机、格力电工、凯邦电机、新元电子、智能装备、精密模具、再生资源等子公司,覆盖了从上游零部件生产到下游废弃产品回收的全产业链条。

二、公司的战略更新活动故事

(一)"淡季返利与先款后货"的营销模式

1995 年,空调市场遭遇凉夏,Z 公司发明了"淡季返利",即依据经销商淡季投入资金数量,给予相应的利益返还。这样把"钱—货"关系,变成"钱—利"关系。通过淡季吸收经销商货款、购买原材料、旺季供货,格力可以充分利用上下游资源,用最少的自有资金,撬动公司的整个经营循环。既解决了制造商淡季生产资金短缺,又缓解了旺季供货压力。1995 年,Z 公司淡季回款比 1994 年增加 3 倍,达 11 亿元。

Z 公司弃用行业内先货后款的代销制,在安徽区域首推先款后货的"格力制度",时至今日,格力一直采用这种先款后货的模式。凡是拖欠货款的经销商一律停止发货,补足款后,先交钱再提货。这种模式使得 Z 公司再也没有出现过一分钱的应收账款,也没有三角债,另一个角度上也体现了 Z 公司来自其工业精神以及占营收高达 5%研发投入的强势。

(二)自建渠道,创建"股份制区域销售公司"模式

1997 年 12 月,Z 公司湖北销售公司的成立宣告了一个新营销模式的诞生。以利益为纽带,以格力品牌为旗帜,湖北格力空调销售公司为中国空调行业开辟了一种新的商业模式——"股份制区域性销售公司"模式。区域销售公司由企业与渠道商共同出资组建,其核心理念是渠道、网络、市场、服务全部实现统一,格力由此与核心渠道实现利益捆绑,从而共谋发展。区域销售公司模式的最大优势在于其通过合理的厂商利益分配,最大限度取得了区域市场大户的支持,迎合了区域市场内部集体和个人利益取向,从而奠定了 Z 公司在专业经销层面的优势地位。股份制区域销售公司是 Z 公司特有的市场模式,是建立在厂商之间的营销联盟,形成利益共同体。

凭借这些区域公司的支撑，Z公司对零售终端的掌控力也越来越强。即便在2004年，当终端零售巨头国美单方面扰乱Z公司的价格体系之时，Z公司毫不犹豫地决定停止向国美供货。而在这场被业界视作格力很有可能是在自断通路的博弈中，Z公司毫不让步，并完全依赖自建渠道和专卖店继续保持稳定且快速的发展。

但是Z公司内外的环境正发生着巨大的变化：国内家电连锁巨头正快速扩张，国外家电巨头对中国市场也虎视眈眈，电子商务促发网络直销趋热，行业产品利润下降，等等。Z公司相应做出积极的调整，逐步越过各省大的经销商，直接向地区级和县级大的经销商挺进。在盈利以发展为第一要义前提下，向二级、三级市场倾斜，与家电连锁商合作，这些变革其实是一种必然。首先，Z公司对销售公司职能进行调整，强化管理与控制力；在各地销售公司中增持股份，强化在渠道上的话语权。其次，Z公司强化对渠道的精耕细作，加强专卖店、社区精品店的开发建设力度，让其未来的服务走向专业化、标准化。

（三）Z公司品牌电商强势推出，线上线下联合发力

2013年，Z公司站到了一个十字路口，在新的竞争格局下，电商业务几乎是被迫提上日程，线下销售仍是最重要的利润来源，董事长D亲自向经销商说明在有足够的把握把控渠道终端时，她将解决的真正问题是如何控制电商。于是Z公司决定建立高度整合的渠道商联盟，在销售终端加入冰箱等更多品类，与国美修好，并在此基础上建立自己的电商平台。

格力官方商城于2014年底正式上线，2015年全面发力，结合已有的成熟电商渠道如京东、天猫、苏宁、国美等，共同推动格力整体电商业务快速发展。公司进行了格力品牌线上电商销售战略规划，巨资筹建了自有线上综合电商销售平台"格力商城"，重点布局京东商城、天猫商城、国美电器、苏宁易购等国内最具影响力的第三方电商平台，同时保持和国内关键客户资源互享，在重大电商节点"6.18""6.28""双11""双12"等取得辉煌的销售业绩，其中空调在京东平台高居家电行业同类产品销售榜首。

（四）Z公司转型装备制造

作为国内家电行业较早启动和发展自动化的企业，Z公司自2003年开始引入自动化的概念，Z公司在2012年先后设立自动化办公室、自动化技术研究院、自动化设备制造部、智能装备技术研究院等技术单位，2015年提出将工业机器人与高档数控机床作为该公司未来的两大研究领域来规划布局。"在这里向大家

宣布，Z公司从专业化的空调企业进入了一个多元化的时代"，2016年7月23日，Z公司董事长D说。当日第二届中国制造高峰论坛在北京举行，在论坛上D首先亮出了手中的Z公司二代手机。手机、智能装备和新能源汽车并列，成为Z公司三大新战略方向。实际上Z公司已经成立凌达压缩机、格力电工、凯邦电机、新元电子、智能装备等五大子公司，设立了7大研究院、52个研究所、近700个实验室。同时除了格力品牌外，Z公司还拥有大松（生活电器）、晶弘（冰箱）、凌达（压缩机）、新元（电子）等多个品牌，可以说Z公司已经步入多品类、多品牌的"多时代"。

三、Z公司自2007年以来的业绩

根据Z公司的公司年报，汇总Z公司自上市以来的公司业绩。可以看出，在Z公司的持续更新努力下业绩一直表现稳健。

表8.2 2007~2016年Z公司部分财务指标

年份	2007	2008	2009	2010	2011	2012	2013	2014	2015	2016
营业收入（千元）	38009184	42032388	42637291	60807242	83517252	99316196	118627948	137750358	97745137	108302565
利润总额（千元）	1426366	2406254	3380275	5056322	6328560	8762709	12891319	16752430	14909419	18531190
基本每股收益(元)	1.58	1.68	1.55	1.52	1.86	2.47	3.61	4.71	2.08	2.56
加权平均净资产收益率(%)	31.94	32.13	33.48	36.51	34.00	31.38	35.77	35.23	27.31	30.41
资产负债率(%)	77.06	74.91	79.33	78.64	78.43	74.28	73.47	71.11	69.96	69.88

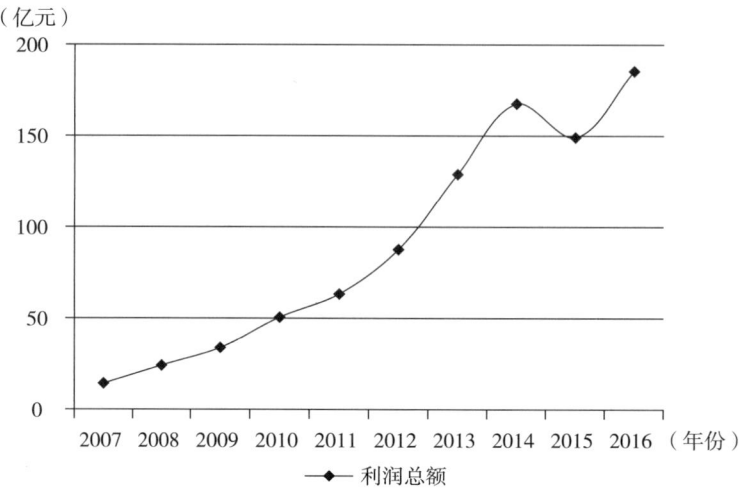

图 8.5　2007~2016 年 Z 公司利润总额折线示意

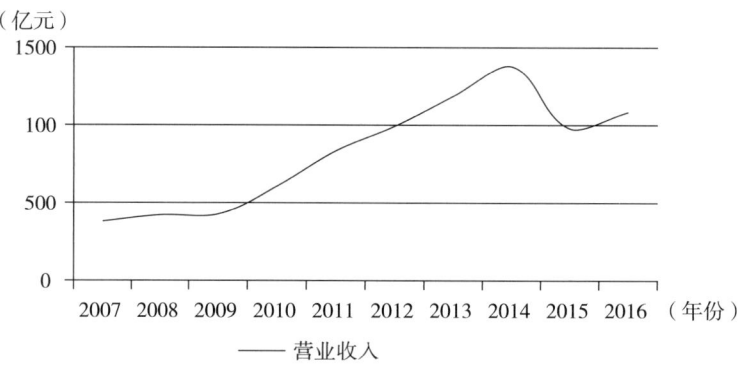

图 8.6　2007~2016 年 Z 公司营业收入折线示意

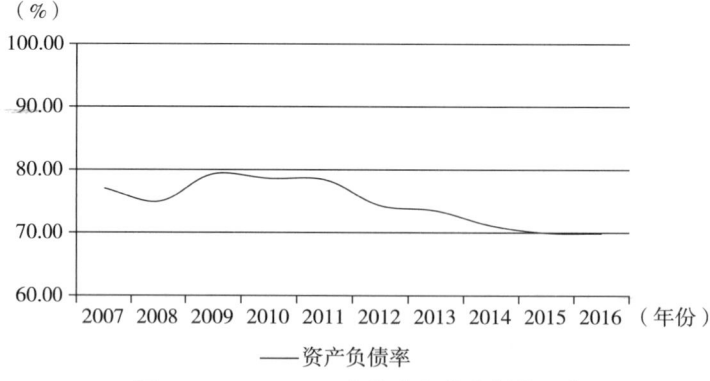

图 8.7　2007~2016 年资产负债率折线示意

正如开篇所述,战略更新活动与企业绩效的关系并没有完全肯定或完全否定的结论,但也并非"循环不可寻"。本书选取 3 个不同行业的实例作一简述,希望提供一些启发。主动的、审慎的、持续的更新可能更容易培养创新氛围,带来积极绩效影响;消极被动的、仓促的,不连续的更新探索往往会让组织"不习惯",对抗逆反性更强,业绩预期自然会降低。

第九章
超强竞争背景下企业战略更新实践

  前面几章已经讨论完战略更新过程的主要参与要素及其作用角色等，本章立足于当前快速变革的超强竞争环境，描述两家企业的战略变革实践。

  数字全球化颠覆了传统商业模式，促使跨界发展与联合共享可能在更大范围得以实现，重新定义产品、重新定义价值链、重新界定企业与社区关系成为每个企业经营者需要时刻关注的问题。传统上，企业依赖核心员工的创新发展，人力资本内涵、组织方式的改变以及零工等用工方式和工作方式的转变，撼动了企业传统核心竞争力的来源，又从另外的角度推动企业组织必须持续更新思想，更新竞争方式，在持续的创新变革中与外部环境保持相对一致性。实现上述目标，企业需要密切关注战略更新机会，科学、及时、准确地识别与选择决策。

  在瞬息万变的世界，公司在运营及改善经营状况方面沿用多年的层级制管理结构和组织流程，已不再是制胜法宝。事实上，它们反而成为公司参与市场竞争的阻力，由于市场波动加剧，创新人员必须随时准备好应对新问题。过去公司往往很少反思他们的战略。但而今，如果不隔几年就重新思考一下自己的战略方向，不去适应日新月异的大环境，不在公司运营上迅速做出重大变革，这种公司就会将自己置于险境。

第一节　网络平台模式的转变

  A 公司在长期的发展过程中，已经为自己建立了行业变革者的形象，在第三波技术浪潮下也不例外。A 公司近几年持续探讨向公司平台化，员工创客化方向发展，赢得了不少研究学者的关注和赞誉，不过也有不少实践观察者对此抱冷观态度。本研究主要依据公开资料，进行描述与分析①。

一、A 公司发展历程

A 公司的前身是青岛冰箱总厂（以下简称青岛冰箱）。青岛冰箱成立于 1984 年 1 月 1 日，是由青岛东风电机总厂及青岛工具总厂合并而建立的。青岛冰箱成立之初，其内部员工 800 名，同期销售额 348 万元，财务赤字 147 万元。到 2015 年，A 公司全球营业额达 1887 亿元，利润 180 亿元，同比增长 20%。A 公司业务也从只生产一种型号冰箱转换为生产冰箱、白色家电、黑色家电等多类多规格品种的产品群。从 A 公司纵向发展来看，A 公司的发展历经五个阶段，即名牌战略、多元化战略、国际化战略、全球化战略及网络化战略。

表 9.1 A 公司的发展历程

发展战略	名牌战略	多元化战略	国际化战略	全球化战略	网络化战略
管理模式	OEC 管理	事业部制 SBU	市场链管理	自主经营体	小微、创客
创新成果	冰箱第一品牌	家电第一品牌	创出国际品牌	全球白电第一品牌	互联网思维下管理模式

（一）国际化战略

2001 年，随着中国加入 WTO，网络通信技术及电子商务的发展，中国经济与世界全面接轨，重返世界经济舞台。正是在这一背景下，A 公司抓住对外开放的机遇，提出"走出去、走进去、走上去"的国际化发展战略，发展 A 公司在国外三位一体的本土化营销模式。

A 公司的国际化战略部署是先难后易，先进入发达国家创品牌，再加入发展中国家创市场。为了顺利进入国际化市场，A 公司提高产品质量通过了美国 UL、加拿大 CSA 等 15 个种类、48 个国家的国际认证及 ISO9000、ISO14001 国际质保、环保认证，为 A 公司品牌为国际所接受打下了基础。经过五年发展，A 公司建立了三园一校，9 所研发中心、18 家海外工厂、17 家营销公司，实现了海外研发、制造、营销三位一体的战略目标。作为中国家电企业最早进入国际化市

---

① 本研究资料主要来自公开资料，如有不妥，请和作者联系。

场、销售产品数量最多的制造业企业，A 公司产品涉及世界 160 多个国家和地区。根据 2001 年欧洲 Euromonitor 统计，A 公司冰箱全球排名第二，洗衣机排名第三，国际化战略得以成功实施。

从 2001 年到 2006 年，A 公司上市公司的营业收入分别是 114.44 亿元、115.53 亿元和 116.88 亿元，152.99 亿元、165.09 亿元和 196.22 亿元，净利润分别是 6.18 亿元、3.97 亿元和 3.68 亿元，3.69 亿元、2.39 亿元和 3.14 亿元。利润收入随着国际化收入增加反而减少了近一半。

（二）网络化战略

网络化的发展带动了商业模式、制造模式、消费模式的变化。为了更好地适应网络化发展，A 公司通过企业平台化、员工创客化、用户个性化实现网络化转型，进入网络化战略阶段。为了更好地实现网络化转型，A 公司坚持用户为中心，使用户全流程融入，创造用户最佳体验，使用户全程参与到产品及服务的价值创造中，变革企业的科层制组织结构为平台化结构，使企业成为互联网的一个节点，使员工在企业平台下转换为创客，成为自己的 CEO。截至 2016 年底，已经聚集了 3600 家创业孵化资源，1333 家风险投资机构，创投基金规模达到 120 多亿元。A 公司内部已经进行融资小微企业 35 个，有 16 个小微企业估值过亿元。

二、A 公司网络化平台模式

A 公司的互联网转型虽然始于 2005 年，但最早的观念其实产生于 2000 年。2005 年 4 月，A 公司提出了"一千天流程再造"为互联网战略做准备。2012 年 12 月，A 公司正式全面启动了网络化战略。

企业转型为生态系统的同时，A 公司员工也从被动的执行者转型为创业者和动态合伙人。在 A 公司内部现在只有三类人——平台主、小微主和创客。创客和用户连接在一起，吸引一流资源和利益相关方以对赌的方式融入进来，形成一个个社群，构成创业的基本单元，也就是小微生态圈；小微主通过开放竞单的方式产生，并动态互选；平台主要负责提供生态圈需要的阳光、土壤和水。

（一）企业平台化

A 公司打破传统的金字塔结构，实现了从封闭个体向开放平台转换，在全球范围内引入资源。2014 年，A 公司实施开放式创新，引进合作伙伴，初步建立起智慧生活生态圈。2015 年 A 公司实施 U+APP，其中，合作伙伴涉及苹果、三星、微软等移动互联终端与软件提供者，C 公司、百度等互联网企业，宝洁、联合利华等服务提供商，中粮、1 号店等与消费者衣食住行有关的企业。

（1）产品创新平台。A 公司建立了整合和分配全球创新资源的平台，旨在为用户提供相应的解决方案。为了加速产品创新，A 公司将"倒三角"组织结构变革成员工、用户、供应商之间合作共赢的商业化生态圈，创造实现各自的价值。

（2）虚实融合平台。在网络化战略下，A 公司利用自身的产品生产虚实网、物流网等优势，让用户参与到产品及服务的全流程中，实现流程的可视化，获得企业竞争力。虚实融合平台是将 A 公司建立的线上用户交流平台与 A 公司线下专卖店、工厂等进行结合，为用户提供综合化服务的一种新型营销模式。A 公司统帅家电是虚实网融合的代表。互联网时代下，统帅坚持以"只为需要埋单，为不需要的功能免单"的价值主张，线上通过微博、门户网站、论坛等网络媒体获取消费者需求，线下根据消费者需求依托 A 公司先进的技术研发优势，结合 A 公司营销网、物流网、服务网进行生产制造。

（3）物流服务平台。针对冰箱等大型家电销售的物流问题，送货安装上门一体化服务显得尤为重要。为了解决这一问题，A 公司建立智慧物流模式，树立为顾客提供 24 小时送达，超时免单的送—装一体服务理念。为了保障 24 小时送到，A 公司物流建立了覆盖全国 2500 多个县乡的物流点为顾客提供配送的一体化服务。以 A 公司日日顺物流开放平台为例，其通过吸引国内几万辆送货"车小微"，建立起国内家电行业中唯一一家实现送村到户、送装一体的大件物流服务网络。"车小微"利用手机 App 接受"最后一公里"订单，将产品送到顾客指定位置，由客户进行现场评价，根据用户评价优化车辆资源，从而逐渐提升用户的交付体验。

（二）用户个性化

建立用户与企业的互动机制，增加双方零距离接触机会，引导目标用户参与设计企业产品。为了更好地实现用户个性化，A 公司从单纯提供产品硬件的供应商转换为提供一体化智慧解决方案的服务商，以互联网为纽带，打造用户需求整合平台，为用户提供定制产品和服务。

实现用户个性化，让用户参与到产品生产制造中，让流程可视化；与用户实时互联，整合研发到制造、上下游供应链等全流程要素；实施用户生产，利用企业智能化将用户需要进行自动化生产，消除传统因存货带来的库存弊端。

（三）员工创客化

A 公司进行员工创客化，通过建立动态合伙人的形式，创建自由创业生态圈，在这个平台上，A 公司内部拥有了无数的创客，汇聚 6 万多平台主、小微主、创客，183 个小微生态圈，诞生了 470 个项目，汇聚了 1328 家风投公司。为了实现员工创客化，A 公司企业大学挑选优秀的小微讲师、清华大学等国内外高校的兼职教授对员工进行指导培训，激发员工活力；另外，A 公司成立了企业投资平台及员工创业平台，建立起以海立方线上平台为核心的众创模式，会聚了 3 万家销售渠道及制造资源，加快了创业项目发展；建立以 HOPE 开放创新平台的众包模式，汇集上下游资源，吸引全球有利资源进入企业，帮助员工实现创客化；建立以"创客学院—创客工厂"及"创客实验室—创客市场"两条路径的众扶模式，实现企业发展；建立以 A 公司创投基金和海融易为中心的众筹模式，解决员工创业融资问题。

三、A 公司网络化平台模式实施典型案例

（一）雷神：变身创业平台孵化器

雷神笔记本电脑是 A 公司内部三位"85 后"员工提出来的创业项目，针对游戏人群开发的一款笔记本电脑。当他们提出创业时，A 公司提供了 200 万元孵化基金。

从雷神诞生起，在 A 公司内部走的是一种轻资产模式，只关注产品的软件和设计，以及如何与用户更好地交互，上游则是交给笔记本电脑代工厂，物流、售后等共享 A 公司平台。在一年半的时间内，雷神的 10 人团队去年实现销售额 2.5 亿元，净利润 1200 万元，做到游戏本里第一；粉丝人群也从 3 万人爆发性增长到 150 万人。

目前雷神已经累积了 40 个 QQ 群，聚合了 150 万"雷疯"。这是一群有着极客情怀的用户，而每个群主都有不同的定位，包括发烧型、指导性、情感需求型等，这些粉丝已形成一个强大的凝聚力。40 个群主每天将反馈传达给设计团队、代工厂。同时，在进行活跃交互的还有雷神笔记本电脑的百度贴吧、微博、微信等多个平台。

从 2015 年开始，雷神开始独立运营。资料显示，2014 年 11 月，雷神拿到 A 轮 500 万元风险投资。随着风投的进入，雷神创业团队跟投入股。在去年 3 月 31

日，京东股权众筹平台上，雷神获得 1300 万元，几乎占京东整体筹集金额的一半。

（二）馨厨冰箱：主要卖互联网入口

A 公司馨厨小微首创了全球第一代互联网冰箱，实现了从电器转型为网器，馨厨的软件系统从 2015 年 6 月研发之初一直到上市，迭代次数超过 300 次。对传统冰箱而言，这样的迭代速度是不可想象的。

除了具备一台传统冰箱的功能之外，馨厨的互联网入口还连接电商、娱乐、菜谱等功能，成为厨房场景下的生态系统。在馨厨冰箱与用户见面的第五天，馨厨冰箱就获得了第一笔第三方付费收入。当时是一位北京用户通过馨厨冰箱上的电商平台购买了一袋大米。

一些看到前景的第三方平台资源也被吸引进来，比如蜻蜓 FM、本来生活、我买网等影音类、广告类、电商类资源方主动与馨厨合作。

（三）小帅影院：整合全球资源创新

小帅是 A 公司创客小微推出的一款创新产品。A 公司创客发现怀孕的年轻妈妈们提出希望躺着看电视的需求，于是他们根据用户需求在网络上开放地寻求解决方案。

来自美国硅谷的创业者恰好有这方面的解决方案，很快他们成立了创业公司，并将能够满足孕妇躺着看电视的 iseemini 开发出来。目前，该产品已经迭代到第三代。小帅小微已拿到了 A 轮融资。

四、A 公司转型的业绩

根据 A 公司 2017 年初公布的数据，2016 年 A 公司全球营业额预计实现 2016 亿元，同比增长 6.8%，利润预计实现 203 亿元，同比增长 12.8%。近十年收入复合增长率达 6.1%，利润复合增长率达 30.6%。

在报告中，有一个数字引人注目——A 公司 2016 年通过互联网交易产生交易额 2727 亿元，同比增长 73%。这也是首次互联网线上平台产生的交易额超过 A 公司自身收入。如果简单地从数字来看，A 公司的平台化战略更新至少在目前取得了阶段性成果。

但是，正如一些严肃的观察者列出的数据与质疑一样，A 公司的平台化战略也不是无懈可击。从战略更新角度说，这是一场自上而下的组织结构的调整，从目前宣传的成功案例来看,更新的重点更多偏重效率,技术应用环节。更新的业绩考量还需要更多的时间观察,未来 A 公司的发展如何或许有两个方面值得关注:第一,平台化更新战略被中基层员工认可接受的程度。这是战略更新成功与否的认知基础。第二,自有核心技术研发对平台的支撑程度。网络化、人单合一都将业绩压力放大到每一位创客身上,短期盈利压力不适宜长线未来技术的研发,后者是企业基业长青的活力之源。应用型创新创业的活跃恰恰需要更大规模的基础研发投入支撑,否则无异于无源之水,无本之木。

第二节　活动系统变革中的紧张

企业战略更新是组织系统的变革,变革过程中的紧张与冲突不可避免。下面这个案例翻译整理自 Blackler 等（1999），主要是一家军工企业的转型过程。

一、企业背景

这个企业是英国一家擅长进行订单式制造光电子军工产品的企业。这家企业有 3 个生产基地。本案例主要以东部工厂为例,在被收购之前,这个工厂也是一家独立的公司。

东部工厂自身有一个较长而自豪的历史。工厂是由两名学者在 20 世纪后期创办,他们两个是强有力的创业家与发明者复合的合作伙伴,这可能也是工程师——科学家并称的开始。为了能够持续解决越来越困难的问题,工程师作为科学家发明者需要发展精益求精。工程师确信,每个新产品中都含有一些全新的技术或者技术应用。实际上,东部工厂以其不断超越顾客预期而闻名。

与这个专业卓越文化相伴的是它奉行的导师制。设计工程师从校门直接到工厂后,将会得到来自有经验工人或上级的非正式指导。因为,东部工厂的价值观认为,设计工程师尽管完成了书本学习,但是实际经验比较缺少,需要逐渐了解工程的真实世界。这个过程被渐进地完成,每一个任务组合都比前一个略微难一点。如果新工程师完成任务有困难,他们可以从导师那里获得建议；如果不幸失败了,也会被包容,并积累经验。其中一个高级工程师非常清楚地记得他在东部工厂的第一天。他被要求去测试一件设备。由于对这个设备不够了解,并且并不清楚该做什么,又不好去澄清。他自己去试的结果就是,很快就交了学费。他的导师听说后，仅仅说他愚蠢，然后解释设备如何工作。通过这种方式，导师完成了比较粗糙的风险管理。在这里，失败并不被看作完全彻底的结果，而是一种学习的代价。这样，科学家—发明者的设计过程就是试错的，每一次都比前一次更好。

直到 1987 年，这家公司还是盈利的。但是东西关系的突然"解冻"，减少了这家公司的市场合同，到 1990 年，它的亏损超过 1000 万英镑。英国政府的国防合同签订也重新调整，从最初的"成本+"模式系统，即政府支付开发和生产成本，再加上平均 10% 的利润，变成固定定价的合同系统。东部工厂的高管们清楚地意识到，"成本+"的开发与生产模式，掩盖甚至鼓励无效率。采用迭代方法的设计使得项目期限拖后，项目延期又增加了成本。但是在"成本+"模式下，这种方式仍然会增加利润。现有模式下，工程师不得不考虑"失败成本"。公司面临经营失败的风险，因此更换高管团队，开启变革。

二、最初的更新计划设计

公司这时候引入了一个新的高管团队来调整战略企图挽救当时的颓势。他们评估公司的业务后认为，公司处在相对弱的竞争地位、冗员、头重脚轻、官僚，订单完成准时率低。它的优势在于它世界级的技术和产品序列。

在公司里，新的管理团队开始着手创建一个小的、快速响应和高效率的组织。他们深信，只有通过向计算机集成制造（computer integrated manufacturing）转型，经历一系列的组织变革，他们才能达到要求的生产率目标。为此，他们制订了一个 10 年的变革计划，对公司结构进行一连串的演化性变革，每一个阶段都有阶段性的目标成就。这个过程包括四个不同的阶段：①共同协调（Co-ordination）；②过程控制；③自动化（Automation）；④系统整合。变革被预期会从应用现有知识改进效率向基于持续学习对制造系统改造的转变。进行了人事整合来配合这些计划实施。1990~1994 年，公司人数从 3000 人左右减少到 1050 人。

变革的第一步最初从制造部门开始，然后转到设计工程部。在这个阶段，核心的工作是引入制造资源规划（MRP2），一种基于计算机的制造方法。采用团队工作方式，管理层变得扁平化。这些变革的实施得益于搬入了新建工厂。1992 年，这个公司进行工厂搬迁，公司因而得以有机会整合新的文化到工作环境的设计和激励一线员工。许多非核心业务部门被外包出去。整个组织都卷入讨论适合新工厂的标杆实践有哪些。在这样的情况下，公司的氛围得以改变：创造了完全开放的计划，潜在的参与性的环境。

变革的第二个阶段是通过流程控制来提升质量，实现零差错和准时。这一时期的口号是"第一次就做对"。这一阶段最早在制造部门展开，在当时的设计和营销部门，仍然处在变革的第一阶段。

以工程部门的变革为例。在公司内部，工程设计是公司的骄傲。工程作为一种活动来说，等同于问题解决。工程师的经验根据他所掌握的技术复杂度来衡量，设计本身是一个试错的过程，重点强调工程师个体的专业自主性。因此，他们常常将工程师比喻为科学家—发明家的复合体。

与导师制相联系的是一种熟悉工程师之间的"pecking order"。一个故事可以说明这个问题。绘图部门曾经人口稠密、办公室紧缺。这个部门主管就将对着窗户的部分设立为自己的办公室，然后按照等级高低依次排列，最低级别的员工可能排到房间的另一面墙边。主管靠近窗户，可以充分享受到白天的阳光。员工的晋升也围绕着窗户移动，新进的员工可能被挤到房间另一侧靠门的地方，然后逐渐提升，逐渐有机会从房间的左边转移到右边，在往上达到这一列的顶端。也有可能，可以达到窗户的位置。

作为科学家—发明家的工程师主要关注技术、技术改进和技术应用。处在不同细分领域的工程师有不同的技术兴趣，相互之间未必可以完全理解。一个产品的成功依赖于不同专业、不同专家从各自的领域出发，共同合作来解决问题；每位工程师主要关注自己所能够做的贡献，信任自己的同伴，预期自己的判断被同伴接受。事实上，调查的资料显示，管理者们普遍比较认可工程师们的自主性。例如，一位经理面对一位来自政府的非常重要客户的催促压力时，尽管项目已经超过预交期限，他巡视了工厂，向工程师了解了信息，最终并没有说明项目可以完工的具体时间时，他的老板支持了他的判断，并非常模糊地回答客户"当项目可以运作的时候（就能交工了）"。可以看出，公司的管理层非常看重工程师的判断，与客户的催促压力相比，他们更尊重工程师们对于产品"妥否"的判断。

三、变革实施中的紧张

第一，开始公开讨论成本。事实上，在此之前，几乎没有公开讨论过设计调整的成本。讨论分析的目的在于揭示，工程延期或者小瑕疵的调整在生产阶段增加的成本。设计师们为项目进行锦上添花的设计也可能包括大量的额外费用。现在，管理层和一些比较年轻的工程师认为这个传统缺少弹性。有工程师反映，老师傅们不愿意在设计中使用新材料，偏爱他们曾被传授和试验过的方法。

正是在这种传统背景下，工程师很难将别人需求考虑进自己对产品成功与否

第九章 超强竞争背景下企业战略更新实践

的判断上。例如,一个产品在组装阶段遇到困难,组装工人很难将其中一个螺丝插进产品的一个位置,因此要求工程师修改产品设计。但是工程师认为完全没有必要修改自己的原始设计,理由是"这个产品能用"。在实践中,公司传统的做法就是,制造阶段暴露出来的设计问题很少被转达给设计者。一旦设计进入生产部门,这些设计师也不太习惯处理紧急的请求,很少会找到设计者来解决问题。往往出现了组装的问题都是由制造工程师或者组装技术员来解决。长期下来,他们已经积累了处理此类问题的丰富经验。结果就是,最终生产出来的产品往往与设计图上计划的样子有天壤之别。

公司里的产品往往延迟交付,进而延迟升级。一位高层经理声称,在"成本+"时代,差不多80%以上的产品是延迟交付的。一位工程师甚至自豪(具有讽刺意味)地说,自己负责的项目是"延迟的最少的"。公司中有一个"最后一分钟加油"的拖沓文化,在东部工厂,公司70%的销售收入是在每年的最后一个季度取得的,90%是在一个月的最后一个星期做的。公司往往会在最后时刻加班加点,由一个英雄式的人物鼓励团队来超时工作。当他们最后达成目标时,他们会因此而获得同事的尊重,甚至还有晋升。事实是,造成严重拖后的也往往是同一位经理。

第二,东部工厂在制造部门率先改革。根据直接相关的原则,东部工厂最早在制造部门开始进行战略变革,不过早期的目标是将变革引入设计部门。当变革真正展开后,在初期变革所强调的协调和控制精神指引下,新的方法凸显了以下内容的重要性:客观指标、跨专业团队工作的采用、购买的倒推机制以及风险管理新技巧。设计工程流程变成生产流程的比喻恰恰总结了管理层正在努力寻求引入的思想。通过这种转变,工程设计过程更少依赖单个专家的自主性,更多依赖整体系统的成功运转。目标就是,通过预算决定的最优技术的采用,系统化设计产品,以最小化的资源利用,满足客户在技术、时间、成本上的要求。判断产品满足相关目标的标准不再是个人的认知,而是基于进程中的客观指标,比如标志性事件、预算和具体说明。新的 CAD 系统的引入,进程公开展示图表的使用,常规的进程检视会议系统,等等,都是新方法在实践中的有形例子。

为了推行新的工作方式,1992年搬入新厂址。跨专业背景的项目团队被集中在一栋楼里。比如,项目期间,各种各样的专家在同一个区域内一起工作数月甚至数年。这就推动了团队沟通。在以前的模式下,概念、设计和制造阶段分别是不同人的责任,现在,整个团队对每个阶段都会有影响,与部门专业关系不大。这样,在设计的最初开始阶段,就有可能先咨询制造工程师,了解新设计的可制造性,以便减少后续调整的成本和困难。这种方式下,个人对产品设计从概念到发货的整个过程负责,这可能更有利于员工在试错中学习。

为进一步加强产品设计前置时间控制,并行工程技术(concurrent engineering techniques)特别强调规划流程,在这个设计工程师活动系统中,最为复杂的变革是资源时机问题。在项目开始阶段,与产品设计相关的每一项任务都具体规定了时间、成本和人力资源的投入。从发货期倒推计算,必要的任务、物料购买、机器采购等,都被提前规划、预订。东部工厂的口号就是"第一次就做对""更好、更快、更超值"。

最后,设计工程化(design engineering)作为生产流程的一个关键特征是设计流程标准化和最优化程序的使用。在这方面有很多提议,但是可能在我们研究窗口期中最明显的是风险管理技术的使用。这种风险管理技术又是同并行工程和"第一次就做对"的思想很好地契合在一起的。新项目刚开始的概念设计阶段,提出产品的最初计划,向专家展示,并由来自所有领域的专家讨论。参与者需要努力对目标设计进行批判,并预期可能的风险。接着,风险管控的目标转向已经识别出来的对项目整体成功至关重要的风险上,并相应地分配资源。

四、平衡效率与创新的冲突

在前面提到,将工程化看作生产流程的比喻被引入来解决工程师传统上的科学家、发明家的形象问题。不过,这种新方法也带来了它自己的问题,公司里的工程师们认为,这种调整有点矫枉过正了。

工程师们对"第一次就做对"的目标比较反感,他们认为,尽管刚开始全面思考产品概念确实重要,却不太可能完全预测到每一个最终细节。既然设计过程本身就是充满了发现的旅程,他们还是期待在旅程中碰到问题。可以看出,许多工程师仍然将自己定义为问题解决者,他们觉得,早期投入太多时间制订详细计划是浪费时间,如果问题没有识别彻底,后面还是需要调整计划。同样,零件预订的倒推计划仅是保证零件到厂的时间,但是设计的变革很可能让它到的时候就变得多余了。

工程师认为"概念阶段之后,你需要的最后一件事情就是另一个好主意"。如果工程师确实意识到一个更好项目完成方法,他/她可能会忽略这个好主意,继续初始计划,这样就会生产出一个次优的产品;如果工程师采用新策略,则可能导致项目超时,按照改革后的标准这个项目就不成功。风险有时应该被理解为失败的风险,而不是不确定性的衡量。太严苛的系统中,风险管理因而变成了风险回避策略,因为工程师们可能不再认为创新是所需的。这是设计风险带来的另

第九章 超强竞争背景下企业战略更新实践

一个问题。那些结果太不确定的技术很可能就不再使用到规划流程中,或者太昂贵的技术,都可能被回避。一位顶级工程师指出,如果在项目刚开始,投资回报的计算是衡量产出的唯一有效标准,那么波音747飞机就不可能诞生。也有工程师指出"如果将风险看作坏事,依赖于CAD,你将永远不会再设计任何有别于已有的任何东西"。对于一家依赖创新的公司来说,这样将非常不幸地阻碍设计师的创新。公司面临着探索与利用之间的紧张问题,这个问题的产生来自系统的刚性,过于僵化的体制系统会抑制创新的产生。

压缩项目的时间可能不仅限制了工程师在管理权变事件中的活动量,也使工程师的学习变得困难。东部工厂的高管是希望采用新方法来节省时间,以便工程师有更多时间来试验新方法,或者将这种经验结果传播到组织其他部分。但是,工程师们有时候会加班,目的在于通过不可回避或者计划外的迭代活动来看设计经过的全过程。他们还会利用新工具和技术来认识其他朋友。因此,一些工程师认为,并行工程技术缺少弹性,他们被束缚得太多,没有留时间给他们思考。

尽管普遍认为跨专业团队一起工作适合新的竞争环境,不过也需要清楚地认识到,组织未来的成功依赖于设计工程师在他们各自的领域内保持领先的持续能力。按职能划分的公司里,拥有相似背景和兴趣的专家们在一起办公;转到项目团队为基础的组织中,专业领域内思想相互碰撞的火花就丧失了,这是组织如此转型的一个问题。如果有两年待在项目中,与自己同行、专家缺少时间和联系沟通,那么很难在他们的专业领域内知悉最新发展。

以上主要是工程师们对变革的看法。从管理层的角度来看,总体来说非常明显,重组还任重道远。例如,一位经理有一次在工厂里转,看到一位工程师茫然地注视着窗外。他就问这位工程师在想什么。在回答了"思考"之后,这位工程师继续注视着窗外,显然并没有在意自己老板的感受。管理者觉得,东部工厂已经采取了不少措施来改进工程师效率,但是在如此艰难的外部环境下,设计工作的模糊本质仍然非常让管理者困惑。工程师很可能仍然分配太少的时间在工程上,在正确的工程问题上,或者采用合适的方法上。

总体来说,管理中的比喻与形象代表了信仰、价值观以及设计流程假设的替换系统。它们暗示行为,建议合适的制度支持。严谨充满活力的设计流程是公司持续成功的关键,但是工程师必须在复杂的活动系统中工作这种情况则提出了一系列不熟悉的问题。

第三节 战略定位的持续更新

纵观 B 公司①自创立以来三十多年的发展历程,能够发展到现在的规模,企业不断地摸索调整或者说持续更新,与时俱进,功不可没。

一、公司简介

B 公司成立于 1984 年,1988 年进入房地产行业,经过三十余年的发展,已成为国内领先的房地产公司。2016 年公司首次跻身《财富》"世界 500 强",位列榜单第 356 位,此后 2017 年、2018 年连续上榜。

据公司主页介绍,B 公司已经成为国内领先的成为国内领先的城乡建设与生活服务商,核心业务包括住宅开发、物业服务、租赁住宅;在住房领域,公司始终坚持住房的居住属性,坚持"为普通人盖好房子,盖有人用的房子"。2018 年,公司将自身定位进一步迭代升级为"城乡建设与生活服务商",业务在住宅、物业服务之外已经延伸至商业开发和运营、物流仓储服务、租赁住宅、产业城镇、冰雪度假、养老、教育等领域。

在房地产开发领域,2018 年 B 公司实现销售面积 4037.7 万平方米,销售金额 6069.5 亿元,分别增长 12.3%和 14.5%。2018 年 B 公司在全国商品房市场占有率为 4.05%,较 2017 年 3.96%继续提升。2018 年,B 公司在 24 个城市的销售金额位列当地第一。

二、主营业务调整历程

B 公司公司自 1988 年开始介入房地产开发领域,是国内较早从事住宅商品房开发的企业之一。公司于 1992 年确立了以房地产为核心业务的发展战略,并将居民住宅作为房地产的主导开发方向,同时也涉及零售、精密礼品制作、贸易及影视制作业务。

1988 年 11 月 18 日,公司以 2000 万元人民币,通过公开竞标的方式获取了

---

① 本案例资料主要来自 B 公司公司年报、公司官网等公开资料。资料搜集截止到 2019 年 3 月。

威登别墅地块。同年又与深圳市宝安县新安镇合作，投资第一个土地发展项目"深圳市宝安县新安镇固戍村皇岗岭 B 公司工业区"，从此公司进入房地产行业。11 月 21 日，深圳市政府批准公司的股份化改造方案，公开募集社会资金 2800 万元。上市后的公司定名为"深圳 B 公司企业股份有限公司"。

1990 年，公司决定向商业连锁零售、电影制片及激光影碟生产等新的领域投资，初步形成了商贸、工业、房地产和文化传播"四大支柱"的经营架构。8 月，深圳天景花园竣工，这是 B 公司的第一个住宅房地产项目。1991 年，公司确立了"综合商社"的发展模式。按照国际综合商社的业务布局调整为十大行业：进出口贸易、零售连锁商业、房地产开发、金融证券投资、文化影视制作、广告设计发布、饮料生产与销售、印刷与制版、机械加工和电气工程。

1992 年 1 月，深圳市 B 公司物业管理有限公司成立，标志着 B 公司物业公司法人地位的正式确立。8 月，公司开发上海七宝镇 B 公司城市花园项目，这是公司历史上第一个集居住、商业、教育、娱乐和休闲为一体的郊区大型社区。

1993 年 1 月，公司决定放弃以"综合商社"为目标的发展模式，提出了加速资本积累、迅速形成经营规模的发展方针，并确立以城市大众住宅开发为公司主导业务。

1996 年 10 月 11 日，深圳 B 公司物业管理公司通过 ISO9002 第三方国际认证，成为国内首家通过国际认证的物业管理公司。

2004 年 4 月，中山 B 公司与国际房地产投资银行（HI）签订合作协议，由 HI 为中山 B 公司城市风景花园项目提供总额不超过 3500 万美元的资金支持；11 月，成都 B 公司与新加坡主权基金 GIC 下属子公司签署合作协议，共同开发成都魅力之城项目。两次成功的海外融资，标志着公司开始与国际资本合作，为集团继续寻求海外资金的支持积累了经验。同时，经商务部批准，公司第一个境外融资平台——B 公司地产（香港）有限公司设立。

2005 年 6 月，"B 公司"商标被国家工商行政管理总局正式认定为驰名商标，成为中国房地产界第一个国家认定的驰名商标。8 月 15 日，公司与东莞松山湖科技产业园区管委会签订"B 公司住宅产业化研究基地项目"土地协议，标志着 B 公司住宅产业化研究基地项目进入规划设计阶段。

2007 年 1 月，B 公司成立"集团装修房推进小组"，自此 B 公司在全国所进入城市开始有节奏地推行"装修房"战略。4 月，B 公司地产（香港）首次在境外组建 2.5 亿美元银团贷款，成功建立了公司在香港银行间市场的口碑；7 月，与新加坡嘉德置地签署战略合作协议，进行商业领域的合作。

2010 年 12 月 1 日，公司销售额突破 1000 亿元，提前实现了 2004 年制定的千亿元目标，成为国内首家年销售额超过千亿的房地产公司。2012年2月29日，首家"幸福驿站"在广州B公司蓝山花园开业，涉及邮包、租售、代办、家政、便民服务等业务，标志着"平台"雏形的出现及"幸福社区计划"正式开始落地实施。B公司幸福社区计划是B公司对房子和生活一次完整的诠释，在中国，大部分人认为房子直接或间接影响着生活品质和幸福指数。

2013年1月，与香港新世界联手，投中香港荃湾西六区项目，这是B公司在香港的第一个开发项目；4月，B公司与新加坡吉宝置业签署战略合作协议，开发林曦阁住宅项目，进入新加坡市场；6月，B公司在美国的第一个项目——旧金山富升街201号地块奠基，合作方是铁狮门。本年内，B公司商业项目集中开业，如北京金隅B公司广场、深圳龙岗B公司广场、苏州美好广场、东莞松湖生活中心、沈阳浑河天地生活中心等。

2016年，B公司仍然以房地产开发和物业服务为主营业务。2016年7月20日，《财富》"世界500强"企业排行榜出炉，B公司凭借2015年度1843.18亿元（293.29亿美元）的营收首次跻身《财富》"世界500强"，位列榜单第356位。

2017年，深圳地铁集团成为B公司基石股东，表示将支持公司混合所有制结构和事业合伙人机制，支持公司城市配套服务商战略，支持公司稳定健康发展。

B公司在2018年公司年报中提到房地产行业进入白银时代，并据此提出新的战略定位"城乡建设与生活服务商"，谋求继续转型探索。

三、B公司战略定位的更新历程

B公司是一家有性格的企业，这种性格不少来自公司创始人及其后续继任者，这种性格的一个典型特征就是居安思危，不断登攀，提前谋变。

（一）从"综合商社"到专注大众住宅开发业务

1988年，B公司开始进入房地产行业，并向全国发展，陆续在深圳、上海、厦门、青岛、天津都有了项目。同时，B公司也向连锁零售、电影制作等领域投资，初步形成了商贸、工业、房地产和文化传播的四大经营架构。1991年，B公司地产进入上海市场。同年，在深圳开创了业主自治与专业服务相结合的物业管理新模式。B公司还以控股方式投资了生产"怡宝"蒸馏水的龙环饮料有限公司；在深圳罗湖区兴办万佳百货商场；投资拍摄了《过年》等影片。这一年，公司确立了"综合商社"的发展模式。按照"综合商社"的架构，当时 B 公司的业务有十大行业，分别为：进出口贸易、零售连锁商业、房地产开发、金融证券投资、文化影视制作、广告设计发布、饮料生产与销售、印刷与制版、机械加工和电气工程。

1993 年 1 月，公司高层在上海召开会议，对股份制改造以来的发展进程进行了总结和反思，决定放弃"综合商社"模式，提出了加速资本积累、迅速形成经营规模的发展方针，并确立以城市大众住宅开发为公司主导业务。B 公司看准城市居民住宅这一潜力极大的市场，在国内房地产行业中倡导城市居民住宅，并以中档及中高档城市居民住宅为该集团房地产开发的主导方向。

（二）装修房战略

B 公司是较先推行装修房战略的公司。B 公司做装修房的初衷是基于客户在居住过程中的系列痛点。现在工作节奏越来越快，购房者并没有时间做装修，也没有经验。装修市场还未形成有品牌效应的企业，客户直接与装修公司接触对装修的质量并没有太大的保障。而且，装修材料价格不透明，也导致了个人装修成本高。

B 公司一直属于整个行业内的领跑者，同时也是一个有担当、有责任心的企业。客户对装修的需求越来越高，B 公司有责任来推动整个产品的提升和完善。从毛坯到装修的成品需要大大小小的各种工艺，B 公司为了把工艺更可执行化，大概有 50 道工艺，每一个工艺都由公司和部门进行把控。所有的公司都分成很多部门，几乎所有的部门都会融入 B 公司的装修体系。B 公司整个工程的管理系统总结为"两个工具，一张表"，实测实量，交付评估。B 公司有专门交付房屋的团队，多部门配合客户收房，一旦客户觉得验房不太好，工程人员会在楼下随叫随到解决问题。此外，B 公司有专门的维修团队，在整个保修期内提供免费服务。B 公司物业，更是提供房屋的长期维护。

（三）城市配套服务商战略

2013 年，B 公司提出"城市配套服务商"的转型目标。总裁郁亮曾表示，"B 公司的目标是跟城市同步发展，我们新的定位是要做这个城市的配套服务商"。

"为什么是配套服务商？城市发展到今天，每个城市都处在不同的发展阶段，在不同的发展阶段，每个城市需要的都不太一样。"郁亮说。对 B 公司而言，提出城市服务配套商的概念，不是狭义的转型商业地产，而是基于不同城市发展阶段以及人们的不同需求而衍生出的新的价值取向。"有的城市还处于住宅发展阶段，有些城市则处在需要发展产业化的阶段，需要拉动投资、大量的开拓园区，有些城市更高级一点，发展到以金融为主的阶段，再下去会转到文化、娱乐、会展等方面，然后人们对于休闲有了要求，而随着人的变老，孩子越来越少，整个城市又会给年轻人孩子以及老人提供配套服务，就需要改成给老人的配套……"郁亮说，"所以，城市发展变化里这么多不同的阶段，你其实可以做很多事情"。

在 2012 年年报中，B 公司阐述了类似的思路："近年来，城市功能和产业的升级，以及客户需求层次的提升对公司的产品和服务提出了更高的要求。公司将继续坚持与城市同步发展的策略，从满足客户需求的角度出发，不断完善自己的产品线，谨慎探索和住宅相配套的物业类型。"

虽然 B 公司一直以来投资主要集中在住宅领域，但为了与中国城市发展相配合，B 公司事实上已经在最近几年加大在商业地产方面的投资。B 公司的商业地产业务，涵盖大型购物中心、酒店、服务式公寓和写字楼，且分布于全国众多城市。没有人怀疑，B 公司在中国房地产行业的领导地位，会为商业地产业务开展提供强大的号召力。

（四）事业合伙人制度

2014 年 B 公司提出事业合伙人持股计划，这是一项基于经济利润的奖金制度。事业合伙人持股计划和项目跟投制度，使得 B 公司的骨干团队与公司共创、共享和共担，管理团队的利益与股东保持高度的一致。这一定程度上希望重构人力资本与货币资本的关系，也就是管理层与股东之间的关系，是一项重要的战略举措。如果一切顺利，可以在很大程度上保证 B 公司经营的稳定性。根据报道资料 B 公司事业合伙人制度分为三个层次：高层持股、中层跟投、基层实践合伙序列，顺序是自上而下。这三个层次也可以成为：事业合伙、项目跟投、事件合伙。

（五）城乡建设与生活服务商

2018 年，B 公司在公司年报里明确提出"城乡建设与生活服务商"的新战略定位，来应对房地产行业面临的从黄金时代向白银时代的转型。

2017 年，习总书记在党的十九大报告中明确提出"坚持房子是用来住的、不是用来炒的定位，加快建立多主体供给、多渠道保障、租购并举的住房制度，让全体人民住有所居"。炒房卖方、粗放型暴利增长的黄金时代一去不复返，同时人口下降的趋势部分抵消了城市化加快带来的住房刚需。基于对宏观环境的判断，B 公司从提供房子这种硬资产逐渐向提供与房子相关的各项生活服务商，即"城乡建设与生活服务商"沿着健康、可持续的道路领先领跑。用 B 公司郁亮自己的解释，这个定位可能意味着扮演好四种角色，即美好生活场景师、实体经济生力军、创新探索试验田和谐生态建设者。

四、B 公司经营业绩

根据公开年报整理，B 公司的利润总额以及基本每股收益、利润总额都处在持续增长阶段，这和公司持续不断变革关系密切。

表9.2　B 公司 1998~2016 年财务业绩指标　　　单位：元，%

年份	营业收入	利润总额	基本每股收益	加权平均净资产收益率	资产负债率
1998	2268690805.06	246518444.24	0.40	10.47	47.95
1999	2912385561.43	286600807.31	0.42	11.14	52.25
2000	3873296706.51	386141816.56	0.48	10.69	47.25
2001	4455064776.93	501852215.83	0.59	11.99	51.78
2002	4574359629.05	520011132.06	0.61	11.32	58.29
2003	6380060435.28	830366745.19	0.39	12.98	54.92
2004	1667226237.03	1260329245.83	0.39	15.39	59.42
2005	10558851683.83	1976181660.98	0.36	19.54	60.98
2006	17918331517.79	3434494660.18	0.24	23.51	64.94
2007	35526611301.94	7641605685.33	0.45	23.75	66.11
2008	40991779214.96	6322285626.03	0.37	13.24	67.44
2009	488S1013143.49	8617427808.09	0.48	15.37	67.00
2010	50713851442.63	11940752579.02	0.66	17.79	74.69
2011	71782749800.68	15805882.420.32	0.88	19.83	77.10
2012	103116245136.42	21070185138.11	1.14	21.45	78.32
2013	135418791080.35	24291011249.30	1.37	21.54	78.00
2014	146388004498.44	25252363.233.49	1.43	19.17	77.20
2015	195549130020.90	33802617619.10	1.64	19.14	77.70
2016	240477236923.34	39253611.726.28	1.90	19.68	80.54

第十章
平台企业的系统化战略更新实践

近几年来，M 及其 C 公司已经成为互联网时代最为时髦的公司，成为中国企业在世界经济舞台上的耀眼名片，因而也成为许多学者和创业者争相研究和学习模仿的对象。

第一节 C 公司基本简介及早期创业故事[①]

一、C 公司基本简介

C 公司 1999 年成立于杭州，最初经营服务小企业的 B2B 网上贸易平台。根据 C 公司集团网站的宣传[②]，现在旨在赋能企业改变营销、销售和经营的方式，为商家、品牌及其他企业提供基本的互联网基础设施以及营销平台，让其可借助互联网的力量与用户和客户互动。主要的业务包括核心电商、云计算、数字媒体和娱乐以及创新项目和其他业务。投资的关联业务公司包括菜鸟物流、口碑、蚂蚁金服等。由于业务已经达到规模化，因此围绕 C 公司平台的生态系统已经演化成型，生态系统中包含了购买方、销售方、第三方服务提供者、战略联盟合作伙伴以及被投资公司。平台以及在连接购买方和销售方并使其得以在任何时间、任何地点都能完成交易中所扮演的角色是这个生态系统的关键节点。近几年更积极开拓无线应用、手机操作系统和互联网电视等领域，营造了开放、协同、繁荣的电子商务生态系统，成为今天中国互联网行业业务最多元的公司。

---

① 本章 C 公司的相关资料全部整理自网上公开资料。
② 网页搜索时间截止到 2017 年 8 月 6 日，http://www.alibabagroup.com/cn/about/overview。

二、C 公司早期创业故事

正如心理学家的研究已经表明，个体的性格有 80% 来自先天及早年的生活环境一样，企业性格也与其创始人及创始人创业初期的经历有巨大的联系。因此，看 C 公司的早期创业经历更容易理解其后来的种种经营创新行为与创新导向。

（一）"Internet"很好

1995 年初，杭州市发生了一起涉外合同纠纷，杭州市与一家美国公司合作共同修建一条高速公路。后来合同执行出现问题，于是，杭州市决定派一个人与美国公司沟通一下，他便是 M。M 当时任海博翻译社的老板。对 M 来说，这次美国之行最大的收获，是接触了 Internet。他发现"Internet"很好，能够搜到任何一条能联上互联网的信息。只是中国的信息搜不到。M 马上想到：这说明中国还没有互联网！回国创业，做互联网！1995 年，当 M 从美国西雅图回到杭州时，他带回了一台 386 以及当时旁人眼中"奇葩"一样的决定：在中国创办商业性的互联网站，并以此盈利，中国黄页诞生了。

他与妻子拿出全部的家底近 4 万元，又向亲戚、朋友处借了 6 万元，开始了创业。新网站运营的主要形式是在线工商企业名录。这也是中国互联网历史上第一家商业网站。

1999 年，M 参加了在新加坡召开的亚洲电子商务大会，就是在这次大会上，他突发奇想，提出了亚洲应该有自己独特的模式。但究竟是怎样的一种模式呢？M 的构想是"B2B"的商业思想，即"Business to Business"。他的梦想是，他对台下数千名甚至上万名听众大喊的也是，"B2B 模式最终将改变全球几千万商人做生意的方式，从而改变全球几十亿人的生活"。

"我们要建立一家为中国中小企业来提供服务的公司。"M 对他的员工说。这种思维，在 M 的商业战略里，是一直存在的，为别人提供帮助，也等于自己获得成功。

（二）十八罗汉与 C 公司诞生

1997 年，M 和他的 13 人团队受当时的外经贸部邀请去建立外经贸部的网站。刚到北京时，团队成员全部住在外经贸部东郊潘家园的集体宿舍里。前后 2 批一共 13 个人，分成 3 小群，分住在 3 套简陋的房间里。网站做得很成功。但是，运营环节存在问题：尽管有政府"红头文件"，但业务仍非常冷清，EDI 大内网工程的商业运营模式行不通。于是，M开始不断游说高层扩大内网，改建互联网。1998年7月，经当时外经贸部高层批准，EDI成立了合资的国富通信息技术发展有限公司，M出任总经理。

"国富通"成立以后，M带领团队开发"网上中国商品交易市场"的项目，这是一个真正的互联网项目。"国富通"和中国商品交易市场网站都在创建的当年实现盈利，纯利高达287万元。在中国政府站点中，外经贸部的网站不仅是国内部委中最早的一个，也是最优秀的政府站点之一，在1999年就被评为中国"政府上网工程"的推荐优秀站点。

到了1998年底，网络大潮席卷全球，中国也第一次出现了网络热。五花八门的网站如雨后春笋，"新浪""搜狐""网易"一路高歌猛进。1998年底，M向大家宣布：我要回杭州了！M对自己的13人团队说："你们要是跟我回家二次创业，工资只有500元，不许打的，办公就在我家那150平方米里，做什么还不清楚，我只知道我要做一个全世界最大的商人网站。如何抉择，我给你们3天时间考虑。"后来，据说只有3分钟就达成了一致，13人全部追随M回到杭州市。

1998年圣诞节前，张瑛和蒋芳先行返杭，开始布置湖畔花园的"办公室"。张瑛从家里找来地毯和窗帘，又找来一个烧油的取暖器和几件旧桌椅。一切因陋就简。后来，几个年轻的工程师，用报纸把四周的水泥墙糊了起来，这是唯一的装修。作息是早9点到晚9点，每天12个小时，这是正常作息时间。加班时，每天要干16个小时甚至更多，而加班又很频繁。谢世煌说："湖畔花园里有一个小会议室，可以打地铺，那时睡办公室的时间不比睡出租房少。"

1999年2月20日，大年初五，在一个叫湖畔花园的小区，16栋三层，18个人聚在一起开了一个动员会。公司的启动资金是50万元，18个人一起出钱凑的，各自占了一份不同比例的股份，写在一张纸上，很简短的英文。签上名字之后，M让大家回去把这张纸藏好，从此不要再看一眼，"天天看着它做梦，我们就做不好事"。在很长的时间里，这些人每个月拿500块钱的工资，在湖畔花园附近举步可达的地方租房子住，有的两三人一起合租，有人索性住进了农民房，吃饭基本就是3块钱的盒饭。

M认为"大部分人看好的东西，你不要去搞了，已经轮不到你了"。"C公司"选择创新。M的构想是，全世界的商人，都可以在上面免费发布信息，也可以免费查找信息和贸易伙伴。刚开始，网站会员和信息量，基本为零，后来每天有十多条信息，很多天才突破100条。C公司一开始就启动会员制，以免费形式，开辟了一个以商会友的论坛；开始没有人，C公司员工就自己上传帖子、发信息、带热论坛。

第十章 平台企业的系统化战略更新实践

C 公司在初创时期，非常艰难。"20 个客户服务人员挤在客厅里办公，M 和财务及市场人员在其中一间卧室，25 个网站维护及其他人员在另一间卧室。像所有好的创业家一样，M 知道怎样用有限的种子资金坚持更长的时间"。1999 年 11 月 5 日，张璞第一天到 C 公司面试，他回忆说："到了湖畔花园后，感觉这个公司有点怪，像皮包公司。进去以后，感觉不好，黑灯瞎火（因为停电），门口摆着一堆鞋，房间的地毯上躺着 20 多个人，有臭味……"

根据公开资料，整理的 18 "罗汉"的经历如下：

表 10.1 C 公司 18 "罗汉"

姓名	加入时间（年份）	业绩
M	1999	C 公司集团董事局主席
孙彤宇	1999	1999 年初和 C 公司创业团队一起回到杭州市，利用建设原外经贸部网站积累的经验打造 C 公司网站。曾任淘宝网总经理、C 公司副总裁。2008 年 3 月离职淘宝；5 月，创立博卡思，任总经理
金建杭	1999	金建杭是 C 公司网站的创业员工之一，现负责 C 公司集团公关、政府事务、市场活动，任集团资深副总裁。金建杭在加盟 C 公司之前，长期在外经贸领域工作，曾在原外经贸部机关报《国际商报》工作 5 年，1998 年他在外经贸部中国国际电子商务中心工作，是原外经贸部官方站点的首任主编
蔡崇信	1999	C 公司集团董事局执行副主席。1999 年加入公司，主持成立了 C 公司设在中国香港的总部，负责国际市场推广、业务拓展及公司财务运作。他的到来，使公司真正规范化运作
彭蕾	1999	原杭州商学院企业管理系 1994 年本科毕业，是 C 公司创始人之一，历任 C 公司人力资源部副总裁、市场部副总裁和服务部副总裁。曾任 C 公司小微金融集团首席执行官
张瑛	1999	M 妻子
吴泳铭	1999	曾任 C 公司第一代程序员、支付宝技术总监、C 公司妈妈总经理、一淘网总裁，2015 年 4 月 17 日被宣布担任 C 公司健康董事会主席兼非执行董事
盛一飞	1999	C 公司 Logo 设计者；盛一飞在支付宝带领的团队叫"用户体验设计团队"（User Experience Design，UED）

续表

姓名	加入时间（年份）	业绩
楼文胜	1999	曾任B2B中国市场运营部核心产品部产品规划师，现任不详
麻长炜	1999	C公司网站18位创始人之一，也是亚洲最大网络零售商圈淘宝网的创始人之一，2005年8月曾参与了C公司并购雅虎中国后的一系列前期整合工作。其领导的团队致力于人机交互、图形化设计、界面设计、用户体验研究等技术领域
韩敏	1999	曾任支付宝市场部运营总监
谢世煌	1999	曾任业务发展总监、国际市场分部运营及发展总监C公司资深总监及公司产品开发部负责人。对于C公司投资者来说，谢世煌是该公司最重要的人物之一，他是除M外唯一持有C公司集团营业执照的人
戴珊	1999	曾任C公司客户服务、销售及用户界面部门管理层、中国市场部诚信通高级销售总监、广东分公司总经理，C公司集团首席人才官。2017年1月13日，C公司集团CEO张勇发布全员公开信宣布多项组织结构调整，吴敏芝和戴珊（苏荃）进行工作轮岗：戴珊出任B2B事业群业务总裁
金媛影	1999	金媛影绰号"小孩"，被蒋芳和韩敏拉进来的。曾为C公司集团C公司学院高级专家、资深经理
蒋芳	1999	被公认为是C公司文化和价值观最坚定的坚守者和践行者之一，是大家心目中"C公司人"的杰出代表。2017年1月13日，任命蒋芳担任张勇的国际业务特别助理兼C公司集团副首席人力官
周悦虹	1999	淘宝早期框架核心代码编写者。C公司创始人之一，M的学生，JAVA架构师，技术精湛，为人低调，是一个典型的Geek，现已辞职
师昱峰	1999	C公司及淘宝创始人之一师昱峰，在淘宝网上给自己取名"虚竹"
饶彤彤	1999	曾任C公司国际事业部，在美国，负责IDC运维协调等事务

资料来源：网上公开资料，资料截止到2017年初。

第二节　M 及独立的公司合伙人制度

一、M 的武侠情结

根据新闻报道，M 曾自述，"刚创业的时候，我们 18 个 C 公司的创始人，十六七个都对金庸小说特别喜欢，金庸的小说充满想象力，充满浪漫主义和侠义精神。尤其是侠义精神，替天行道，铲平人间不平之事，给我个人的影响非常深，对 C 公司文化影响也非常深，我觉得男人一定要看金庸小说"。"金庸小说里的很多人物我都特别喜欢，但最喜欢的是侠客行里的石破天，他简单，他执着；另外比较喜欢的风清扬，他是个优秀的老师。"

C 公司有着独特的"花名"制度。大部分员工会从武侠小说中找一个名字，作为自己在公司的代称。M 给自己取名"风清扬"，《笑傲江湖》中一位看淡江湖的世外高手。他的会议室叫"光明顶"，办公室称"桃花岛"，C 公司的企业文化也是用"独孤九剑""六脉神剑"这样的招数来命名的。2004 年，金庸为淘宝网手书"宝可不淘，信不可弃"。同年，C 公司价值观被精练成"六脉神剑"。C 公司几乎所有的办公室都以金庸武侠小说中武林圣地的名字命名，如"达摩院""聚贤庄""侠客岛"等。

M 对太极很有造诣。他的办公室有各种刀剑，M 会边比画刀剑边思考公司战略。太极拳是他的最大爱好，为了学好太极拳，M 专门去太极拳发源地河南陈家沟学艺。M 推崇太极拳和太极文化，甚至会在内部开会时边打太极边讨论，C 公司内部已有数千名员工学习太极拳，"让员工也学会慢下来，静下来"。"在太极里，我最欣赏的三个字是定、随、舍。定，是一种企业的战略定位与布局；随，是在发展中要因势利导；舍，则是更高的境界，要学会放弃。"他这么总结自己的太极之道。"我从太极里面懂得了竞争、身体的变化、灵气、虚实、这才是乐趣。"

这种武侠与从太极中悟出的道理，也体现在 C 公司的经营活动中。从 2003 年创建伊始，淘宝就承诺 3 年免费。到 2005 年，M 对淘宝再度注资 10 亿元，并承诺继续免费 3 年。免费的战略，M 的解释是，"做互联网公司如同养一个小孩，你总不能让 3 岁的小孩去赚钱吧"。慢工出细活，好戏在后头。现在我们看到，原来的淘宝一分为三，淘宝网、一淘和天猫，成为中国最大的网商。

二、C 公司合伙人制度

C 公司合伙人制度,不同于传统的合伙企业法中的合伙制,也不等同于双重股权架构。在"合伙人"制度中,由合伙人提名董事会的大多数董事人选,而非根据股份的多少分配董事席位。

2010 年,C 公司集团开始在管理团队内部试行合伙人制度;2013 年,M 在 C 公司 14 周年庆时"高调"宣布合伙人制度建立。合伙人有退出机制,2016 年 8 月,陆兆禧、姜鹏宣布退休,成为荣誉合伙人,不再行使合伙人权利。2017 年 2 月 24 日,C 公司集团宣布新增 4 位合伙人,至此,C 公司合伙人总人数增至 36 人。用 M 自己的话说,C 公司的合伙人制度,"建立的不是一个利益集团,更不是为了更好控制这家公司的权力机构,而是企业内在动力机制"。

根据 C 公司的官方资料,虽然合伙人提名的董事,需要得到年度股东大会半数以上的赞同票,才能当选为董事会成员;但是如果 C 公司合伙人提名的候选人没有被股东选中,或选中后因任何原因离开董事会,则 C 公司合伙人有权指定临时过渡董事来填补空缺,直到下届年度股东大会召开。

不仅如此,C 公司的 2014 年纽约上市的招股说明书还阐明:在任何时间,不论因任何原因,当董事会成员人数少于 C 公司合伙人所提名的简单多数,C 公司合伙人有权指定不足的董事会成员,以保证董事会成员中简单多数是由合伙人提名。

根据 C 公司公布的资料,C 公司的合伙人符合以下某一情形的,就丧失了合伙人的资格:①60 岁时自动退休;②自己随时选择退休;③离开 C 公司工作;④死亡或者丧失行为能力;⑤被合伙人会议 50% 以上投票除名。

同时,C 公司又规定了永久合伙人和荣誉合伙人两种特殊的合伙人身份。只有永久合伙人将一直作为合伙人直到其自己退休、死亡,或丧失行为能力或被选举除名。目前 C 公司的永久合伙人只有 M、蔡崇信。永久合伙人的产生,可以由选举产生,也可以由退休的永久合伙人或在职的永久合伙人指定。

此外,退休的合伙人还可以被选为荣誉合伙人,荣誉合伙人无法行使合伙人权利,但是能够得到奖金池的一部分分配。永久合伙人如果不再是 C 公司的职员,则无法得到奖金池的奖金分配;除非他仍然是荣誉合伙人。

综合以上可以看出,C 公司的合伙人不等同于股东,有退休或离开的退出机制;也不等于公司董事,他们没有直接管理公司的权利;尽管称为合伙人,但是并不承担无限的连带赔偿责任。

第三节　C公司旗下业务的平台式扩展过程

根据公开资料，本研究尝试对 C 公司体系内主要业务公司的成立时间、主营业务进行了梳理，(见表10.2)。

表10.2　C公司主要业务板块及其公司

业务板块	公司名称	成立或收购时间	业务简介
电商板块1	淘宝	2004年12月	研究、开发计算机软件、硬件、网络技术产品，多媒体产品；系统集成的设计、调试及维护；销售自身开发的产品，并提供计算机技术咨询、服务，电子商务平台支持；经济信息咨询
	天猫	2012年1月	天猫原名"淘宝商城"，是一个综合性购物网站。淘宝网全新打造的 B2C（Business-to-Consumer，商业零售）。其整合数千家品牌商、生产商，为商家和消费者之间提供"一站式"解决方案。提供100%品质保证的商品，7天无理由退货的售后服务以及购物积分返现等优质服务
	聚划算	2011年10月	以互联网团购业务为主，涵盖在线商品到地域性生活服务。聚划算的业务类型分为商品团购、品牌团购、生活汇、整点聚
	一淘	2011年6月	一淘是中国全面覆盖商品、商家及购物优惠信息的网上购物搜索引擎。一淘旨在为网上消费者打造"一站式的购物引擎"，协助他们做购买决策，并更快找到物美价廉的商品 一淘的功能和服务包括商品搜索、优惠及优惠券搜索、酒店搜索、返利、淘吧社区等
	上海宝尊公司	2010年1月	成立于2007年初的上海宝尊公司，目前在淘宝网上为多家品牌运营旗舰店，并为这些品牌企业提供营销服务、IT服务、客户服务和物流仓储服务等整体电子商务服务

续表

业务板块	公司名称	成立或收购时间	业务简介
电商板块	C公司国际交易市场	1999年	为全球领先的小企业电子商务平台，旨在打造以英语为基础、任何两国之间的跨界贸易平台，并帮助全球小企业拓展海外市场
	1688	1999年	现为中国领先的小企业国内贸易电子商务平台。1688早年定位为B2B电子商务平台，逐步发展成为网上批发及采购市场，其业务重点之一是满足淘宝系平台卖家的采购需求
	全球速卖通	2010年4月	是全球领先的消费者电子商务平台之一，集结不同的小企业卖家提供多种价格实惠的消费类产品。全球速卖通服务数百万名来自220多个国家和地区的注册买家，覆盖20多个主要产品类目，其目标是向全球消费者提供具有特色的产品
	Vendio Services	2010年6月	美国电子商务软件及服务提供商，C公司也借助该平台为海内外用户提供"一站式"电子商务解决方案
	Lazada	2016年4月	东南亚地区最大的在线购物网站之一。Lazada在泰国、越南、马来西亚、菲律宾和印度尼西亚等市场提供服务。起初他们销售消费类电子产品，如今他们的商品类别已经扩大，包括图书、家用电器、儿童用品等
	苏宁商务	2015年8月	经营商品涵盖传统家电、消费电子、百货、日用品、图书、虚拟产品等综合品类。目前大力发展物流业务
	C公司妈妈	2007年1月	C公司集团旗下数字营销的大平台，依托C公司集团的核心商业数据和超级媒体矩阵，赋能商家、品牌及合作伙伴，提供兼具品牌与电商广告的产品及营销平台，帮助客户以消费者运营为核心打通品效全链路，实现数字媒体（PC端+无线端+多媒体终端）的"一站"式全域传播
蚂蚁金服	One97 Communications	2015年9月	印度的一家互联网公司，Paytm是One97旗下的互联网市集（和电商平台类似），号称是印度最大的移动市集网站，Paytm目前拥有15000个商户，销售电子、服饰和配件等各类产品
	菜鸟物流	2013年5月	利用先进的互联网技术，建立开放、透明、共享的数据应用平台，为电子商务企业、物流公司、仓储企业、第三方物流服务商、供应链服务商等各类企业提供优质服务

第十章　平台企业的系统化战略更新实践

续表

业务板块	公司名称	成立或收购时间	业务简介
蚂蚁金服	支付宝	2004年12月	支付宝主要提供支付及理财服务。包括网购担保交易、网络支付、转账、信用卡还款、手机充值、水电煤缴费、个人理财等多个领域。在进入移动支付领域后，为零售百货、电影院线、连锁商超和出租车等多个行业提供服务
	余额宝	2013年6月	余额宝是蚂蚁金服旗下的余额增值服务和活期资金管理服务产品，余额宝特点是操作简便、低门槛、零手续费、可随取随用。除理财功能外，余额宝还可直接用于购物、转账、缴费还款等消费支付，是移动互联网时代的现金管理工具。目前，余额宝依然是中国规模最大的货币基金
	蚂蚁聚宝	2015年8月	蚂蚁聚宝，是蚂蚁金服旗下的智慧理财平台，致力于让"理财更简单"，在蚂蚁聚宝平台上实现余额宝、招财宝、存金宝、基金等各类理财产品的交易。蚂蚁聚宝的门槛低、操作简单，同时用户还可以获得财经资讯、市场行情、社区交流、智能理财顾问等服务（2017年6月14日"蚂蚁聚宝"升级为"蚂蚁财富"）
	网商银行	2014年9月	网商银行以互联网为主要手段和工具，全网络化运营，提供网络特色、适合网络操作、结构相对简单的金融服务和产品。网商银行采取"小存小贷"的业务模式，客户群体为电商上的小微企业和个人消费者
	芝麻信用	2015年1月	芝麻信用管理有限公司是合法独立的信用评估及信用管理机构，其推出的芝麻信用是面向社会的信用服务体系，依据方方面面的信息，运用大数据及云计算技术客观呈现个人的信用状况，通过连接各种服务，让每个人都能体验信用所带来的价值
	蚂蚁花呗	2015年4月	蚂蚁花呗是蚂蚁金服推出的一款消费信贷产品，申请开通后，将获得500~50000元不等的消费额度。用户在消费时，可以预支蚂蚁花呗的额度，享受"先消费，后付款"的购物体验
	招财宝	2014年4月	是一个金融信息服务平台。各类金融机构可通过招财宝平台发布由他们依法设立和管理的固定期限、稳定收益的低风险理财产品，用户则可以在招财宝获得简单快捷、安全放心的定期理财服务。目前平台上的产品主要包括三大类：中小企业贷、基金产品、保险产品

企业战略更新：推动与阻碍

续表

业务板块	公司名称	成立或收购时间	业务简介
蚂蚁金服 2	浙江融信网络技术有限公司	2015 年 6 月	服务、设计、制作、加工网络信息产品并提供相应的技术服务和咨询
	蚂蚁小贷	2015 年 2 月	是国内当下安全、正规、便捷的大学生金融服务平台，平台专注于为在校大学生提供完善的金融解决方案。作为只专注于服务大学生群体的网贷平台
阿里云	阿里云计算	2009 年 9 月	阿里云，阿里巴巴集团旗下云计算品牌，全球领先的云计算技术和服务提供商。阿里云计算向淘宝系平台卖家以及第三方用户提供完整的互联网计算服务，包括数据采集、数据处理和数据存储，以助推动阿里巴巴集团及整个电子商务生态系统的成长
	中国万网	2009 年 9 月	中国万网是中国领先的互联网应用服务提供商。万网致力于为企业客户提供完整的互联网应用服务，服务范围涵盖基础的域名服务、主机服务、企业邮箱、网站建设、网络营销、语音通信等应用服务以及高端的企业电子商务解决方案和顾问咨询服务。2013 年与阿里云合并
	恒生电子	2014 年 4 月	恒生电子致力于行业应用软件及整体解决方案的研发，是国内著名的证券、基金、银行、期货、资产管理行业整体解决方案提供商，也是重要的交通、CTI、电子商务和软件外包服务供应商
	魅族科技	2015 年 2 月	公司致力于向消费者提供国际一流性能和品质的电子产品，并立足于中高端市场
移动与数据体系	新浪微博	2010 年 8 月	因特网信息服务业务；技术开发、技术转让、技术咨询、技术服务；设计、制作、代理、发布广告；计算机系统服务；数据处理；基础软件服务；应用软件服务（北京微梦创科网络技术有限公司）
	UC 系	2014 年 6 月	UC 优视科技有限公司，是中国领先的移动互联网软件技术及应用服务提供商。旗下的 UC 浏览器打造了信息导航、移动娱乐、生活服务三大用户服务平台
	高德地图	2014 年 2 月	高德地图（Amap）是国内一流的免费地图导航产品，也是基于位置的生活服务功能最全面、信息最丰富的手机地图，由国内最大的电子地图、导航和 LBS 服务解决方案提供商高德软件提供

第十章 平台企业的系统化战略更新实践

续表

业务板块	公司名称	成立或收购时间	业务简介
移动与数据体系	豌豆荚	2016年7月	豌豆荚专注于"移动内容搜索"领域的创新,并通过"应用内搜索"技术让用户搜索到千万量级的不重复应用、游戏、视频、电子书、主题、电影票、问答、旅游等内容,随时随地享受全面准确和直达行动的内容搜索消费体验
	C公司文学	2015年4月	C公司文学依托内容生产,从数字内容阅读、数字内容传播、版权衍生、粉丝经济等多个角度出发,建立跟文学产业相关的开放生态
	陌陌	2011年3月	陌陌是一款基于地理位置的移动社交工具。使用者可以通过陌陌认识附近的人,免费发送文字消息、语音、照片以及精准的地理位置和身边的人更好地交流;可以使用陌陌创建和加入附近的兴趣小组、留言及附近活动和陌陌吧
	钉钉	2014年1月	钉钉（DingTalk）是阿里巴巴集团专为中小企业打造的沟通和协同的多端平台,提供PC版、Web版和手机版,支持手机和电脑间文件互传,通过电话、短信、消息三位一体的传达途径,从而实现"消息必达",满足企业在商务沟通中各种诉求,全方位提升中小企业沟通和协同效率
	雅虎中国	2005年8月	雅虎是曾经的全球第一门户搜索网站,为全球超过5亿的独立用户提供多元化的网络服务。中国雅虎开创性地将全球领先的互联网技术与中国本地运营相结合,成为中国互联网界位居前列的搜索引擎社区与资讯服务提供商
生活服务类	口碑	2004年6月	口碑网通过海量店铺数据、优惠消费信息,用户评价内容、配合便捷的搜索、无线（手机客户端、云应用）等应用功能,搭建了一个多渠道解决民众生活消费需求和商家营销需求的平台。致力于打造生活服务领域的电子商务第一品牌
	饿了么	2009年4月	是一家网上订餐平台,主要是餐饮配送业务,同时涉及商超配送等其他领域

续表

业务板块	公司名称	成立或收购时间	业务简介
生活服务类	阿里旅行	2014年10月	阿里旅行App提供国内及海外200000余家酒店、民宿、客栈、酒店式公寓在线预订服务；提供多条国内及出境旅游线路，并提供电话卡、境外WiFi、租车、签证等"一站式"服务；全覆盖国内外多家付费景点门票，线上预订一键预约；提供国内航线和国际绝大多数主流航线机票、国内所有火车票的在线订购（2016年10月27日，阿里巴巴集团宣布将"阿里旅行"升级为全新品牌"飞猪"）
	滴滴出行	2012年9月	滴滴出行是涵盖出租车、专车、快车、顺风车、代驾及大巴等多项业务在内的"一站式"出行平台，2015年9月9日由"滴滴打车"更名而来
	银泰商业	2014年3月	阿里以53.7亿港元战略入股银泰商业，并推出首张虚拟会员卡"银泰宝"，实现在会员和支付体系上的打通
	联华超市	2017年5月	以发展连锁经营为特色的超市公司，目前联华已成为现今中国最大的商业零售企业，形成了大型综合超市（大卖场）、超级市场、便利店等多元业态联动互补的竞争优势
阿里文娱	阿里影业	2014年6月	电影、电视剧制作、出品、发行、宣传、电子商务
	天天动听	2013年底	阿里星球是全方位覆盖音乐制作到消费的泛娱乐交易平台，涵盖了明星大咖入驻、音乐视听、粉丝圈子、娱乐消费、音乐幕后交易、娱乐营销等诸多领域
	虾米音乐	2013年4月	虾米音乐是一款集高音质、发现、分享的音乐应用，提供流畅且完美的无线音乐解决方案
	优酷土豆	2016年4月	专注于视频领域，外购影视剧、综艺娱乐、新闻资讯等。通过电影营销、联合出品等手段布局大电影。与多家硬件厂商合作，通过提供内置在线视频服务的形式为客厅大屏端提供内容服务
	阿里星球	2016年5月	全方位覆盖音乐制作到消费的泛娱乐交易平台，涵盖了明星大咖入驻、音乐视听、粉丝圈子、娱乐消费、音乐幕后交易、娱乐营销等诸多领域
	华数传媒	2014年3月	华数传媒拥有全国最大的数字化节目内容媒体资源库，是全国最大的互动电视内容提供商、全国最大的3G手机电视内容提供商。主要有有线数字电视业务、互动电视业务、手机电视业务、互联网电视业务、互联网视频业务

续表

业务板块	公司名称	成立或收购时间	业务简介
阿里文娱	南华早报	2015年12月	《南华早报》是香港最大的英文报纸，出售包括《南华早报》报纸、杂志、户外媒体等业务
	阿里体育	2015年9月	以数字经济思维创新体育产业链，拟整合阿里生态中的电商、媒体、营销、视频、家庭娱乐、智能设备、云计算大数据和金融等平台，融合形成一个贯穿赛事运营、版权、媒体、商业开发、票务等环节的全新产业生态
	大麦网	2017年3月	大麦网以演唱会票务起家，是中国最大的覆盖现场演出、体育赛事等领域的演出票务平台，也是该领域最大的系统服务提供商
阿里健康	阿里健康	2015年4月	阿里健康是阿里巴巴集团在医疗健康领域的旗舰平台。目前，阿里健康开展的业务主要集中在产品追溯、医药电商、医疗服务网络和健康管理等领域
	万里云	2009年10月	致力于构建医学影像大数据云平台，建立第三方医学影像中心的互联网运作模式，在基层医院、患者和专家之间形成高效、专业的连接，致力于为基层医院和患者提供创新型影像服务
	中信21世纪	2014年1月	中信21世纪的主营业务之一是电子监管网／PIATS。药品PIATS业务主要是指在中国销售的产品提供鉴定及产品追踪和物流信息化服务，进而提供防伪冒的强化服务、转运信息服务、市场研究、推广服务、客户服务、物流管理及其他增值服务，以及向中国相关部门提供产品追溯召回和执法联动信息服务
	广州五千年医药连锁有限公司	2016年7月	主要于中国从事药品及中药饮品之零售业务，并运营医药零售连锁店及持有互联网药品交易服务资格证书，使其有权在线销售相关法规所列之非处方药及若干其他受规管产品
	杭州礼和医药有限公司	2017年6月	业务经营范围为化学药制剂、中成药、化学原料药等的批发；第一、第二、第三类医疗器械的批发零售；食品、第一、第二、第三类医疗器械、消毒用品等的网上销售
阿里教育	淘宝大学	2006年4月	阿里集团旗下的核心教育培训部门，以不断提升网商成长为己任，整合集团内外及领域内的优势资源，打造线上线下多元化、全方位的电商学习平台

续表

业务板块	公司名称	成立或收购时间	业务简介
阿里教育	阿里学院	2004年9月	是中国互联网第一个企业学院。立志于全球领先的电子商务教育服务机构,打造权威外贸培训、网络营销培训,汇集海量网上学习内容,覆盖电子商务的网络
	淘宝同学	2013年8月	淘宝同学主要是搭建平台,把优质的平台商、机构、教师、课程等资源都拢进来,走2B+2C的混合型平台模式(2015年9月,升级为"淘宝教育")
	湖畔大学	2015年3月	湖畔大学立志为创业者传道授业,并将遵循公益心态、商业手法的原则,专注于培养拥有新商业文明时代企业家精神的新一代企业家,主张坚守底线、完善社会,坚持公益性和非营利性
	阿里云大学	2015年6月	阿里云大学,致力于打造从IT时代向DT时代转型过程中在云计算、大数据、人工智能、云安全等领域一所创新人才工厂。通过校企合作、创新人才中心、创业大学等多种方式,打造从学、到练、到赛、到考、到就业与创业的创新型人才培养的全方位闭环生态链

资料来源:根据网上公开资料整理,时间截止到2017年6月。

综合来看,整个C公司一直在做的都是平台型、底层型的基础架构性质的业务,布局的是后十年中国人需要什么,中国人会干些什么。类比实体行业可以理解为,C公司做了商圈儿(里面可以买衣服、吃东西、逛街),开了银行,开了电影院,开了图书馆,以后又想卖手机、卖电视、卖汽车,开医院,开药馆等。C公司通过投资的方式来完善C公司集团的商业生态圈,并且结合专业的投资后管理,帮助被投资企业成功。

根据上述C公司的业务成长资料,本研究按照时间顺序绘制了C公司系的部分扩张谱系图,见图10.1。

第十章 平台企业的系统化战略更新实践

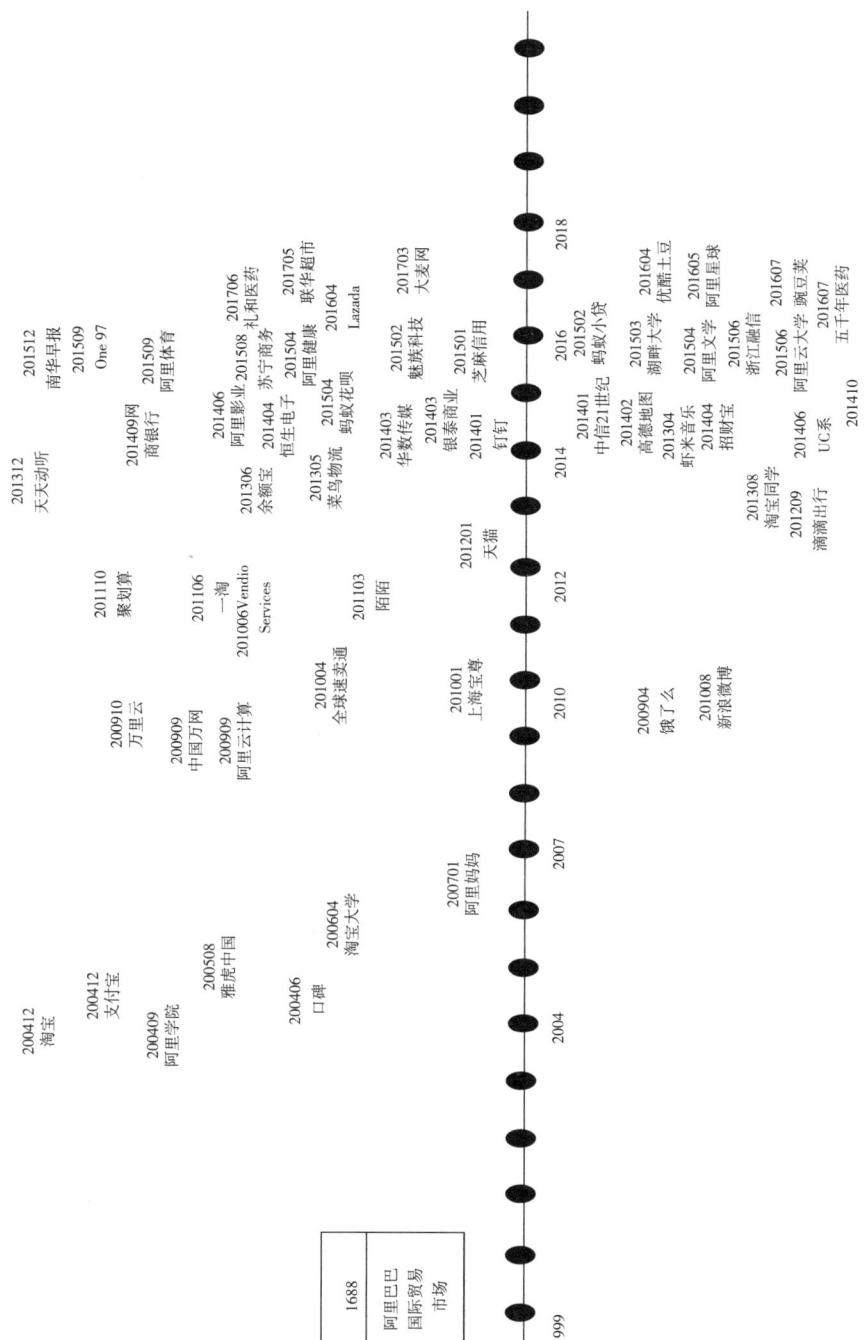

图10.1 C公司业务板块时间谱系图（部分）

资料来源：笔者整理。

从图 10.1 可以看出几点：第一，电商板块是 C 公司系统最早的业务，也是 C 公司系统生态的起点和最基础的业务，这表现在 1999 年 C 公司国际贸易市场公司和 1688 的建立，这些业务最初都是针对中小企业的，属于 B2B 类型的业务。"让天下没有难做的生意"，建立起企业层面供需双方的有效联系。但是随着互联网业务的快速发展，尤其是国外 Ebay 等面向终端消费者的店商的兴起和来到中国，M 又不失时机地在 2004 年底创办了淘宝。淘宝网的创立带来的个体消费者与个体卖家之间的信任缺失和支付难题倒逼了 M 在电商之外进行了第一次拓展——建立支付宝，为买卖双方提供交易担保，涉足金融领域。当然，这次涉足，也成为后来蚂蚁金服的奠基之旅，开启了 C 公司金融板块快速发展的序幕。在此之后，C 公司在金融上的每次大的行动都在一定程度上倒逼传统金融行业的某些改革。最典型的是 2013 年余额宝的横空出世，被普遍认为开创了国人互联网理财元年，同时余额宝已经成为普惠金融最典型的代表。它不仅让数以千万从来没接触过理财的人萌发了理财意识，同时激活了金融行业的技术与创新，并推动了市场利率化的进程。如今，蚂蚁金服拥有支付宝、余额宝、招财宝等金融品牌，2017 年 6 月估值接近 750 亿美元。

第二，电商板块引发对电商人才、电商顾客、电商卖家的培养，C 公司学院诞生，这也成为后来 C 公司教育板块的开端。在此之后，C 公司系先后建立了淘宝大学、淘宝同学、湖畔大学、阿里云大学。根据一些新闻报道，C 公司教育板块也正在向中小学方向延伸，大有改变传统教育方式种种诟病之处的意图。

第三，电商板块、金融板块的积累使得 C 公司系能够在 2013 年前后向生活服务领域、文化娱乐领域发力，比如影业、旅行等。这些领域都需要大量的消费者基础，C 公司电商板块长期以来积累起来的客户资源就是很好的支撑；金融板块的个人支付以及信用累积也会为个人的各种消费提供金融保障。反过来，个体消费的激活与锁定，也为电商板块引入了大量的买家，这是一个互助有益的共同体。

第四，阿里云的大格局。21 世纪是大数据的世纪，商品和服务固然能够为企业提供短期利润，但是大数据却可以保证 C 公司 10 年以后的收益。基于电商以及生活、金融等多个板块的个体或企业活动产生的大量数据，阿里云板块开始发展起来。一方面，前者的快速发展积累下来大量宝贵的一手数据资源；另一方面，大数据分析也为前者的快速发展添砖加瓦，加足马力。

参考文献

[1] [美] 巴尼. 获得与保持竞争优势（第2版）[M]. 王俊杰等译. 北京：清华大学出版社，2003.

[2] [美] 巴特利特. 跨国管理：教程、案例和阅读材料（第二版）[M]. 赵曙明译. 大连：东北财经大学出版社，2000.

[3] [美] 德赫斯. 长寿公司：商业"竞争风暴"中的生存方式 [M]. 王晓霞，刘昊译. 北京：经济日报出版社，1998.

[4] [美] 杰佛里·菲佛，杰勒尔·R. 萨兰基克. 组织的外部控制——对组织资源依赖的分析 [M]. 闫蕊译. 北京：东方出版社，2006.

[5] [美] 罗伯特·A. 伯格曼. 战略就是命运 [M]. 高辛萍等译. 北京：机械工业出版社，2004.

[6] [美] 迈克尔·古尔德，安德鲁·坎贝尔，马库斯·亚历山大. 公司层面战略：多业务公司的管理与价值创造 [M]. 黄一义，谭晓青，冀书鹏等译. 北京：人民邮电出版社，2004.

[7] [美] 钱德勒. 塑造工业时代——现代化学工业和制药工业的非凡历程 [M]. 罗仲伟译. 北京：华夏出版社，2006.

[8] Adner, R. and Levinthal, D. Demand Heterogeneity and Technology Evolution: Implications for Product and Process Innovation [J]. Management Science, 2001, 47 (5): 611-628.

[9] Agarwal, R., Helfat, C. E. Strategic Renewal of Organizations [J]. Organization Science, 2009, 20 (2): 281-293.

[10] Ahuja, Gautam & Katila, Riitta. Where Do Resources Come from? The Role of Idiosyncratic Situations [J]. Strategic Management Journal, 2004, 25: 887-907.

[11] Albert, D, Kreutzer, M, Lechner, C. Resolving the Paradox of Interdependency and Strategic Renewal in Activity Systems [J]. Academy of Management Review, 2015, 40 (2): 1-25.

[12] Ambos, Björn and Schlegelmilch, Bodo, B. Innovation and Control in the

Multinational Firms: A Comparison of Political and Contingency Approaches [J]. Strategic Management Journal, 2007, 28 (5): 473-486.

[13] Amit, R. and Schoemaker, P. J. H. Strategic Assets and Organizational Rent [J]. Strategic Management Journal, 1993, 14 (1): 33-46.

[14] Andersson, Ulf and Forsgren, Mats. Subsidiary Embeddedness and Control in the Multinational Corporation [J]. International Business Review, 1996, 5 (5): 487-508.

[15] Andersson, Ulf, Forsgren, Mats and Holm, Ulf. Balancing Subsidiary Influence in the Federative MNC: A Business Network View [J]. Journal of International Business Studies, 2007, 38: 802-818.

[16] Andersson, Ulf, Forsgren, Mats and Holm, Ulf. The Strategic Impact of External Networks: Subsidiary Performance and Competence Development in the Multinational Corporation [J]. Strategic Management Journal, 2002, 23: 979-996.

[17] Antia, Murad, Lin, J. Barry and Pantzalis, Christos. Cultural Distance and Valuation of Multinational Corporations [J]. Journal of Multinational Financial Management, 2007, 17 (5): 365-383.

[18] Antonicic, B. Impacts of Diversification and Corporate Entrepreneurship Strategy Making on Growth and Profitability: A Normative Model [J]. Journal of Enterprising Culture. 2006, 14 (1): 49-63.

[19] Arthurs, J. and Busenitz, L. Dynamic Capabilities and Venture Performance: The Effects of Venture Capitalists [J]. Journal of Business Venturing, 2005, 21 (2): 195-215.

[20] Asakawa, Kazuhiro. Evolving Headquarters-subsidiary Dynamics in International R&D: The Case of Japanese Multinationals [J]. R&D Management, 2001, 31 (1): 1-14.

[21] Ashill, Nicholas, J. and Jobber, David. The Impact of Environmental Uncertainty Perceptions, Decision-maker Characteristics and Work Environment Characteristics on the Perceived Usefulness of Marketing Information Systems (MkIS): A Conceptual Framework [J]. Journal of Marketing Management, 1999, 15: 519-540.

[22] Baden-Fuller C., Volberda H. W. Strategic Renewal: How Large Complex Organizations Prepare for the Future [J]. International Studies of Management & Organization, 1997, 27 (2): 95-120.

[23] Baliga, B. R. and Jaeger, A. M. Multinational Corporation: Control Systems

and Delegation Issues [J]. Journal of International Business Studies, 1984, 15 (Fall): 25-40.

[24] Barkema, Harry, G. and Shvyrkow, Oleg. Does Top Management Team Diversity Promote or Hamper Foreign Expansion? Strategic Management Journal, 2007, 28 (7): 663-680.

[25] Barnett, W. P., M. T. Hansen. The Red Queen in Organizational Evolution [J]. Strategic Management Journal, 1996, 17 (S1): 139-157.

[26] Barney, Jay, B. Firm Resources and Sustained Competitive Advantage [J]. Journal of Management, 1991, 17 (1): 99-120.

[27] Barney, Jay, B. Strategic Factor Markets: Expectations, Luck, and Business Strategy [J]. Management Science, 1986, 32 (10): 1231-1241.

[28] Barr, P. S., Stimpert, J. L. and Huff A. S. Cognitive Change, Strategic Action, and Organizational Renewal [J]. Strategic Management Journal, 1992, 13 (S1): 15-36.

[29] Bartlett, Christopher, A. and Ghoshal, Sumantra. Global Strategic Management: Impact on the New Frontiers of Strategy Research [J]. Strategic Management Journal, 1991, 12 (special issue): 5-16.

[30] Bartlett, Christopher, A. and Ghoshal, Sumantra. Beyond the M-Form: Toward a Managerial Theory of the Firm [J]. Strategic Management Journal, Winter 1993, 14 (special issue): 23-46.

[31] Bartlett, Christopher, A. & Ghoshal, Sumantra. Tap Your Subsidiaries for Global Reach [J]. Harvard Business Review, 1986, 64 (4): 87-94.

[32] Bausch, A, Krist, M. The Effect of Context-related Moderators on the Internationalization-performance Relationship: Evidence from Met-analysis [J]. Management International Review, 2007, 47 (3): 319-347.

[33] Ben-Menahem, S. M., Z. Kwee, H. W. Volberda and F. A. J. Van Den Bosch. Strategic Renewal over Time: The Enabling Role of Potential Absorptive Capacity in Aligning Internal and External Rates of Change [J]. Long Range Planning, 2013, 46 (3): 216-235.

[34] Benson, D. and R. H. Ziedonis. Corporate Venture Capital as a Window on New Technologies: Implications for the Performance of Corporate Investors When Acquiring Startups [J]. Organization Science, 2009, 20 (2): 329-351.

[35] Bingham, Christopher B. and Eisenhardt, Kathleen M. Position, Leverage

and Opportunity: A Typology of Strategic Logics Linking Resources with Competitive Advantage [J]. Managerial and Decision Economics, 2008, 29 (2): 241-256.

[36] Birkinshaw, J. Entrepreneurship in Multinational Corporations: The Characteristics of Subsidiary Initiatives [J]. Strategic Management Journal, 1997, 18: 207-229.

[37] Birkinshaw, Julian. The Determinants and Consequences of Subsidiary Initiative in Multinational Corporations [J]. Entrepreneurship: Theory & Practice, 1999, 24 (1): 11-38.

[38] Birkinshaw, J. and Ridderstråle, J. Fighting the Corporate Immune System: A Process Study of Subsidiary Initiatives in Multinational Corporations [J]. International Business Review, 1999, 8 (2): 149-180.

[39] Birkinshaw, J., Bouquet, C., and Ambos, T. C. Managing Executive Attention in the Global Company [J]. MIT Sloan Management Review, 2007, 48 (4): 39-45.

[40] Birkinshaw, Julian and Hood, Neil. Multinational Subsidiary Evolution: Capability and Charter Change in Foreign-owned Subsidiary Companies [J]. Academy of Management Review, 1998, 23 (4): 773-795.

[41] Birkinshaw, Julian M. and Morrison, Allen J. Configurations of Strategy and Structure in Subsidiaries of Multinational Corporations [J]. Journal of International Business Studies, 1995, 26 (4): 729-753.

[42] Birkinshaw, Julian and Fry, Nick. Subsidiary Initiatives to Develop New Markets [J]. Sloan Management Review, 1998, 39 (3): 51-61.

[43] Birkinshaw, Julian, Holm, Ulf, Thilenius, Peter and Arvidsson, Niklas. Consequences of Perception Gaps in the Headquarters-subsidiary Relationship [J]. International Business Review, 2000, 9: 321-344.

[44] Birkinshaw, Julian, Hood, Neil and Jonsson, Stefan. Building Firm-specific Advantages in Multinational Corporations: The Role of Subsidiary Initiative [J]. Strategic Management Journal, 1998, 19 (3): 221-241.

[45] Birkinshaw, Julian, Hood, Neil and Young, Stephen. Subsidiary Entrepreneurship, Internal and External Competitive Forces, and Subsidiary Performance [J]. International Business Review, 2005, 14 (2): 227-248.

[46] Birkinshaw, Julian. How Multinational Subsidiary Mandates Are Gained and Lost? [J]. Journal of International Business Studies, 1996, 27 (3): 467-495.

[47] Blacker, F. Knowledge, Knowledge Work and Organizations: An Overview

and Interpretation [J]. Organzation Studies, 1995, 16 (6): 1021-1046.

[48] Blackler, F., Crump, N. and Mcdonald, S. Managing Experts and Competing through Innovation: An Activity Theoretical Analysis [J]. Organization, 1999, 6 (1): 5-31.

[49] Blomkvist, K., Kappen, P. and Zander, I. Quo Vadis? The Entry into New Technologies in Advanced Foreign Subsidiaries of the Multinational Enterprise [J]. Journal of International Business Studies, 2010, 41: 1525-1549.

[50] Boojihawon, Dev Kumar, Dimitratos, Pavlos and Young, Stephen. Characteristics and Influences of Multinational Subsidiary Entrepreneurial Culture: The Case of the Advertising Sector [J]. International Business Review, 2007, 16 (5): 549-572.

[51] Bouquet, Cyril and Birkinshaw, Julian. Managing Power in Multinational Corporation: How Low-power Actor Gain Influence [J]. Journal of Management, 2008, 34 (5): 477-508.

[52] Bouquet, Cyril and Birkinshaw, Julian. Weight Versus Voice: How Foreign Subsidiaries Gain Attention from Corporate Headquarters [J]. Academy of Management Journal, 2008, 51 (3): 577-601.

[53] Bouquet, Cyril, Morrison, Allen and Birkinshaw, Julian. International Attention and Multinational Enterprise Performance [J]. Journal of International Business Studies, 2009, 40 (1): 108-131.

[54] Bowen, K. H., Clarck, K. B., Holloway, C. A. and Wheelwright S. C. Development Projects: The Engine of Renewal [J]. Harvard Business Review, 1994, 72 (5): 110-120.

[55] Buckley, P. J. and Casson, M. C. The Future of the Multinational Enterprise [M]. London: Macmillan, 1976.

[56] Bughin, J., Lund, S. and Manyika, J. 数字全球化时代的五个关键问题 [J]. 麦肯锡季刊, 2016: 36-41.

[57] Burgelman, R. A. A Process Model of Internal Corporate Venturing in the Diversified Major Firm [J]. Administrative Science Quarterly, 1983, 28 (2): 223-244.

[58] Burgelman, R. A. Intraorganizational Ecology of Strategy Making and Organizational Adaptation: Theory and Field [J]. Organization Science, 1991, 2 (3): 239-262.

[59] Burgelman, R. A. Managing Innovating Systems: A Study of the Process of Internal Corporate Venturing [D]. USA: Columbia University, 1980.

[60] Burgelman, Robert, A. and Grove, Andrew, S. Let Chaos Reign, Then Rein in Chaos-repeatedly: Managing Strategic Dynamics for Corporate Longevity [J]. Strategic Management Journal, 2007, 28 (10): 965-979.

[61] Burgelman, Robert, A. A. Model of the Interaction of Strategic Behavior, Corporate Context, and the Concept of Strategy [J]. Academy of Management Review, 1983, 8 (1): 61-70.

[62] Burgelman, Robert, A. Corporate Entrepreneurship and Strategic Management: Insights from a Process Study [J]. Management Science, 1983, 29 (2): 1349-1364.

[63] Burgelman, Robert, A. Fading Memories: A Process Theory of Strategic Business Exit in Dynamic Environments [J]. Administrative Science Quarterly, 1994, 39 (1): 24-56.

[64] Burgelman, Robert, A. Intraorganizational Ecology of Strategy Making and Organizational Ddaptation: Theory and Field [J]. Organization Science, 1991, 2 (3): 239-262.

[65] Cairncross, F. The Death of Distance: How the Communications Revolution Will Change Our Lives [M]. Cambridge, M. A.: Harvard Business School Press, 1997.

[66] Canales, J. Ignacio. Constructing Interlocking Rationales in Top-driven Strategic Renewal [J]. British Journal of Management, 2013, 24 (4): 498-514.

[67] Cantwell, John and Mudambi, Ram. MNE Competence-creating Subsidiary Mandates [J]. Strategic Management Journal, 2005, 26: 1109-1128.

[68] Capron, L. and W. Mitchell. Selection Capability: How Capability Gaps and Internal Social Frictions Affect Internal and External Strategic Renewal [J]. Organization Science, 2009, 20 (2): 294-312.

[69] Cardinal, Laura, B., Sitkin, Sim, B. and Long, Chris, P. Balancing and Rebalancing in the Creation and Evolution of Organizational Control [J]. Organization Science, 2004, 15 (4): 411-431.

[70] Carpenter, Mason and Sanders, Wm. Gerard. Strategic Management: A Dynamic Perspective [M]. New Jersey, USA: Pearson Prenice Hall, 2007.

[71] Chakravarthy, Balaji S. and Doz, Yves. Strategy Process Research: Focusing on Corporate Self-renewal [J]. Strategic Management Journal, 1992, 13 (special issue): 5-14.

[72] Chan, T., Nickerson, J. A. and Owan, H. Strategic Management of R&D Pipelines with Cospecialized Investments and Technology Markets [J]. Management

Science, 2007, 53 (4): 667-682.

[73] Chiesa, Vittorio. Globalizing R&D Around Centres of Excellence [J]. Long Range Planning, 1995, 28 (6): 19-28.

[74] Choo, C. W. Environmental Scanning as Information Seeking and Organizational Learning [J]. Information Research, 2001, 7 (1): 121.

[75] Chung, Leanne. Reverse - Co - evolution and Reverse Diffusion of Organizational Practices from Hongkong firms' Affiliates in China [Working paper]. Sept. 2007, Cardiff Business School, downloaded from http://www.cf.ac.uk/carbs/research/working_ papers/human_ resource/H2007_ 3. pdf.

[76] Claret J., Dickson T. 优化组织管理 开启突破创新：罗氏 CEO 访谈录 [J]. 麦肯锡季刊，2016 年 5 月 13 日，http://www.mckinsey.com.cn/。

[77] Collis, D. and Montgomery, C. Competing on Resources: Strategy in the 1990s [J]. Harvard Business Review, 1995, 73: 118-128.

[78] Cool, Karel and Henderson, James. Power and Firm Profitability in Supply Chains: French Manufacturing Industry in 1993 [J]. Strategic Management Journal, 1998, 19 (10): 909-926.

[79] Covin, J. G. and Miles, M. P. Corporate Entrepreneurship and the Pursuit of Competitive Advantage [J]. Entrepreneurship Theory and Practice, 1999, 23 (3): 47-63.

[80] Crook, T. Russell, Ketchen, Jr., David, J., Combs, James G. and Todd, Samuel Y. Strategic Resources and Performance: A Meta-analysis [J]. Strategic Management Journal, 2008, 29 (11): 1141-1154.

[81] Crossan, M. M., Lane, H. W., White R. E. An Organizational Learning Framework: From Intuition to Institution [J]. Academy of Management Review, 1999, 24 (3): 522-537.

[82] Crossan, M. M. and I. Berdrow. Organizational Learning and Strategic Renewal [J]. Strategic Management Journal, 2003, 24: 1087-1105.

[83] Cuyper, I. R. P., Y. Cuypers and X. Martin. When the Target May Know Better: Effects of Experience and Information Asymmetries on Value from Mergers and Acquisitions [J]. Strategic Management Journal, 2017, 38 (3): 609-625.

[84] Dacin, M. Tina, Ventresca, Marc J. and Beal, Brent D. The Embeddedness of Organizations: Dialogue & Directions [J]. Journal of Management, 1999, 25 (3): 317-356.

[85] Danneels, E. The Dynamics of Product Innovation and Firm Competences [J]. Strategic Management Journal, 2002, 23: 1095-1121.

[86] Das, T. K. Organizational Control: An Evolutionary Perspective [J]. Journal of Management Studies, 1989, 26 (5): 459-475.

[87] Dasi, Angels, Maria Iborra and Vicente Safon. Beyond Path Dependence: Explorative Orientation, Slack Resources, and Managerial Intentionality to Internationalize in SMEs [J]. International Business Review, 2015, 24 (1): 77-88.

[88] D'Aveni, Richard, A. Coping with Hypercompetition: Utilizing the New 7S's Framework [J]. Academy of Management Executive, 1995, 9 (3): 45-57.

[89] Desai V. M. The Behavioral Theory of the Firm: Corporate Board Influences on Organizations' Responses to Performance Shortfalls [J]. Academy of Management Journal, 2016, 59 (3): 860-869.

[90] Dierickx, Ingemar and Cool, Karel. Asset Stock Accumulation and Sustainability of Competitive Advantage [J]. Management Science, 1989, 35 (12): 1504-1511.

[91] Donald C. Hambrick. Strategic Awareness within Top Management Teams [J]. Strategic Management Journal, 1981, 2 (3): 263-279.

[92] Dörrenbächer, Christoph, and Gammelgaard, Jens. Subsidiary Role Development: The Effect of Micro-political Headquarters-subsidiary Negotiations on the Product, Market and Value-added Scope of Foreign-owned Subsidiaries [J]. Journal of International Management, 2006, 12: 266-283.

[93] Dougherty, D. A practice-centered Model of Organizational Renewal through Product Innovation [J]. Strategic Management Journal, 1992, 13 (Summer): 77-92.

[94] Doz, Y., Santos, J., Williamson, P. From Global to Metanational: How Companies Win in the Knowledge Economy [M]. Boston, MA: Harvard Business School Press, 2001.

[95] Doz, Y. L. and Prahalad, C. K. Managing DMNCs: A Search for a New Paradigm [J]. Strategic Management Journal, 1991, 12 (special issue): 145-164.

[96] Drees, J. M., Heugens, P. P. Synthesizing and Extending Resource Dependence Theory: A Meta-analysis [J]. Journal of Management, 2013, 39 (6): 1666-1698.

[97] Dutton, J. E. and Ashford, S. J. Selling Issues to Top Management [J]. Academy of Management Review, 1993, 18 (3): 397-428.

[98] Dutton, J. E., Walton, E. J. and Abrahamson, E. Important Dimensions of Strategic Issues: Separating the Wheat from the Chaff [J]. Journal of Management Studies, 1989, 26 (4): 379-396.

[99] Dyer, Jeffrey H. and Hatch, Nile W. Relation-specific Capabilities and Barriers to Knowledge Transfers: Creating Advantage through Network Relationships [J]. Strategic Management Journal, 2006, 27 (8): 701-719.

[100] Dyer, Jeffrey H. and Nobeoka, Kentaro. Creating and Managing a High-performance Knowledge-sharing Network: The Toyota Case [J]. Strategic Management Journal, 2000, 21 (3): 345-367.

[101] Earl, M. Knowledge Management Strategies: Toward a Taxonomy [J]. Journal of Management Information Systems, 2001, 18 (1): 215-233.

[102] Eggers, J. P. and Kaplan, S. Cognition and Renewal: Comparing CEO and Organizational Effects on Incumbent Adaptation to Technical Change [J]. Organization Science, 2009, 20 (2): 461-477.

[103] Eisenhardt, Kathleen M. Agency Theory: An Assessment and Review [J]. Academy of Management Review, 1989, 14 (1): 57-74.

[104] Eisenhardt, Kathleen M. and Martin, Jeffrey A. Dynamic Capabilities: What Are They? [J]. Strategic Management Journal, 2000, 21: 1105-1121.

[105] Elenkov, D. E. Strategic Uncertainty and Environmental Scanning: The Case for Institutional Influences on Scanning Behavior [J]. Strategic Management Journal, 1997, 18 (4): 287-302.

[106] Evans, J. Stuart. Strategic Flexibility for High Technology Manoeuvres: A Conceptual Framework [J]. Journal of Management Studies, 1991, 28 (1): 69-89.

[107] Ferdows, K. Making the Most of Foreign Factories [J]. Harvard Business Review, 1997, 75 (2): 73-88.

[108] Flier, Bert, Frans, A. J. Van Den Bosch and Henk W. Volberda. Co-evolution in Strategic Renewal Behavior of British, Dutch and French Financial Incumbents: Interaction of Environmental Selection, Institutional Effects and Managerial Intentionality [J]. Journal of Management Studies, 2003, 40 (8): 2163-2186.

[109] Floyd, S. W. and Lane, P. J. Strategizing throughout the Organization: Managing Role Conflict in Strategic Renewal [J]. Academy of Management Review, 2000, 25 (1): 157-177.

[110] Floyd, S. W. and Wooldridge, B. Middle Management Involvement in Strategy

and Its Association with Strategic Type: A Research Note [J]. Strategic Management Journal, 1992, 13: 153-167.

[111] Forbes, Daniel P. Reconsidering the Strategic Implications of Decision Comprehensiveness [J]. Academy of Management Review, 2007, 32 (2): 361-376.

[112] Friedman, Y., A. Cameli and A. Tishler. How CEOs and TMT Build Adaptive Capacity in Small Enterpreneurial Firms [J]. Journal of Management Studies, 2016, 53 (6): 996-1018.

[113] Frost, Tony, S. Birkinshaw, Julian M., Ensign and Prescott C. Centers of Excellence in Multinational Corporations [J]. Strategic Management Journal, 2002, 23: 997-1018.

[114] Galunic, D. Charles and Eisenhardt, Kathleen M. The Evolution of Intra-corporate Domains: Divisional Charter Losses in High-technology, Multidisional Corporations [J]. Organization Science, 1996, 7 (3): 255-282.

[115] Galunic, D. Charles and Eisenhardt, Kathleen M. Architectural Innovation and Modular Corporate Forms [J]. Academy of Management Journal, 2001, 44 (6): 1229-1249.

[116] Ganesan, Shankar, Maler, Alan, J. and Rindfleisch, Aric. Does Distance Still Matter? Geographic Proximity and New Product Development [J]. Journal of Marketing, 2005, 69 (4): 44-60.

[117] Gates, Stephen R. and Egelhoff, William G. Centralization in Headquarters-Subsidiary Relationships [J]. Journal of International Business Studies, 1986, 17 (2): 71-92.

[118] Gaur, Ajai S. and Lu, Jane W. Ownership Strategies and Survival of Foreign Subsidiaries: Impacts of Institutional Distance and Experience [J]. Journal of Management, 2007, 33 (1): 84-110.

[119] Geiger, D. and Kliesch, M. Organizations as Knowledge Systems: Knowledge, Learning and Dynamic Capabilities [J]. Organization Studies, 2005, 26 (1): 143-150.

[120] George, G., Zahra, S. A., Autio, E. and Sapienza, H. By Leaps and Rebounds: Learning and the Development of International Market Entry Capabilities in Start-ups [J]. Academy of Management Proceedings, 2004, B1-B6.

[121] George, G. Learning to Be Capable: Patenting and Licensing at the Wisconsin Alumni Research Foundation 1925-2002 [J]. Industrial and Corporate Change,

2005, 14 (1): 119-151.

[122] Gerstner, Wolf-Christian, König, Andreas, Enders and Alb [J]//Recht and Hambrick, Donald C. CEO Narcissism, Audience Engagement, and Organizational Adoption of Technology Discontinuities [J]. Administrative Science Quarterly, 2013, 58 (2): 257-291.

[123] Ghemawat, Pankaj and Patricio del Sol. Commitment versus Flexibility? [J]. California Management Review, 1998, 40 (4): 26-42.

[124] Ghemawat, Pankaj. Distance Still Matters-the Hard Reality of Global Expansion [J]. Harvard Business Review, 2001, 79 (8): 137-147.

[125] Ghoshal, S. and Bartlett, C. A. Creation, Adoption and Diffusion of Innovations by Subsidiaries of Multinational Corporations [J]. Journal of International Business Studies, 1988, 19 (3): 365-388.

[126] Ghoshal, S. and Westney, E. Orgnaization Theory and the Multinational Corporation [M]. New York: St. Martins Press, 1993.

[127] Ghoshal, S. The Innovative Multinational: A Differentiated Network of Organizational Foles and Management Processes [D]. Harvard Business Scholl, 1986.

[128] Ghoshal, S. and Moran, P. Bad for Practice: A Critique of Transaction Cost Theory [J]. Academy of Management Review, 1996, 21: 13-47.

[129] Ghoshal, Sumantra and Bartlett, Christopher A. The Multinational Corporation as an Interorganizational Network [J]. Academy of Management Review, 1990, 15 (4): 603-625.

[130] Ghoshal, Sumantra and Bartlett, Christopher A. The Multinational Corporation as an Interorganizational Network [J]. Academy of Management Review, 1991, 15 (4): 603-625.

[131] Ghoshal, Sumantra and Nohria, Nitin. Internal Differentiation within Multinational Corporations [J]. Strategci Management Journal, 1989, 10 (4): 323-337.

[132] Girod S., Ramirez R. and Ruddle K. Exploring the Links between Innovation and Strategic Renewal [EB/OL]. (2005) [20160802] download from https://www.researchgate.net/publication/228850901_Exploring_the_Links_Between_Innovation_and_Strategic_Renewal, 2005.

[133] Gong, Yaping. Subsidiary Staffing in Multinational Enterprises: Agency, Resources, and Performance [J]. Academy of Management Journal, 2003, 46 (6): 728-739.

[134] Goold, Michael and Campbell, Andrew. Parenting in Complex Structures [J]. Long Range Planning, 2002, 35: 219-243.

[135] Granovetter, M. S. The Strength of Weak Ties [J]. American Journal of Sociology, 1973: 1360-1380.

[136] Granovetter, Mark. Economic Action and Social Structure: The Problem of Embeddedness [J]. The American Journal of Sociology, 1985, 91 (3): 481-510.

[137] Greve, Henrich R. and Marc-David L. Seidel. The Thin Red Line between Success and Failure: Path Dependence in the Diffusion of Innovative Production Technologies [J]. Strategic Management Journal, 2015, 36 (4): 475-496.

[138] Grewal, Rajdeep and Tansuhaj, Patriya. Building Organizational Capabilities for Managing Economic Crisis: The Role of Market Orientation and Strategic Flexibility [J]. Journal of Marketing, 2001, 65: 67-80.

[139] Grinyer, P. and P. McKiernan. Generating Major Change in Stagnating Companies [J]. Strategic Management Journal, 1990, special issue (Summer): 131-146.

[140] Gulati, R. and P. Puranam. Renewal through Reorganization: The Value of Inconsistencies between Formal and Informal Organization [J]. Organization Science, 2009, 20 (2): 422-440.

[141] Gulati, R. Alliances and Networks [J]. Strategic Management Journal, 1998, 19 (4): 293-317.

[142] Gulati, Ranjay and Sytch, Maxim. Dependence Asymmetry and Joint Dependence in Interorganizational Relationships: Effects of Embeddedness on a Manufacturer's Performance in Procurement Relationships [J]. Administrative Science Quarterly, 2007, 52 (1): 32-69.

[143] Gupta, Anil K. and Govindarajan, Vijay. Organizing for Knowledge Flows within MNCs [J]. International Business Review, 1994, 3 (4): 443-458.

[144] Gupta, Anil K. and Govindarajan, Vijay. Resource Sharing among SBUs: Strategic Antecedents and Administrative Implications [J]. Academy of Management Journal, 1986, 29 (4): 695-714.

[145] Gupta, Anil K. and Govindarajan, Vijay. Knowledge Flows and the Structure of Control within Multinational Corporations [J]. Academy of Management Review, 1991, 16 (4): 768-792.

[146] Gupta, Anil K. and Govindarajan, Vijay. Organizing for Knowledge Flows within MNCs [J]. International Business Review, 1994, 4 (3): 443-457.

[147] Guth, W. D. and Ginsberg, A. Guest Editors Introduction: Corporate Entrepreneurship [J]. Strategic Management Journal, 1990, 11: 5-15.

[148] Hagedoorn, John. Understanding the Cross-level Embeddedness of Interfirm Partnership Formation [J]. Academy of Management Review, 2006, 31 (3): 670-680.

[149] Hambrick, D. C. and Mason, P. A. Upper echelons: The Organization as a Reflection of Its Top Managers [J]. Academy of Management Review, 1984, 9 (2): 193-206.

[150] Hambrick, D. C. Upper Echelons Theory: An Update [J]. Academy of Management Review, 2007, 32 (2): 334-343.

[151] Hamel, G. and Prahalad, C. K. Strategic Intent [J]. Harvard Business Review, 1989, 67 (3): 63-76.

[152] Hansen, M. T. and Haas, M. R. Competing for Attention in Knowledge Markets: Electronic Document Dissemination in a Management Consulting Company [J]. Administrative Science Quarterly, 2001, 46 (1): 1-28.

[153] Harrigan, Kathryn Rudie. The Effect of Exit Barriers upon Strategic Flexibility [J]. Strategic Management Journal, 1980, 1 (2): 165-176.

[154] Harzing, Anne-Wil and Noorderhaven, Niels. Geographical Distance and the Role and Management of Subsidiaries: The Case of Subsidiaries Down-under [J]. Asia Pacific Journal of Management, 2006, 23: 167-185.

[155] Hedlund, Gunnar A. Model of Knowledge Management and the N-Form Corporation [J]. Strategic Management Journal, Summer 1994, 15 (special issue): 73-90.

[156] Hedlund, Gunnar. The Hypermodern MNC - A heterarchy? [C]. Human Resource Management, 1986, 25 (1): 9-35. in Lecraw, Donald J. and Morrison, Allen, J. (ed.) The United Nationas Library on Transnational Corporations 中的第4卷 Transnational Corporations and Business Strategy. New York: the Ballinger Publishing Company, 1993: 207-236.

[157] Helfat, Constance E. and Peteraf, Margaret A. The Dynamic Resource-based View: Capability Lifecycles [J]. Strategic Management Journal, 2003, 24: 997-1010.

[158] Hennart, J. F. The Transaction Costs Theory of Joint Ventures: An Empirical Study of Japanese Subsidiaries in the United States [J]. Management Science, April 1991, 37: 483-497.

[159] Herrmann, P. and Nadkarni, S. Managing Strategic Change: The Duality of CEO Personalit [J]. Strategic Management Journal, 2014, 35: 1318-1342.

[160] Heyden, M. L. M. Essays on Upper Echelons & Strategic Renewal [D]. Nethland: Erasmus University Rotterdam, 2012, ISBN 978-90-5892-304-2, ERIM reference number: EPS-2012-259-STR.

[161] Hillman, A. J., Withers, M. C. and Collins B. J. Resource Dependence Theory: A Review [J]. Journal of Management, 2015, 35 (6): 1404-1427.

[162] Hitt, Michael A., Keats, Barbara W. and Demarie, Samuel M. Navigating in the New Competitive Landscape: Building Strategic Flexibility and Competitive Advantage in the 21st Century [J]. Academy of Management Executive, 1998, 12 (4): 22-42.

[163] Hofstede, G. H. Culture's Consequences [M]. New York: Sage, 1980.

[164] Hofstede, G. and Bond, M. H. The Confucius Connection: From Cultural Roots to Economic Growth [J]. Organizational Dynamics, 1988, 16 (4): 4-21.

[165] Horn, Paul M. Information Technology Will Change Everything. Research [J]. Technology Management, January - February 1999: 42-47.

[166] Hsu, C. W., Lien, Y. C. and Chen H. R&D Internationalization and Innovation Performance [J]. International Business Review, 2015, 24 (2): 187-195.

[167] Huff, J. O., A. S. Huff and H. Thomas. Strategic Renewal and the Interaction of Cumulative Stress and Inertia [J]. Strategic Management Journal, 1992, 13: 55-75.

[168] Iles, Paul. Centres of Excellence? Assessment and Development Centres, Managerial Competence and Human Resource Strategies [J]. British Journal of Management, 1992, 92 (3): 79-90.

[169] Inkpen, Andrew C. and Beamish, Paul W. Knowledge, Bargaining Power, and the Instability of International Joint Venture [J]. Academy of Management Review, 1997, 22 (1): 177-202.

[170] Jacobides, Michael G. Playing Football in a Soccer Field: Value Chain Structures, Institutional Modularity and Success in Foreign Expansion [J]. Managerial & Decision Economics, 2008, 29 (2/3): 257-276.

[171] Jansen, Justin, J. P., Van Den Bosch, Frans, A. J. and Volberda, Henk W. Exploratory Innovation, Exploitative Innovation, and Performance: Effects of Organizational Antecedents and Environmental Moderators [J]. Management Science, 2006, 52 (11): 1661-1674.

[172] Jarillo, J. Carlos and Martinez, Jon I. Different Roles for Subsidiaries: the Case of Multinational Corporation in Spain [J]. Strategic Management Journal, 1990, 11 (7): 501-502.

[173] Jarzabkowski, P. Strategic Practices: An Activity Theory Perspective on Continuity and Change [J]. Journal of Management Studies, 2003, 40 (1): 23-55.

[174] Jaussaud, Jacques & Schaaper, Johannes. Control Mechanisms of Their Subsidiaries by Multinational Firms: A Multidimensional Perspective [J]. Journal of International Management, 2006, 12: 23-45.

[175] Jaworski, B. J. Toward a Theory of Marketing Control: Environment context, Control types, and Consequences [J]. Journal of Marketing, 1988, 52 (7): 23-39.

[176] Jeng, Vivian and Lai, Gene C. Ownership Structure, Agency Costs, Specialization, and Efficiency: Analysis of Keiretsu and Independent Insurers in the Japanese Nonlife Insurance Industry [J]. Journal of Risk and Insurance, 2005, 72 (1): 105-158.

[177] Jensen, Michael and Meckling, William. Theory of the Firm: Managerial Behavior, Agency Costs, and Ownership Structure [J]. Journal of Financial Economics, 1976, 3: 305-360.

[178] Johnson, J. H., Jr. An Empirical Analysis of Integration-responsiveness Framework: U. S. Construction Equipment Industry Firms in Global Competition [J]. Journal of International Business Studies, 1995, 26 (3): 621-635.

[179] Johnston, Stewart and Menguc, Bulent. Subsidiary Size and the Level of Subsidiary Autonomy in Multinational Corporations: A Quadratic Model Investigation of Australian Subsidiaries [J]. Journal of International Business Studies, 2007, 38 (5): 787-801.

[180] Jones, O. and A. Macpherson. Inter-organizational Learning and Strategic Renewal in SMEs [J]. Long Range Planning, 2006, 39: 155-175.

[181] Jung, H. J., Lee, J. The Quest for Originality: A New Typology of Knowledge Search and Breakthrough Inventions [J]. Academy of Management Journal, 2016, 59 (5): 1725-1753.

[182] Karim, S., T. N. Carroll and C. P. Long. Delaying Change: Examining How Industry and Managerial Turbulence Impact Structural Realignment [J]. Academy Management Journal, 2016, 59 (3): 791-817.

[183] Kiesler, S., and Sproull, L. Managerial Response to Changing Environments: Perspectives on Problem Sensing from Social Cognition [J]. Administrative Science Quarterly, 1982, 27: 548-570.

[184] Kim, H. E., Penning, J. M. Innovation and Strategic Renewal in Mature Markets: A Study of the Tennis Racket Industry [J]. Organization Science, 2009, 20 (2): 368-383.

[185] Kim, W. Chan and Mauborgne, Renée A. Implementing Global Strategies: The Role of Procedural Justice [J]. Strategic Management Journal, 1991, 12 (S1): 125-143.

[186] Klammer, A., Gueldenberg, S., Kraus, S. and O'Dwyer, M. to Change or Not to Change-antecedents and Outcomes of Strategic Renewal in SMEs [J]. International Entrepreneurship and Management Journal, 2017, 13 (3): 1-18.

[187] Klepper, S. Entry, Exit, Growth, and Innovation over the Product Life Cycle [J]. The American Economic Review, 1996, 86 (3): 562-583.

[188] Knott, A. M. and Posen, H. E. Firm R&D Behavior and Evolving Technology in Established Industries [J]. Organization Science, 2009, 20 (2): 352-367.

[189] Knott, A. M. Persistent Heterogeneity and Sustainable Innovation [J]. Strategic Management Journal, 2003, 24 (8): 687-705.

[190] Kogut, Bruce and Zander, Udo. Knowledge of the Firm and the Evolutional of the Multinational Corporation [J]. Journal of International Business Studies, 1993, 24 (4): 625-645.

[191] Kor, Yasemin Y. and Mesko A. Dynamic Managerial Capabilities: Configuration and Orchestration of Top Executives' Capabilities and the Firm's Dominant Logic [J]. Strategic Management Journal, 2013, 34 (2): 233-244.

[192] Kor, Yasemin and Mahoney, Joseph T. Edith Penrose's (1959) Contributions to the Resource-based View of Strategic Management [J]. Journal of Management Studies, 2004, 41 (1): 183-191.

[193] Kostova, Tatiana and Zaheer, Srilata. Organizational Legitimacy under Conditions of Complexity: The Case of the Multinational Enterprise [J]. Academy of Management Review, 1999, 24 (1): 64-81.

[194] Krackhardt, David. Assessing the Political Landscape: Structure, Cognition, and Power in Organizations [J]. Administrative Science Qurarterly, 1990, 35: 342-369.

[195] Kuusela, P., T. Keil and M. Maula. Driven by Aspirations, But in What direction? Performance Shortfalls, Slack Resources and Resource – consuming vs. Resource-freeing Organizational Change [J]. Strategic Management Journal, 2017, 38 (5): 1101-1120.

[196] Kwee, Z., Van Den Bosch, F. A. J. and Volberda, H. W. The Influence of Top Management Team's Corporate Governance Orientation on Strategic Renewal Trajectories: A Longitudinal Analysis of Royal Dutch Shell plc, 1907-2004 [J]. Journal of Management Studies, 2011, 48 (5): 984-1014.

[197] Langerak, F., Hultink, E. J. and Robben, H. S. J. The Impact of Market Orientation, Product Advantage, and Launch Proficiency on New Product Performance and Organizational Performance [J]. Journal of Product Innovation Management, 2004, 21 (2): 79-94.

[198] Langley, Ann, Mintzberg, Henry, Pitcher and Patricia. Opening up Decision Making: The View from the Black Stool [J]. Organization Science, 1995, 6 (3): 260-279.

[199] Lazonick, W. and Prencipe, A. Dynamic Capabilities and Sustained Innovation: Strategic Control and Financial Commitment at Rolls-Royce plc [J]. Industrial and Corporate Change, 2005, 14: 501-542.

[200] Lee, Seung-Hyun, Shenkar, Oded and Li, Jiatao. Cultural Distance, Investment Flow, and Control in Cross-border Cooperation [J]. Strategic Management Journal, 2008, 29: 1117-1125.

[201] Lengnick-hall, Cynthia A. and Wolff, James A. Similarities and Contradictions in the Core Logic of Three Strategy Research Streams [J]. Strategic Management Journal, 1999, 20: 1109-1132.

[202] Lenox, M. & King, A. Prospects for Developing Absorptive Capacity through Internal Information Provision [J]. Strategic Management Journal, 2004, 25 (4): 331-345.

[203] Li, Shenxue, Scullion, Hugh. Bridging the Distance: Managing Cross-Border Knowledge Holders [J]. Asia Pacific Journal of Management, 2006, 23 (1): 71-92.

[204] Lieberman, Marvin, Gwendolyn K. Lee. And Timothy B. Folta. Entry, Exit and the Potential for Resource Redeployment [J]. Strategic Management Journal, 2017, 38 (3): 526-544.

[205] Liebowitz, Stan J. and Stephen E. Margolis. Path Dependence and Lock-in [M]. Edward Elgar, 2014.

[206] Lim, L. K. S., Acito, F. and Rusetski, A. Development of Archetypes of International Marketing Strategy [J]. Journal of International Business Studies, 2006, 37 (4): 499-524.

[207] Lin Fang. Antecedents of Strategic Renewal: An Impact of Adjustment Cost [C]. 2017 首届营销科学与创新国际研讨会, 北京: 对外经济贸易大学, 2017.

[208] Linton, G. and J. Kask. Configurations of Entrepreneurial Orientation and Competitive Strategy for High Performance [J]. Journal of Business Research, 2017, 70: 168-176.

[209] Liouka, Ioanna. Opportunities Identification in MNC Subsidiaries: Context and Performance Implication [D]. UK: University of Glasgow, 2007.

[210] London, Ted and Hart, Stuart L. Reinventing Strategies for Emerging Markets: Beyond the Transnational Model [J]. Journal of International Business Studies, 2004, 35 (5): 350-370.

[211] Lorenzoni, G. and Baden-Fuller, C. Creating a Strategic Center to Manage a Web of Partners [J]. California Management Review, 1998, 37: 146-163.

[212] Luo Yadong. Dynamic Capabilities in International Expansion [J]. Journal of World Business, 2000, 35 (4): 355-377.

[213] Madhok, Anoop. Cost, Value and Foreign Market Entry Mode: The Transaction and the Firm [J]. Strategic Management Journal, 1997, 18 (1): 39-61.

[214] Mahoney, J. T. and L. Qian. Market Frictions as Building Blocks of an Organizational Economics Approach to Strategic Management [J]. Strategic Management Journal, 2013, 34: 1019-1041.

[215] Mahoney, Joseph T. and Pandian, J. Rajendran. The Resource-based View within the Conversation of Strategic Management [J]. Strategic Management Journal, 1992, 13 (5): 363-380.

[216] Malnight, Thomas W. The Transition from Decentralized to Network-based MNC Structures: An Evolutionary Perspective [J]. Journal of International Business Studies, 1996, 27 (1): 43-65.

[217] March J. Exploraation and Exploitation in Organizational Learning [J]. Organization Science, 1991, 2 (1): 71-87.

[218] Margolis, J. D. and Molinsky, A. Navigating the Bind of Necessary Evils:

Psychological Engagement and the Production of Interpersonally Sensitive Behavior [J]. Academy of Management Journal, 2008, 51 (5): 847-872.

[219] Martinez, Jon I. and Jarillo, Carlos. The Evolution of Research on Coordination Mechanisms in Multinational Corporations [J]. Journal of International Business Studies, Autumn 1989, 20 (3): 489-514.

[220] McGahan, Anita M. and Porter, Michael E. How Much Does Industry Matter, Really? [J]. Strategic Management Journal, 1997, 18 (special issue): 15-30.

[221] McKelvey, B. Quasi - natural Organization Science [J]. Organization Science, 1997, 8 (4): 352-380.

[222] Medcof, John W. Resource-based Strategy and Managerial Power in Networks of Internationally Dispersed Technology Units [J]. Strategic Management Journal, 2001, 22 (11): 999-1012.

[223] Mezias, J., P. Grinyer and W. D. Guth. Changing Collective Cognition: A Process Model for Strategic Change [J]. Long Range Planning, 2001, 34 (1): 71-95.

[224] Mintzberg, Henry and McHugh, Alexandra. Strategy Formation in an Adhocracy [J]. Administrative Science Quarterly, 1985, 30 (2): 160-197.

[225] Mintzberg, Henry and Waters, James A. Of Strategies, Deliberate and Emergent [J]. Strategic Management Journal, 1985, 6 (3): 257-272.

[226] Mintzberg, Henry, Raisinghani, Duru, Théorêt and André. The Structure of "unstructured" Decision Processes [J]. Administrative Science Quarterly, 1976, 21 (2): 246-275.

[227] Moore, Karl J. A Strategy for Subsidiaries: Centres of Excellences to Build Subsidiary Specific Advantages [J]. Management International Review (MIR), 2001, 41 (3): 275-290.

[228] Moore, Karl. Birkinshaw, Julian. Managing Knowledge in Global Service Firms: Centers of Excellence [J]. Academy of Management Executive, 1998, 12 (4): 81-92.

[229] Moran, Peter. Structural vs. Relational Embeddedness: Social Capital and Managerial Performance [J]. Strategic Management Journal, 2005, 26 (12): 1129-1151.

[230] Moreno - Moya M., Munuera - Aleman, J. L. The Differential Effect of Development Speed and Launching Speed on New Product Performance: An Analysis in SMEs [J]. Journal of Small Business Management, 2016, 54 (2): 750-770.

[231] Mosey, S. Understanding New-to-market Product Development in SMEs [J]. International Journal of Operations and Production Management, 2005, 25: 114-130.

[232] Mudambi, Ram and Navarra, Pietro. Is Knowledge Power? Knowledge flows, Subsidiary Power and Rent-seeking within MNCs [J]. Journal of International Business Studies, 2004, 35 (5): 385-406.

[233] Mudambi, Ram, Piscitello, Lucia and Rabbiosi, Larissa. Mandates and Mechanisms: Reverse Knowledge Transfer in MNEs [Working paper]. 2007, 1-44.

[234] Nachum, Lilach and Zaheer, Srilata. The Persistence of Distance? The Impact of Technology on MNE Motivations for Foreign Investment [J]. Strategic Management Journal, 2005, 26 (8): 747-767.

[235] Nakauchi M., Wiersema, M F. Executive Succession and Strategic Change in Japan [J]. Strategic Management Journal, 2015, 36 (2): 298-306.

[236] Nelson R. and Winter, S. A. Evolutionary Theory of Economic Change [M]. Cambridge, M. A.: Harvard University Press, 1982.

[237] Newbert, Scott L. Empirical Research on the Resource-based View of the Firm: An Assessment and Suggestions for Future Research [J]. Strategic Management Journal, 2007, 28: 121-146.

[238] Nilsson, Fredrik. Parenting Styles and Value Creation: A Management Control Approach [J]. Management Accounting Research, 2000, 11: 89-112.

[239] Nobel, Robert and Birkinshaw, Julian. Innovation in Multinational Corporations: Control and Communication Patterns in International R&D Operations [J]. Strategic Management Journal, 1998, 19 (5): 479-496.

[240] Noda, Tomo, Bower and Joseph L. Strategy Making as Iterated Processes of Resource Allocation [J]. Strategic Management Journal, 1996, 17 (special issue): 159-192.

[241] Nohria, Nitin and Ghoshal, Sumantra. Differentiated Fit and Shared Values: Alternatives for Managing Headquarters-subsidiary Relations [J]. Strategic Management Journal, 1994, 15 (6): 491-502.

[242] Novicevic, Milorad M. and Harvey, Michael. Staffing Architecture for Expatriate Assignments to Support Subsidiary Cooperation [J]. Thunderbird International Business Review, 2004, 46 (6): 709-724.

[243] Nutt, Paul C. The Formulation Processes and Tactics Used in Organizational

Decision Making [J]. Oganization Science, 1993, 4 (2): 226-251.

[244] O'Brienm, R. Global Financial Integration: The End of Geography [M]. New York: Council on Foreign Relations Press, 1992.

[245] Ocasio W. Towards an Attention-based View of the Firm [J]. Strategic Management Journal, 1997: 187-206.

[246] O'Donnell and Sharon Watson. Managing Foreign Subsidiaries: Agents of Headquarters, Or an Interdependent Network?[J]. Strategic Management Journal, 2000, 21: 525-548.

[247] Ouchi, William G. The Relationship between Organizational Structure and Organizational Control [J]. Administrative Science Quarterly, 1977, 22: 95-113.

[248] Ouchi, William G. and Maguire, Mary Ann. Organizational Control: Two Functions [J]. Administrative Science Quarterly, Decemember 1975, 20: 559-569.

[249] Ouchi, William G. A Conceptual Framework for the Design of Organizational control Mechanisms [J]. Management Science, 1979, 25 (9): 833-848.

[250] Ouchi, William G. Markets, Bureaucracies, and Clans [J]. Administrative Science Management, 1980, 25: 129-141.

[251] Paterson, S. L. and Brock, D. M. The Development of Subsidiary-management Research: Review and Theoretical Analysis [J]. International Business Review, 2002, 11 (2): 139-163.

[252] Peteraf, M. A. The Cornerstones of Competitive Advantage: A Resource-based View [J]. Strategic Management Journal, 1993, 14 (3): 179-191.

[253] Piscitello, Lucia and Rabbiosi, Larissa. How Does Knowledge Transfer from Foreign Subsidiaries Affect Parent Companies' Innovative Capacity?[J]. Working Paper, 2006, 1-31.

[254] Plowman, D. A., Baker, L. T., Beck, T. E., Kulkarni, M. A., Solansky, S. T. and Travis, D. V. Radical Change Accidentally: The Emergence and Amplification of Small Change [J]. Academy of Management Journal, 2007, 50 (3): 515-543.

[255] Porter M. and Siggelkow N. Contextuality within Activity Systems and Sustainability of Competitive Advantage [J]. Academy of Management Perspectives, 2008, 22 (2): 34-56.

[256] Porter, M. E. What Is Strategy? [J] Harvard Business Review, 1996, 74 (4): 61-78.

[257] Porter, M. E. and N. Siggelkow. Contextuality within Activity System [J]. Academy of Management Proceeding, 2001, 1: F1-F6.

[258] Porter, Michael E. Location, Competition, and Economic Development: Local Clusters in a Global Economy [J]. Economic Development Quarterly, 2000, 14 (1): 15-34.

[259] Poskela, J. and M. Marinsuo. Management Control and Strategic Renewal in the Front End of Innovation [J]. Journal of Product Innovation Management, 2009, 26: 671-684.

[260] Prahalad, C. K. and Hamel, Gary. The Core-competence of the Corporation [J]. Harvard Business Review, 1990: 79-91.

[261] Prashantham, S. New Venture Internationlization as Strategic Renewal [J]. European Management Journal, 2008, 26 (6): 378-387.

[262] Provan, Keith G. The Federation as an Interorganizational Linkage Network [J]. Academy of Management Review, 1983, 8 (1): 79-89.

[263] Puranam, P., H. Singh and S. Chaudhuri. Integrating Acquired Capabilities: When Structural Integration is (un) Necessary [J]. Organization Science, 2009, 20 (2): 313-328.

[264] Ravasi, D. and G. Lojacono. Managing Design and Designers for Strategic Renewal [J]. Long Range Planning, 2005, 38: 51-77.

[265] Redding, Stephen. Path Dependence, Endogenous Innovation, and Growth [J]. International Economic Review, 2002, 43 (4): 1215-1248.

[266] Rivkin, J. W. and N. Siggelkow. Patterned Interactions in Complex Systems: Implications for Exploration [J]. Management Science, 2007, 53: 1068-1085.

[267] Robbins, James H. and Rabbi, Fazle M. Supporting the Shop: Successs and Failures in Production Systems [J]. Industrial Management, 1988, 30 (4): 6-12.

[268] Rockness, H. and Shields, M. Organizational Control Systems in Research and Development [J]. Accounting, Organizations and Society, 1984, 165-177.

[269] Roth, K. and Morrison, A. J. An Empirical Analysis of the Integration-responsiveness Framework in Global Industries [J]. Journal of International Business Studies, 1990, 21 (4): 541-564.

[270] Roth, K. and O'Donnell, S. Foreign Subsidiary Compensation Strategy: An Agency Theory Perspective [J]. Academy of Management Journal, 1996, 39: 678-703.

[271] Roth, Kendall and Morrison, Allen J. Implementing Global Strategy: Characteristics of Global Subsidiary Mandates [J]. Journal of International Business Studies, 1992, 23 (4): 715-735.

[272] Roth, Kendall. Implementing International Strategy at the Business Unit Level: The Role of Managerial Decision-making Characteristics [J]. Journal of Management, 1992, 18 (4): 769-789.

[273] Rouleau L. Micro-practices of Strategic Sensemaking and Sensegiving: How Middle Managers Interpret and Sell Change Every Day [J]. Journal of Management Studies, 2005, 42 (7): 1413-1441.

[274] Rowley, Tim, Behrens, Dean and Krackhardt, David. Redundant Governance Structures: An Analysis of Structural and Relational Embeddedness in the Steel and Semiconductor Industries [J]. Strategic Management Journal, 2000, 21 (3): 369-386.

[275] Rugman, Alan M. and Verbeke, Alain. A Perspective on Regional and Global Strategies of Multinational Enterprises [J]. Journal of International Business Studies, 2004, 35 (1): 3-18.

[276] Rugman, Alan M. and Verbeke, Alain. Subsidiary-specific Advantages in Multinational Enterprise [J]. Strategic Management Journal, 2001, 22: 237-250.

[277] Sáez-Martinez F. J. and González-Moreno A. Strategic Renewal, Cooperation and Performance: A Contingency Approach [J]. Journal of Management and Strategy, 2011, 2 (4): 43-55.

[278] Sanchez, Ron. Strategic Flexibility in Product Competition [J]. Strategic Management Journal, 1995, 16 (special issue): 135-159.

[279] Schendel, D. E. and C. W. Hofer. Research Needs and Issues in Strategic Management [C]// Schendel, D. E. and C. W. Hofer (eds). Strategic Management: A New View of Business Policy and Planning. Little, Brown, 1979: 515-530.

[280] Schendel, D. E. Introduction to the Special Issue on Corporate Entrepreneurship [J]. Strategic Management Journal, 1990, 11 (Summer special issue).

[281] Schreyögg, Georg and Kliesch-Eberl, Martina. How Dynamic Can Organizational Capabilities Be? Towards a Dual-process Model of Capability Dynamization [J]. Strategic Management Journal, 2007, 28 (9): 913-933.

[282] Schulz, M. Pathways of Relevance: Exploring Inflows of Knowledge into Subunits of Multinational Corporations [J]. Organization Science, 2003, 4 (4): 440-

459.

[283] Simsek Z. and Heavey C. The Mediating Role of Knowledge-based Capital for Corporate Entrepreneurship Effects on Performance: A Study of Small-to Medium-sized Firms [J]. Strategic Entrepreneurship Journal, 2011, 5 (1): 81-100.

[284] Sharfman, Mark P. and Dean, Jr, James W. Flexibility in Strategic Decision Making: Informational and Ideological Perspectives [J]. Journal of Management Studies, 1997, 34 (2): 191-217.

[285] Sharma, P. and J. J. Chrisma. Toward a Reconciliation of the Definitional Issues in the Field of Corporate Entrepreneurship [J]. Entrepreneurship Theory and Practice, 1999, 23 (3): 11-26.

[286] Shenkar, Oded. Cultrual Distance Revisited: Towards a More Rigorous Conceptualization and Measurement of Cultural Differences [J]. Journal of International Business Studies, 2001, 32 (3): 519-535.

[287] Shimizu, Katsuhiko and Hitt, Michael A. Strategic flexibility: Organizational Preparedness to Reverse Ineffective Strategic Decisions [J]. Academy of Management Executive, 2004, 18 (4): 44-59.

[288] Siggelkow, N. Firms as Systems of Interdependent Choices [J]. Journal of Management Studies, 2011, 48 (5): 1126-1140.

[289] Siggelkow, N. Change in the Presence of Fit: The Rise, the Fall, and the Renaissance of Liz Claiborne [J]. Academy of Management Journal, 2001, 44: 838-857.

[290] Simon, Herbert A. Rational Decision Making in Business Organizations [J]. American Economic Review, 1979, 69 (4): 493-513.

[291] Simons, R. How New Top Managers Use Control Systems as Levers of Strategic Renewal [J]. Strategic Management Journal, 1994, 15: 169-189.

[292] Simsek Z., Heavey C. and Veiga J. J. F. The Impact of CEO Core Self-evaluation on the Firm's Entrepreneurial Orientation [J]. Strategic Management Journal, 2010, 31 (1): 110-119.

[293] Smith, Anne D., Zeithaml and Carl. Garbage Cans and Advancing Hypercompetition: The Creation and Exploitation of New Capabilities and Strategic Flexibility in Two Regional Bell Operating Companies [J]. Organization Science, 1996, 7 (4): 388-399.

[294] Snell, S. A. Control Theory in Strategic Human Resource Management: The Mediating Effect of Administrative Information [J]. Academy of Management Jour-

nal, 1992, 35 (2): 292-327.

[295] Stopford J. M., Baden-Fuller C. W. F. Creating Corporate Entrepreneurship [J]. Strategic Management Journal, 1994, 15 (7): 521-536.

[296] Stopford, J. M. and Wells, L. T. Managing the Multinational Enterprise: Organization of the Firm and Ownership of the Subsidiaries [J]. London: Longman, 1972.

[297] Sull, Donald N. when the Bottom-up Resource Allocation Process Fails [C]. In Bower & Gilbert, From Resource Allocation to Strategy. 2005: 91-98.

[298] Sydow, Jorg, Georg Schreyogg and Jochen Koch. Organziational Path Dependence: Opening the Black Box [J]. Academy of Management Review, 2009, 34 (4): 689-709.

[299] Szulanski, Gabriel. Exploring Internal Stickiness: Impediments to the Transfer of Best Practice within the Firm [J]. Strategic Management Journal, 1996, 17 (winter special issue): 27-43.

[300] Taggart and James H. Autonomy and Procedural Justice: A Framework for Evaluating Subsidiary Strategy [J]. Journal of International Business Studies, 1997, 28 (1): 51-76.

[301] Taggart, James H. Strategy Shifts in MNC Subsidiaries [J]. Strategic Management Journal, 1998, 19: 663-681.

[302] Teece, David J., Pisano, Gary and Shuen, Amy. Dynamic Capabilities and Strategic Management [J]. Strategic Management Journal, 1997, 18 (7): 509-533.

[303] Trautwein, Friedrich. Merger Motivers and Merger Prescriptions [J]. Strategic Management Journal, 1990, 11 (4): 283-295.

[304] Tseng, Yi Ming. International Strategies and Knowledge Transfer Experiences of MNCs' Taiwanese Subsidiaries [J]. Journal of American Academy of Business, 2006, 8 (2): 120-125.

[305] Turner, Karynne L. and Makhija, Mona V. The Role of Organizational Controls in Managing Knowledge [J]. Academy of Management Review, 2006, 31 (1): 197-217.

[306] Tushman, M., C. O'Reilly and B. Harreld. Leading Strategic Renewal: Proactive Punctuated Change through Innovation Streams and Disciplined Learning [Working Paper]. April 11, 2013.

[307] Tushman, Michael L. and O'Reilly Ⅲ, Charles A. Ambidextrous Organi-

zations: Managing Evolutionary and Revolutionary Change [J]. California Management Review, 1996, 38 (4): 8-30.

[308] Uzzi, Brian and Lancaster, Ryon. Relational Embeddedness and Learning: The Case of Bank Loan Managers and Their Clients [J]. Management Science, 2003, 49 (4): 383-399.

[309] Uzzi, Brian. Social Structure and Competition in Interfirm Networks: The Paradox of Embeddedness [J]. Administrative Science Quarterly, 1997, 42 (1): 35-67.

[310] Varner, Iris I. and Palmer, Teresa M. Role of Cultural Self-knowledge in Successful Expatriation [J]. Singapore Management Review, 2005, 27 (1): 1-25.

[311] Vera D. and M. Crossan. Strategic Leadership and Organizational Learning [J]. Academy of Management Review, 2004, 29 (2): 222-240.

[312] Verbeke, A. and W. Yuan. The Drivers of Multinational Enterprise Subsidiary Entrepreneurship in China: A New Resource Based View (RBV) Perspective [J]. Journal of Management Studies, 2013, 50 (2): 236-258.

[313] Verbeke, A., J. J. Chrisman and W. Yuan. A Note on Strategic Renewal and Corporate Venturing in the Subsidiaries of Multinational Enterprises [J]. Entrepreneurship Theory and Practice, 2007, 31 (4): 585-600.

[314] Verbeke, Alain and Yuan, Wenlong. Entrepreneurship in Multinational Enterprises: A Penrosean Perspective [J]. Management International Review, 2007, 47 (2): 241-258.

[315] Vijay Govindarajan. 一旦有了计划性，"机会主义"就是全世界最好的战略 [J]. 哈佛商业评论（中文版），2016，5.

[316] Volberda, Henk W., Charles Baden-Fuller and Frans A. J. van den Bosch. Mastering Strategic Renewal- mobilizing Renewal Journeys in Multi-unit Firms [J]. Long Range Planning, 2001, 34: 159-178.

[317] Weng, D. H., Lin Z. Beyond CEO Tenure: The Effect of CEO Newness on Strategic Changes [J]. Journal of Management, 2014, 40 (7): 2009-2032.

[318] Wernerfelt, Birger. A Resource-based View of the Firm [J]. Strategic Management Journal, 1984, 5: 171-180.

[319] Wheeler, B. C. NEBIC: A Dynamic Capabilities Theory for Assessing Net-enablement [J]. Information Systems Research, 2002, 13 (2): 125-147.

[320] White, R. E. and Poynter, T. A. Strategies for Foreign-owned Subsidiaries in Canada [J]. Business Quarterly, 1984, 59-69.

[321] Wiggins, Robert R. and Ruefli, Timothy. Schumpeter's Ghost: Is Hypercompetition Making the Best of Times Shorter? [J]. Strategic Management Journal, 2005, 26: 887-911.

[322] Wiklund, J. The Sustainability of the Entrepreneurial Orientation-performance Relationship [J]. Entrepreneurship Theory and Practice, 1999, 24: 37-48.

[323] Winter, S. G. Understanding Dynamic Capabilities [J]. Strategic Management Journal, 2003, 24 (10): 991-995.

[324] Worch H., Kabinga M., Eberhard A. and Truffer B. Strategic Renewal and the Change of Capabilities in Utility Firms [J]. European Business Review, 2012, 24 (5): 444-464.

[325] Worren, Nicolay, Moore, Karl and Cardona, Pablo. Modularity, Strategic Flexibility, and Firm Performance: A Study of the Home Appliance Industry [J]. Strategic Management Journal, 2002, 23: 1123-1140.

[326] Wright, P, M. and McMahan, G. C. Theoretical Perspectives for Strategic Human Resource Management [J]. Journal of Management, 1992, 18: 295-320.

[327] Wright, Patrick M. and Snell, Scott A. Toward a Unifying Framework for Exploring Fit and Flexibility in Strategic Human Resource Management [J]. Academy of Management Review, 1998, 23 (4): 756-772.

[328] Wu, B., Wan, Z. and Levinthal, D. A. Complementary Assets as Pipes and Prisms: Innovation Incentives and Trajectory Choices [J]. Strategic Management. Journal, 2014, 35 (9): 1257-1278.

[329] Xu, Dean and Shenkar, Oded. Institutional Distance and the Multinational Enterprise [J]. Academy of Management Review, 2002, 27 (4): 608-618.

[330] Yadav, Manjit S., Prabhu, Jaideep C. and Chandy, Rajesh K. Managing the Future: CEO Attention and Innovation Outcomes [J]. Journal of Marketing, 2007, 71 (4): 84-101.

[331] Yang, Qin, Mudambi, Ram and Meyer, Klaus. Conventional and Reverse Knowledge Flows in Multinational Corporations [J]. Journal of Management, 2008, 34 (5): 882-902.

[332] Yu, Tieying, Cannell J. R. and Albert A. Rivalry between Multinational Enterprises: An Event History Approach [J]. Academy of Management Journal, 2007, 50 (3): 665-686.

[333] Zaheer, Srilata. Overcoming the Liability of Foreignness [J]. Academy of

Management Journal, 1995, 38 (2): 341-363.

[334] Zahra, S. and George, G. Absorptive Capacity: A Review, Reconceptualization, and Extension [J]. Academy of Management Review, 2002, 27: 185-203.

[335] Zahra, Shaker A. Sapienza, Harry J. and Davidsson, Per. Entrepreneurship and Dynamic Capabilities: A Review, Model and Research Agenda [J]. Journal of Management Studies, 2006, 43 (4): 917-955.

[336] Zahra, S. A. A Conceptual Model of Entrepreneurship as Firm Behavior: A Critique and Extension [J]. Entrepreneurship Theory and Practice, 1993, 17 (4): 5-21.

[337] Zahra, S. A. Corporate Entrepreneurship and Financial Performance: The Case of Management Leveraged Buyouts [J]. Journal of Business Venturing, 1995, 10 (3): 225-247.

[338] Zahra, S. A. Governance, Ownership, and Corporate Entrepreneurship: The Moderating Impact of Industry Technological Opportunities [J]. Academy of Management Journal, 1996, 39 (6): 1713-1735.

[339] Zahra, Shaker A. and George, Gerard. Absorptive Capacity: A Review, Reconceptualization, and Extension [J]. Academy of Management Review, 2002, 27 (2): 185-203.

[340] Zeitsma C., Winn M., Branzei O. and Vertinsky I. The War of the Woods: Facilitators and Impediments of Organizational Learning Processes [J]. British Journal of Management, 2002, 13 (SI): S61-S74.

[341] Zheng, Weiting, K. Singh and W. Mitchell. Buffering and Enabling: The Impact of Interlocking Political Ties on Firm Survival and Sales Growth [J]. Strategic Management Journal, 2015, 36 (11): 1615-1636.

[342] Zollo, Maurizio and Winter, Sidney G. Deliberate Learning and the Evolution of Dynamic Capabilities [J]. Organization Science, 2002, 13 (3): 339-351.

[343] Zott, Christoph. and Quy Nguyen Huy. How Entrepreneurs Use Symbolic Management to Acquire Resources [J]. Administrative Science Quarterly, 2007, 52 (1): 70-105.

[344] Zuckerman, Ezra W. Focusing the Corporate Product: Securities Analysts and Dediversification [J]. Administrative Science Quarterly, 2000, 45: 591-619.

[345] 陈天放, 陈雪娇. 浅谈民营银行组织结构改革——由 M 公司事业部制改革引发的思考 [J]. 时代金融, 2009 (9): 41-43.

[346] 方琳, 宋大海. 跨国并购 VS 核心技术 [J]. 科学学与科学技术管理,

2007（2）：136-141.

[347] 方琳，王迎军，宋大海．MNC 战略管理中的新现象：公司逆向护佑的概念及特征研究 [J]．天津商业大学学报，2009（5）：21-25.

[348] 方琳，王迎军．国际快递企业的品牌优势分析及启示——护佑理论的视角 [J]．物流技术，2008，27（8）：236-238.

[349] 方琳，王迎军．跨国公司海外子公司研究综述及最新进展 [J]．国际经贸探索（CSSCI），2009，5：26-30.

[350] 方琳，王迎军．跨国公司在华战略调整特征及我国企业的对策 [J]．经济纵横，2009（9）：110-112.

[351] 方琳，王迎军．在位企业战略更新驱动因素研究：活动系统视角 [J]．科技管理研究，2016（22）：221-229.

[352] 方琳．基于自我决定理论的子公司偏离行为前因的探索性研究 [J]．商业时代，2013（21）：101-103.

[353] 方琳．公司逆向护佑研究 [M]．北京：经济科学出版社，2010.

[354] 方琳．企业战略更新研究综述：概念、过程与未来趋势 [J]．经济与管理评论，2017（6）：67-76.

[355] 侯仕军．海外子公司定位、协调与控制研究 [D]．复旦大学博士学位论文，2005.

[356] 江淑芳．互联网思维视角下商业模式创新演化过程研究 [D]．东北财经大学硕士学位论文，2014.

[357] 金敏．基于风险管理能力的我国商业银行核心竞争力研究 [D]．南京师范大学硕士学位论文，2008.

[358] 廖明坤．台商大陆子公司决策自主权影响因素之研究 [D]．中国台湾："国立"政治大学博士学位论文，2003.

[359] 罗伯特·K. 殷．案例研究方法的应用（第 2 版）[M]．周海涛译．重庆：重庆大学出版社，2004.

[360] 马克·克莱默，马克·普菲斯特．联合影响力：创造共享价值 [J]．哈佛商业评论，2016 年 11 月，http：//www.hbrchina.org/2016-11-02/4682.html.

[361] 迈克尔·波特，马克·克莱默．创造共享价值 [EB/OL]．凤凰网，20110804，http：//finance.ifeng.com/news/20110804/4353112.shtml。

[362] 彭韧．B 公司总经理郁亮：在渐进中颠覆 [J]．21 世纪商业评论，2008（17）：22-26.

[363] 孙志芳，高茜．跨国公司子公司战略角色研究文献综述 [J]．经济研

究导刊, 2006 (5): 33-35.

[364] 唐靖, 姜彦福. 创业能力的概念发展及实证检验 [J]. 经济管理, 2008, 30 (9): 51-55.

[365] 唐纳·萨尔. 成功不坠——最适者生存 [J]. 李田树, 李芳龄译. 台湾: 天下杂志出版社, 2003.

[366] 陶向南, 赵曙明. 子公司角色、绩效表现对跨国公司人力资源本土化配置影响的实证研究 [J]. 管理世界, 2003 (8): 92-98.

[367] 王琦. 郁亮版 B 公司 [J]. 中国企业家, 2007 (10): 48-60.

[368] 西蒙斯. 控制 [M]. 鲜红霞, 郭旭力译. 北京: 机械工业出版社, 2004.

[369] 夏鼎文. 万科——中国房地产职业经理的黄埔军校 [J]. 房地产导刊, 2002, (15): 34.

[370] 徐金发, 张慧. 跨国公司子公司研究的演进和未来的发展方向 [J]. 国际贸易问题, 2005 (12): 110-115.

[371] 徐淑英, 张维迎. 《管理科学季刊》最佳论文集 [M]. 北京: 北京大学出版社, 2005.

[372] 许晓明, 徐震. 基于资源基础观的企业成长理论探讨 [J]. 研究与发展管理, 2005, 17 (2): 91-98.

[373] 许亚青. 管理的 B 公司 [J]. IT 经理世界, 2007 (10): 65-68.

[374] 薛求知, 侯仕军. 海外子公司定位研究: 从总部视角到子公司视角 [J]. 南开管理评论, 2005, 8 (4): 60-66.

[375] 薛有志, 牛建波. 企业战略转型研究述评与基本框架构建 [J]. 外国经济与管理, 2015, 37 (12): 3-15.

[376] 杨鹏鹏, 谢恩. 创造企业竞争优势: 内部资源、外部网络及其整合 [J]. 数量经济技术经济研究, 2006 (2): 68-75.

[377] 杨永恒. 动态环境下的企业成长战略探讨 [J]. 南开管理评论, 2001, 4: 15-19.

[378] 叶庆祥. 跨国公司本地嵌入过程机制研究 [D]. 浙江大学博士学位论文, 2006.

[379] 赵景华, 陈思, 任荣. 跨国公司在华子公司母子公司关系研究 [J]. 经济管理, 2007, 29 (22): 90-96.

[380] 赵景华, 于鹏. 跨国公司海外子公司的理论新发展 [J]. 经济管理, 2005 (10): 19-24.

[381] 赵景华. 跨国公司海外子公司角色演进的机制分析 [J]. 齐鲁学刊, 2001 (6): 105-111.

[382] 赵景华. 跨国公司在华子公司成长与发展的战略角色及演变趋势 [J]. 中国工业经济, 2001 (12): 61-66.

[383] 刘保平, 周晓东, 刘敏. 基于高管团队有限理性的组织失误研究 [C]. 第2届 (2012) 湖南省人力资源管理学年会暨中小企业人力资源管理研究学术研讨会论文集, 长沙, 2013: 34-37.

后 记

本书的初稿完成于2017年上半年，初衷是为了完成一个项目的结项任务。专家评鉴时得到了前辈的鼓励和支持，受到激励，一直计划修改完善并出版，但是因种种原因拖延下来。2018年下半年争取到了出版经费，但是年中与肿瘤君的不期而遇，又彻底打乱了所有的工作与生活计划。

健康受到的打击促使我重新思考自己的研究，甚至重新思考组织在面临变革重创时该如何应对？非常喜欢陈春花老师的观点，创造未来比预测未来更有价值。于组织如此，于个人身心恢复更是如此！在医生和家人帮助下，开启自我疗愈，与此同时，也慢慢启动了我的修稿计划。

终于赶在旧年即将过去之时，得以完成。现在看看，其中还有很多不完善、不尽如人意的地方，受时间、精力所限，暂且如此吧。本书没有任何商业目的，纯粹为学术任务和学术探讨，如果有任何不妥或冒犯之处，恳请和作者联系，一定及时订正。

本书能够得以完成，感谢我的爱人宋大海先生，自始至终给了我莫大的支持与鼓励。还有父母与同事及朋友，无私地提供了大量支持和帮助。书稿能够出版，最后还要感谢经济管理出版社的编辑兢兢业业地审稿、校稿与排版。

方　琳
2018.12.30